B.I.-Hochschultaschenbücher
Band 624

Beispiele und BASIC-Programme zum Mathematikunterricht

von
Prof. Dr. Wolfgang Schwarz
Johann Wolfgang Goethe-Universität, Frankfurt/Main

Bibliographisches Institut Mannheim/Wien/Zürich
B. I.-Wissenschaftsverlag

CIP-Kurztitelaufnahme der Deutschen Bibliothek

Schwarz, Wolfgang:
Beispiele und BASIC-Programme zum Mathematikunterricht / von Wolfgang Schwarz. - Mannheim; Wien; Zürich: Bibliographisches Institut, 1985.
ISBN 3-411-00624-2

Druck und Bindearbeit: Hain-Druck GmbH, Meisenheim/Glan
Printed in Germany
ISBN 3-411-00624-2

Dem Andenken meiner Eltern

Georg Wilhelm Schwarz

1895 - 1945

Maria Elisabeth Thusnelda Schwarz

1905 - 1985

"The ability to see the pattern, to strike to the heart of a problem, is fundamental in mathematics ... "
(aus Malm [66])

VORWORT

In diesem Buch sollen an mehr oder weniger zufällig ausgewählten Beispielen aus den verschiedensten Gebieten der Mathematik (Arithmetik, Analysis, Zahlentheorie, Lineare Algebra u.a.) Möglichkeiten aufgezeigt werden, wie Klein-Computer im Mathematik-Unterricht als Werkzeug eingesetzt werden können. Das Buch könnte daher für Schüler Höherer Schulen, für Gymnasiallehrer, aber auch noch für Studierende im ersten Studienjahr von Interesse sein.

Die Beispiele dieses Buches sind meistens bis zu einem (zumindest auf dem Commodore VC 64) lauffähigen BASIC-Programm durchgearbeitet. Der Verfasser hat insbesondere einige der Programme, die zahlentheoretische Fragestellungen betreffen, für umfangreichere Rechnungen eingesetzt.

Der Leser kann die gegebenen Programme „anwenden" (z.B. zur Nullstellenberechnung oder zur zeichnerischen Darstellung von Funktionen); seine Hauptaufgabe ist aber das Verstehen, Abwandeln, Abändern und Verbessern der gegebenen Programme als Vorübung zur Durchdringung und mathematischen Behandlung eigener Problemstellungen (bis zum fertigen Computer-Programm); der Verfasser hofft, daß der Leser hierzu einige Anregungen finden wird.

Dieses Buch ist somit kein Lehrbuch des Programmierens, sondern soll aufzeigen, daß die Erstellung eines Programms erheblich erleichtert (oder überhaupt erst ermöglicht?) wird, wenn die einem

Problem zugrundeliegende Mathematik verstanden ist und das Problem in leichter zu lösende Teilaufgaben zerlegt worden ist. "The ability to write a program requires that one be familiar with certain patterns of logical thought, and that he memorize a few details of a particular programming language. The latter are trivial, while the former are the stock in trade of the mathematician ..." (aus "Letters to the Editor" von Steven G. Krantz in American Math. Monthly **91** (1984),598-600).

Der Verfasser hat sich bemüht, die einzelnen Kapitel (und innerhalb eines Kapitels die einzelnen Paragraphen) nach wachsender Schwierigkeit anzuordnen. Meist ist es möglich, die einzelnen Paragraphen unabhängig voneinander zu lesen. Die Darstellung ist zu Anfang des Buches sehr ausführlich, wird aber in späteren Kapiteln immer knapper. Der Leser lasse sich nicht entmutigen, wenn weniger Hilfen geboten werden und öfters auch erhebliche mathematische Vorkenntnisse verlangt werden; vielmehr sollte er sich der Herausforderung stellen - das Literaturverzeichnis bietet hierfür genug Möglichkeiten. "Computer Science is fun and it is glamorous. Mathematics is hard work and it is not glamorous. But Mathematics is important and it is rewarding." (Zitat aus dem obengenannten Artikel von S.Krantz; dieser Artikel setzt sich auch mit den Berufsaussichten von Mathematikern und Informatikern auseinander).

Teile dieses Buches wurden im Sommerurlaub in Javea in Spanien geschrieben; allerdings waren wesentliche Vorarbeiten schon vorher durchgeführt worden: Der Verfasser hat im vergangenen Jahr die Arbeit "Über einige Probleme aus der Theorie der Primzahlen" fertiggestellt, die in den Sitzungsberichten der Wissenschaftlichen Gesellschaft an der Universität Frankfurt im Franz Steiner Verlag Wiesbaden erscheinen wird. In dieser Arbeit wurde rechnerischen Aspekten der Theorie der Primzahlen ein gewisser Raum gegeben; der Verfasser hat dabei einiges selbst gerechnet (und

Spaß dabei gehabt) und sich von den vielfältigen Möglichkeiten auch kleiner Heim-Computer überzeugen können. Allerdings wurde auch erkennbar, wie rasch im Bereich der Zahlentheorie auch extrem schnelle Computer an schwer zu überwindende Grenzen kommen. Dies soll deutlich machen, wie sehr oft die Möglichkeiten der zeit- und kraftsparenden Hilfskraft „Computer" überschätzt werden und daß oft zur Erzielung von Ergebnissen erst eine weitgehende mathematische Aufarbeitung der Problemstellung nötig ist - ein Beispiel hierfür ist die erst kürzlich erfolgte Widerlegung der Mertens - schen Vermutung durch Odlyzko und te Riele (man vgl. §22).

Die Gymnasien sehen sich heute einem von verschiedenen Seiten ausgeübten, erheblichen Druck gegenüber, „den Computer" (als Selbstzweck? als Werkzeug?) an der Schule einzuführen, insbesondere das Fach „Informatik" zu etablieren. Solche Bestrebungen haben ihren Niederschlag gefunden z.B. in den „Einheitlichen Prüfungsanforderungen in der Abiturprüfung im Fach Informatik" vom 23.2.1981 (Beschluß der Kultusministerkonferenz) - die Gefahr hochtrabender Formulierungen und überzogener Anforderungen liegt auf der Hand. Der Verfasser meint, Analogien zur Einführung der sogenannten „Neuen Mathematik" zu sehen.

Der Verfasser glaubt nicht, daß ein obligatorisches Schulfach „Informatik" die Antwort auf die Herausforderung des Computers ist; die Ausbildung in speziellen, rasch sich wandelnden technischen Fertigkeiten kann nicht zu den Aufgaben der Höheren Schule gehören, die keine Berufs-Ausbildungs-Anstalt ist.

Die Erfindung des Buchdrucks, der Dampfmaschine, des Otto-Motors, die Technik des Rundfunks und Fernsehens und vieles andere mehr haben unseren Lebensstil entscheidend beeinflußt, wie dies die Mikro-Elektronik auch tun kann - aber aus den genannten Techniken sind keine Schulfächer geworden. Die Zeitschrift „Spektrum der Wissenschaft" hat zwar das Novemberheft 1984 dem Computer gewidmet - aber Kompendien zu aktuellen Themen aus Aufsätzen dieser

Zeitschrift befaßten sich mit Themen wie „Evolution", „Kosmologie", „Rüstung und Abrüstung", „Industrielle Mikrobiologie", „Gehirn und Nervensystem", „Teilchen, Felder und Symmetrien", „Ozeane und Kontinente" - das sind Themenkomplexe, die ebenfalls von größter Wichtigkeit für uns sein können.

Der Verfasser meint, daß der Computer als Hilfsmittel innerhalb bestehender Schulfächer genutzt werden kann und soll, etwa zur Hilfe bei aufwendigen Rechnungen, zur Einsparung von Zeichenarbeit, zum Ordnen von Daten, zum Speichern von Daten, zur Simulation von Versuchen, zur Textanalyse und Textverarbeitung, zur kontrollierten Klangerzeugung usw. usw. Eine solche Nutzung könnte auch helfen, die Angst vor den Möglichkeiten der Datenverarbeitung in rationale Bahnen zu lenken und das Werkzeug „Computer" im richtigen Lichte sehen zu können.

Dieses Buch soll als bescheidener Beitrag verstanden werden, Möglichkeiten des Einsatzes von Computern im Mathematik-Unterricht aufzuzeigen.

Die Erstellung der reproduzierbaren Fassung des Manuskriptes hat meine Frau Doris übernommen; ihr möchte ich herzlich für die sorgfältige Erledigung dieser mühevollen Arbeit danken.

Ruppertshain, im Dezember 1984

Wolfgang Schwarz

HINWEISE

1) Die in diesem Buche gegebenen Programme sind auf Diskette oder Kassette erhältlich; Diskette bzw. Kassette können zum Preis von 27.- bzw. 24.- DM (plus Porto) über den Verfasser (FB Mathematik,Univ.Frankfurt, Robert-Mayer-Str.) bestellt werden.

2) Der Verfasser hat die Programme dieses Buches erstellt und getestet. Trotzdem sind Fehler möglich, Garantie für einwandfreien Lauf kann nicht übernommen werden. Der Verfasser sieht in den gegebenen Programmen Rohmaterial, das durch die Benutzer verfeinert werden soll. Für Hinweise auf Fehler und Verbesserungsvorschläge ist der Verfasser dankbar.

3) Die Programmbeispiele sind speziell für den Commodore VC 64 in BASIC geschrieben. Mit geringen Abänderungen sollten die Programme auch auf anderen Heimcomputern laufen können, wobei allerdings Schwierigkeiten bei Musikerzeugung und hochauflösender Graphik entstehen können.

4) Die gegebenen Programme werden ohne Rücksicht auf die Patentlage mitgeteilt und sind für Amateur- und Lehrzwecke gedacht. Es ist klar, daß jeder nur einigermaßen mit BASIC-Befehlen Vertraute entsprechende Programme selbst erstellen kann, sobald er die zugrundeliegende Mathematik verstanden hat.

5) In diesem Buch werden die Grundbegriffe der Programmiersprache BASIC **nicht** erklärt; es wird davon ausgegangen, daß der Leser sich etwa im Handbuch seines Computers über die wichtigsten Befehle und deren Bedeutung informiert hat. Sehr empfehlenswert scheint dem Verfasser das Buch [119] von WEBER und MROWKA zu sein, das trotz geringen Umfangs eine Fülle nützlicher Informationen bietet. Umfangreichere Einführungen geben z.B. die Bücher [45] von KAUCHER, KLATTE und ULLRICH,

„Einführung in BASIC" von W.SCHNEIDER (Braunschweig/Wiesbaden 1979), „BASIC" von HAASE und STUCKY (Mannheim 1977) oder „BASIC" von KWIATKOWSKI und ARNDT (Berlin Heidelberg New York, 2.Aufl.1984); ein umfangreiches Handbuch stammt von D.A.LIEN [60] .

6) An wenigen Stellen dieses Buches wird Maschinensprache verwendet. Eine Einführung hierzu bietet z.B. L.ENGLISCH [20].

7) Im Interesse einer umfangreicheren Dokumentation sind in das Literaturverzeichnis eine Reihe von programmiertechnischen Büchern aufgenommen worden, die der Verfasser nicht in der Hand gehabt hat. Trotzdem bietet das Literaturverzeichnis nur einen kleinen Ausschnitt aus der Vielzahl der zum Thema Mikro-Computer erschienen Bücher.

8) Der Verfasser wird sich im Vorwort deutlich zur möglichen Einführung eines Unterrichtsfaches „Informatik" an Gymnasien äußern. Er teilt in etwa den Standpunkt der **Deutschen Mathematiker-Vereinigung**, die 1983 eine Stellungnahme zu diesem Thema verabschiedet hat, die am Ende des Buches wiedergegeben wird.

9) Eine Bestandsaufnahme und „konkrete Vorschläge für die Einbeziehung der Informationstechnologie in das Unterrichtsangebot der Schulen" findet man in den von R.Peschke, G.Hullen und W.R.Diemer herausgegebenen „Materialien zur Schulentwicklung, Heft 4 und 5, **Anforderungen an neue Lerninhalte**;

Bd.1: Ergebnisse der Fachtagung „Mikroelektronik und Schule III",Wiesbaden, 27. und 28. März 1984,

Bd.2: Sachstandsberichte zum Informatikunterricht in der Bundesrepublik Deutschland",

die beim Hessischen Institut für Bildungsplanung und Schulentwicklung, 62 Wiesbaden, Postf.31o5, angefordert werden können.

Inhaltsverzeichnis

VORWORT VII
HINWEISE XI
INHALTSVERZEICHNIS XIII

I.KAPITEL:RECHNEN 1

1.DIVISION MIT REST 2
2.TEILBARKEIT 6
3.BRUCHRECHNEN 8
4.RECHENTEST 13
5.ADDITION,SUBTRAKTION UND MULTIPLIKATION VIELSTELLIGER GANZER ZAHLEN 18
6.DIVISION MIT REST(2) 24
7.RECHNEN MIT KOMPLEXEN ZAHLEN 29

II.KAPITEL:ALGORITHMEN 34

8.EUKLID'S ALGORITHMUS (1) 35
9.DEZIMALBRUCHENTWICKLUNG 39
10.ANORDNEN VON ZAHLEN NACH DEREN GROESSE, ALPHABETISCHES ANORDNEN VON WORTEN 43
11.EUKLID'S ALGORITHMUS (2) 48
12.EUKLID'S ALGORITHMUS (3) 53
13.ANORDNEN (2) 56
14.DER HASSE-KAKUTANI-SYRACUSE-ALGORITHMUS 61
15.DIE FOLGE DER FIBONACCI-ZAHLEN 63

III.KAPITEL:ZAHLENTHEORIE (1) 66

16.FAKTORISIERUNG NATUERLICHER ZAHLEN I 67
17.QUERSUMME 71
18.LINEARE DIOPHANTISCHE GLEICHUNGEN UND KONGRUENZEN ... 74
19.KETTENBRUECHE, BERECHNUNG VON E UND VON QUADRATWURZELN 77
20.DAS SIEB DES ERATOSTHENES 83
21.ZAHLENTHEORETISCHE AUSSAGEN:EULER'S POLYNOME 94
22.TESTEN ZAHLENTHEORETISCHER HYPOTHESEN 97

IV.KAPITEL:LINEARE ALGEBRA 103

23.RECHNEN MIT QUADRATISCHEN MATRIZEN 104
24.LINEARE GLEICHUNGSSYSTEME 107

V.KAPITEL:ANALYSIS (I) 125

25.NULLSTELLEN STETIGER REELLWERTIGER FUNKTIONEN (HALBIERUNGSMETHODE) 126
26.NUMERISCHE INTEGRATION 131
27.DARSTELLUNG VON FUNKTIONEN IN HOCHAUFLOESENDER GRAPHIK 136
28.BERECHNUNG DER ZAHL PI 159
29.ZUR BERECHNUNG DES INTEGRALLOGARITHMUS 163
30.DIE TAYLOR'SCHE FORMEL 168

VI.KAPITEL:ZAHLENTHEORIE (II) 172

31.RECHNEN IM RESTKLASSENRING MODULO N 173
32.PRIMITIVE KONGRUENZWURZELN 180
33.EIN NICHT-PRIMZAHLTEST 186
34.ZUM QUADRATISCHEN REZIPROZITAETSGESETZ 191
35.FAKTORISIERUNG NATUERLICHER ZAHLEN (2) 193
36.QUADRATFREIE ZAHLEN 196
37.WARLIMONT'S PROBLEM 199

VII.KAPITEL:ANALYSIS (II) 203

38.EINE AUFGABE AUS DER WAHRSCHEINLICHKEITSTHEORIE 204
39.EINIGE UNENDLICHE REIHEN 209
40.HARMONISCHE REIHEN, EULER'SCHE SUMMENFORMEL 215
41.EULER'S KONSTANTE 223
42.DIE GAMMA-FUNKTION 228

VIII.KAPITEL:VERMISCHTES 234

43.EIN EWIGER KALENDER 235
44.MISCHEN VON SKATKARTEN 240
45.DAS CODIERUNGSVERFAHREN VON RIVEST,SHAMIR
UND ADLEMAN 244
46.DAS PROBLEM DER ACHT SCHACH-DAMEN 254
47.MATT MIT TURM UND KOENIG GEGEN KOENIG 263
48.EIN MUSIKTEST 273
49.BEMERKUNGEN ZUR FERMAT'SCHEN VERMUTUNG 279
50.WEITERE UEBUNGSAUFGABEN 283

LITERATURVERZEICHNIS 294

NAMENVERZEICHNIS 307
SACHVERZEICHNIS 309
STELLUNGNAHME DER DMV 315

I. RECHNEN

Die einzelnen Paragraphen dieses Kapitels befassen sich - wenn man vom letzten Paragraphen absieht - mit Problemstellungen, die grundsätzlich (wenn auch nicht in der gewählten Darstellungsweise) Schülern ab dem fünften Grundschuljahr zugänglich sein werden; es geht um das Rechnen mit ganzen Zahlen.

Zunächst wird - auch wegen der Wichtigkeit dieses Algorithmus - die Division mit Rest behandelt; die Ergebnisse werden auf Teilbarkeitsuntersuchungen angewandt. Sodann wird der Rechner veranlaßt, mit Brüchen zu rechnen, wobei als Ergebnis wiederum Brüche erzeugt werden. Ein „Rechentest" soll ermöglichen, Kopfrechnen zu üben. Im darauffolgenden Paragraphen werden die geläufigen Algorithmen zur Addition, Multiplikation und Division ganzer Zahlen ausgenützt, um auch bei vielstelligen ganzen Zahlen Summen, Produkte und Quotienten exakt auszurechnen.

Die Behandlung all dieser Fragestellungen ist ausführlich gehalten; an einfachen Beispielen soll geübt werden, wie eine Behandlung der Fragestellung bis zum fertigen Rechenprogramm durchgeführt werden kann.

Der letzte Paragraph behandelt das Rechnen mit komplexen Zahlen und bietet Unterprogramme, die in komplizierteren Fragestellungen verwendet werden können; wir verweisen z.B. auf die in §50 angesprochene Kummer'sche Vermutung. Dieser Paragraph kann nur mit entsprechenden Vorkenntnissen gelesen werden.

1. DIVISION MIT REST

Gegeben sind zwei ganze positive Zahlen A,B; gesucht ist erstens der ganze Teil Q des Quotienten A/B [also Q = INT (A/B)], und zweitens der bei der Division bleibende Rest R, $0 \leq R < B$, R ganz. Wir bilden also

(1) $$\frac{A}{B} = Q + \frac{R}{B},$$

wobei Q die größte ganze Zahl kleiner oder gleich A/B ist,

(2) Q = INT(A/B);

wegen Formel (1) wird der Rest gleich

(3) $$R = A - Q \cdot B.$$

Die Formeln (2) und (3) geben die Lösung der gestellten Aufgabe. Um den Rechner zu veranlassen, diese Aufgabe zu behandeln, überlegen wir, welche Schritte auszuführen sind:

a) A, B müssen eingegeben werden;

b) Q und R müssen nach (2) und (3) berechnet werden;

c) Q und R müssen ausgegeben werden.

Als „Flußdiagramm" geschrieben, sieht unsere Vorschrift so aus, wie auf der nächsten Seite dargestellt ist. Ein Flußdiagramm gibt mehr oder weniger detailliert an, in welcher Reihenfolge welche Rechenoperationen auszuführen sind. Diese Reihenfolge wird durch Pfeile angedeutet.

Wenn die dem Rechner zu gebenden Anweisungen genügend klar sind, läßt sich ein Flußdiagramm (meist) mühelos in ein BASIC-Programm übersetzen, wobei nur die Syntaxregeln der Programmiersprache peinlich genau zu beachten sind.

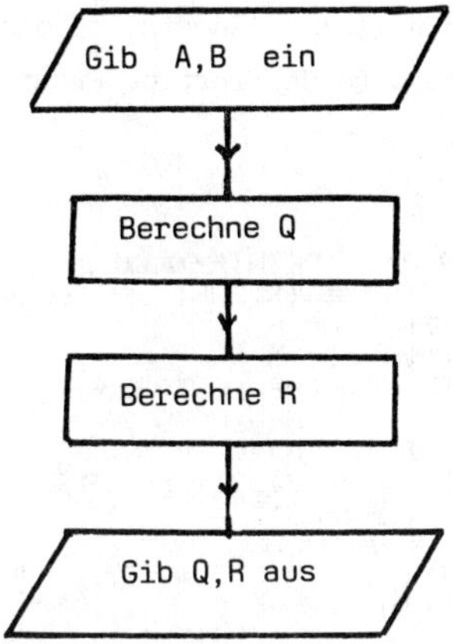

Schritt a) beginnt mit einer Aufforderung an den Benutzer (Programmzeile 10): "Gib zwei ganze positive Zahlen A und B ein!". Diese Eingabe wird durch

```
20  INPUT "A";A
```

(und analog für B) bewerkstelligt. Schritt b) wird etwa durch

```
100  Q = INT(A/B)
110  R = A - B•Q
```

verwirklicht.Die Ausgabe des Ergebnisses (Schritt c)) erfolgt durch

```
150  ?A":"B" = "Q", als Rest bleibt "R
200  END
```

Um das Programm gegen Eingabefehler zu schützen, können nach Programmzeile 30 Prüfroutinen angeschlossen werden, die sicherstellen, daß A und B wirklich ganze und positive Zahlen sind, etwa:

```
50   IF  A<=0 THEN GOTO 20
```
(und analog für B).

Ist also A nicht positiv, so wird verlangt, A neu einzugeben. Um zu überprüfen, daß A (bzw. B) ganz ist, beachtet man, daß für nicht-ganzes A der ganze Teil von A, nämlich INT(A), echt kleiner als A ist; also ergänze man

```
70  IF A-INT(A) > 0 THEN 20
80  IF B-INT(B) > 0 THEN 30
```

Durch diese beiden Programmzeilen wird die Eingabe eines nicht-ganzen A (bzw. eines nicht-ganzen B) zurückgewiesen. Nachstehend wird das fertige Programm gegeben:

```
 5 PRINT"♥":PRINT"▮▮▮▮▮DIVISION MIT REST"
{10 PRINT"▮▮GIB ZWEI GANZE, POSITIVE ZAHLEN A,B EIN"   Eingabe
{20 INPUT "A";A
{30 INPUT "B";B
{50 IF A<=0 THEN GOTO 20                               Eingabeprüfung
{60 IF B<=0 THEN GOTO 30
{70 IF A-INT(A)>0 THEN 20
{80 IF B-INT(B)>0 THEN 30
{100 Q=INT(A/B)                                        Restbestimmung
{110 R=A-B*Q
 150 PRINTA" : "B" = "Q" , ALS REST BLEIBT "R           Ausgabe
{200 PRINT"▮▮PROBE .... J/N"                            Probe
{220 POKE 198,0:WAIT 198,1
{230 GET J$                            Rechner wartet auf Antwort
{240 IF J$<>"J" THEN END
{250 A1=B*Q+R
{260 IF A1=A THEN PRINT"PROBE O.K.":END
{270 IF A1<>A THEN PRINT"PROBE KLAPPT NICHT"
```

Dem Programm wurde noch eine „Probe" angefügt: Zeile 200 fragt, ob eine Probe gewünscht wird, die dann nach Eingabe von J(a) in 250ff ausgeführt wird. Zur Erläuterung bemerken wir, daß in Zeile 210 die Speicherzelle 198 auf Null gesetzt wird; diese Zelle zählt die betätigten Tasten; WAIT 198,1 läßt den Computer warten, bis eine Taste gedrückt wird, die dann durch 230 der "String-Variablen" J$ zugewiesen wird; ist diese ungleich "J", so wird das Programm beendet. Andernfalls wird die Probe durchgeführt.- Man beachte, daß Befehl 220 nur für den Commodore VC 64 gedacht ist - bei anderen Rechnern muß dieser abgewandelt werden.

ÜBUNGEN.

1) Die Programmzeilen 20 und 30 sollen durch ein Tonsignal begleitet werden, etwa durch Einfügen von

25 GOSUB 500 (und 35 GOSUB 500).

In 500ff erzeugt der Rechner ein Tonsignal; wie das möglich ist, entnehme man dem Handbuch. Man vergesse nicht, das Unterprogramm "Tonsignal" durch RETURN abzuschließen.

2) Wegen der beschränkten Rechengenauigkeit des Computers sollten A und B nicht zu viele Dezimalstellen haben. Man ändere das Programm gemäß dem nachstehenden Flußdiagramm so ab, daß mehr als 8-stellige Zahlen A, B zurückgewiesen werden. A und B werden als String-Variable (d.h. Zeichenreihen) eingegeben, die später durch A = VAL(A$):B = VAL(B$) in numerische Variable A, B umzuwandeln sind.

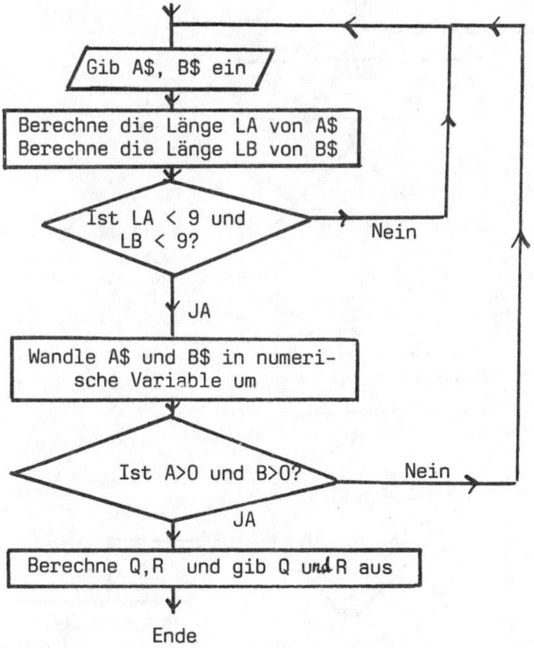

2. TEILBARKEIT

Die Division mit Rest kann unmittelbar benutzt werden, um gegebene ganze Zahlen auf Teilbarkeit zu untersuchen. Die Zahl N ist durch Q teilbar, wenn bei Division der Rest Null auftritt. Die auszuführenden Schritte geben wir in einem Flußdiagramm an:

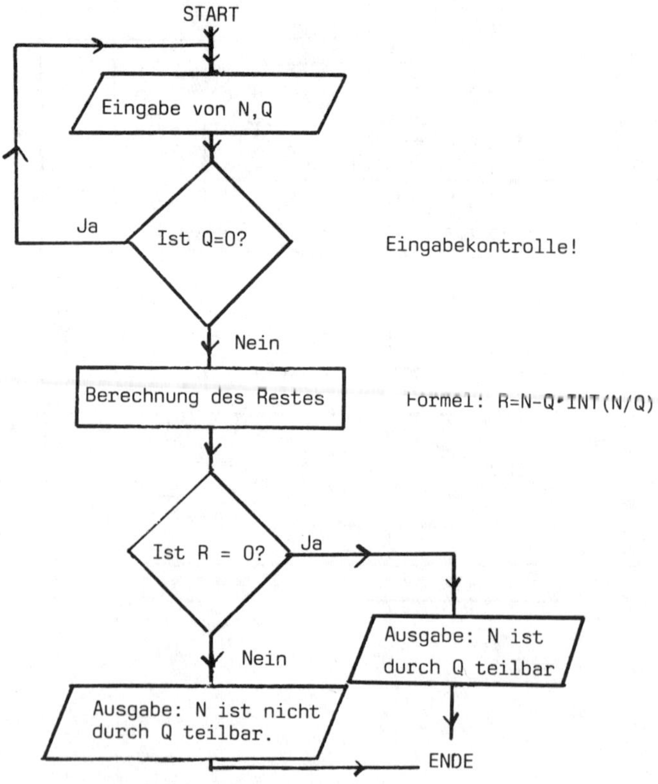

Das fertige Programm kann so aussehen:

```
 5 PRINT"▓"
 10 PRINT"▓▓▶▶▶▶▶▶▶▶▶▶TEILBARKEIT"
 20 PRINT"▶▶▶▶▶▶▶▶▶▶├-----------"                  Eingabe
 30 PRINT"▓▓▓GIB N UND Q EIN"
⎧40 INPUT "N";N
⎨50 INPUT "Q";Q
⎩70 IF Q=0 THEN PRINT"Q DARF NICHT NULL SEIN!":GOTO 50    Eingabekontrolle
 80 R= N - Q*INT(N/Q)                                  Restbestimmung
 90 IF R>0 THEN 150
⎧100 PRINT"▓▓▓"N " IST DURCH "Q" TEILBAR"                  Ausgabe
⎪110 GOTO 200
⎨150 PRINT"▓▓▓"N " IST NICHT DURCH "Q" TEILBAR"
⎩160 PRINT"DER REST BEI DIVISION IST "R
 200 PRINT"▓WEITER?.....J/N?
 210 POKE 198,0:WAIT 198,1               Rechner wartet auf Antwort
 220 GET J$
 230 IF J$="J" THEN 30
 240 END
```

Zur Beachtung:

1) Es fehlt eine Kontrolle daß N und Q ganz sind - der Rechner kann also getäuscht werden.
2) Die eingegebenen Zahlen N,Q dürfen nicht zu groß sein (höchstens 8 Stellen), damit der Rechner noch genau arbeitet. Rundungsfehler können die Ergebnisse völlig verfälschen.

ÜBUNGEN.

1) Man füge zwischen Zeile 5o und 7o Kontrollzeilen ein, die sichern, daß N und Q wirklich ganze Zahlen sind.
2) Man füge Kontrollzeilen ein, die sicherstellen, daß N und Q höchstens 8-stellig sind.
3) Die Zahl N = 4294967297 ist durch Q = 641 teilbar. Man prüfe, ob das Programm für die "große" Zahl N noch richtige Teilbarkeitsergebnisse liefert.

3. BRUCHRECHNEN

In der Unterstufe werden Addition, Subtraktion, Multiplikation und Division von Brüchen ausführlich geübt, und dies sollte so bleiben, da die Kunst des Rechnens eine der großen kulturellen Errungenschaften der Menschheit ist.

Versucht man, die Technik des Bruchrechnens direkt auf den Rechner zu bringen, etwa für die Addition durch den Befehl

(1) Print(A/B + C/D) ,

(falls für die Variablen A,...,D ganze Werte eingegeben waren), so erhält man als Ergebnis einen Dezimal-Bruch, aber leider nicht den gewünschten Bruch

$$(2) \qquad \frac{A \cdot D + C \cdot B}{B \cdot D} .$$

Somit muß man anders vorgehen und Zähler und Nenner des Ergebnisses (2) getrennt berechnen, an Hand der wohlbekannten Formeln

$$(3) \qquad \begin{cases} \frac{A}{B} \pm \frac{C}{D} = \frac{A \cdot D \pm B \cdot C}{B \cdot D} , \\ \frac{A}{B} \cdot \frac{C}{D} = \frac{A \cdot C}{B \cdot D} , \\ \text{und} \\ \frac{A}{B} \Big/ \frac{C}{D} = \frac{A \cdot D}{B \cdot C} . \end{cases}$$

Nun ist offenkundig, wie man vorzugehen hat. Zunächst müssen Zähler und Nenner des ersten bzw. zweiten Bruches eingegeben werden, die Brüche können ausgedruckt werden; eine Prüfung, ob der Nenner ungleich Null ist, sollte sich anschließen[1]. Sodann muß festgestellt werden, ob Addition, Multiplikation etc. ausgeführt werden soll[2]. Subroutinen berechnen dann gemäß den vorher angeführten Formeln (3) Zähler und Nenner des Ergebnisses. Um das Ergebnis in gekürzter Form darzustellen, muß schließlich noch der größte gemeinsame Teiler von Zähler und Nenner nach dem Euklidischen Algorithmus berechnet werden und dann herausgekürzt werden (der Euklidische Algorithmus wird in § 8 noch ausführlich behandelt werden).

Man sollte beachten, daß die eingegebenen Zahlen nicht zu groß sind, denn der Rechner muß noch exakt mit ganzen Zahlen rechnen können; dies ist sicher der Fall, wenn alle Zahlen höchstens 4-stellig sind (Produkte zweier solcher Zahlen sind dann höchstens 8-stellig).

Das Flußdiagramm, das unsere Anweisungen beschreibt, wird etwas aufwendiger als bisher. Die im Flußdiagramm angesprochenen Subroutinen für Addition, Subtraktion, Multiplikation und Division berechnen Zähler U und Nenner V des Ergebnisses. Die Berechnung des größten gemeinsamen Teilers GGT erfolgt mit Hilfe des Euklidischen Algorithmus.

---

1) Man könnte zusätzlich prüfen, ob Zähler und Nenner wirklich als ganze Zahlen eingegeben wurden oder ob der Eingebende versucht hat, den Rechner zu bemogeln.

2) Im Falle der Division muß geprüft werden, ob der Zähler des zweiten Bruches von Null verschieden ist.

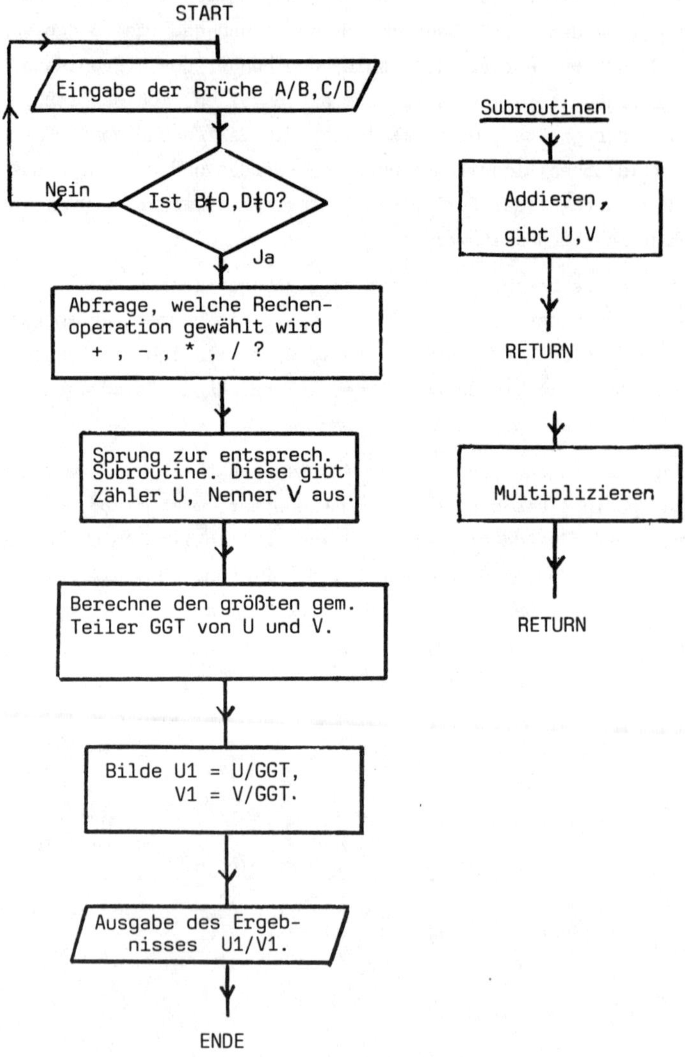
START
Eingabe der Brüche A/B,C/D
Nein
Ist B≠0,D≠0?
Ja
Abfrage, welche Rechenoperation gewählt wird
+ , - , * , / ?
Sprung zur entsprech. Subroutine. Diese gibt Zähler U, Nenner V aus.
Berechne den größten gem. Teiler GGT von U und V.
Bilde U1 = U/GGT,
V1 = V/GGT.
Ausgabe des Ergebnisses U1/V1.
ENDE
Subroutinen
Addieren, gibt U,V
RETURN
Multiplizieren
RETURN

Das Programm kann dann folgendermaßen aussehen:

```
 1 REM BRUCHRECHNEN
 5 PRINT"Ɔ"
 10 PRINT"QQQ]]]]]]]]]]BRUCHRECHNEN"
 15 PRINT"]]]]]]]]]]-----------"
⎡20 PRINT"QQQGIB ZAEHLER A UND NENNER B DES"                Eingabe
⎢21 PRINT"ERSTEN BRUCHES EIN"
⎢25 INPUT A,B
⎢30 IF B=0 THEN PRINT"NENNER MUSS UNGLEICH NULL SEIN!":GOTO 20   Eingabekontrolle
⎨40 PRINT"QQQGIB ZAEHLER C UND NENNER D DES"
⎢41 PRINT"ZWEITEN BRUCHES EIN"
⎢45 INPUT C,D
⎣50 IF D=0 THEN PRINT"NENNER MUSS UNGLEICH NULL SEIN!":GOTO 40   Eingabekontrolle
 60 PRINT"ƆQQQA/B = "A"/"B:PRINT"C/D = "C"/"D
⎡65 PRINT"WAS SOLL GESCHEHEN?"                      Abfrage
⎢67 PRINT"QQ"
⎨70 PRINT" ADDIEREN?..........A"
⎢72 PRINT" SUBTRAHIEREN?.......S"
⎢75 PRINT" MULTIPLIZIEREN?.....M"
⎣80 PRINT" DIVIDIEREN?.........D"
 85 POKE 198,0: WAIT 198,1              Rechner wartet auf Antwort
 90 GET J$
⎡95 IF J$="A" THEN GOSUB 200            Entscheidung auf Grund
⎢97 IF J$="S" THEN GOSUB 250            des Ergebnisses der
⎨100 IF J$="M" THEN GOSUB 300           Abfrage
⎣105 IF J$="D" THEN GOSUB 400
 110 PRINT"QWEITER?.....J/N?"           Rechner wartet auf Antwort
 115 POKE 198,0:WAIT 198,1
 120 GET J$
 125 IF J$="N" THEN END
 130 IF J$="J" THEN 20
 140 END
⎡200 REM ADDIEREN
⎢205 V= B*D:REM NENNER
⎢210 U=A*D+B*C:REM ZAEHLER
⎨215 GOSUB 500
⎢220 PRINT"QQQERGEBNIS:"
⎢230 PRINTA"/"B" + "C"/"D" = "U"/"V" = "U1"/"V1              Ausgabe
⎢235 PRINT"QGGT VON ZAEHLER UND NENNER DES ERGEB-":PRINT"NISSES WAR "GG
⎣240 RETURN
⎡250 REM SUBTRAHIEREN
⎢255 V= B*D:REM NENNER
⎢260 U=A*D-B*C:REM ZAEHLER
⎨265 GOSUB 500
⎢270 PRINT"QQQERGEBNIS:"                          Ausgabe
⎢280 PRINTA"/"B" - "C"/"D" = "U"/"V" = "U1"/"V1
⎢285 PRINT"QGGT VON ZAEHLER UND NENNER DES ERGEB-":PRINT"NISSES WAR "GG
⎣290 RETURN
⎡300 REM MULTIPLIZIEREN
⎢310 U=A*C:V=B*D
⎢315 GOSUB 500
⎨320 PRINT"QQQERGEBNIS:"                          Ausgabe
⎢330 PRINT"("A"/"B")*("C"/"D") = "U"/"V" = "U1"/"V1
⎢335 PRINT"QGGT VON ZAEHLER UND NENNER DES ERGEB-":PRINT"NISSES WAR "GG
⎣340 RETURN
⎡400 REM DIVIDIEREN
⎢410 U=A*D:V=B*C
⎢415 GOSUB 500
⎨420 PRINT"QQQERGEBNIS:"                          Ausgabe
⎢430 PRINTA"/"B"DURCH"C"/"D" = "U"/"V" = "U1"/"V1
⎢435 PRINT"QGGT VON ZAEHLER UND NENNER DES ERGEB-":PRINT"NISSES WAR "GG
⎣440 RETURN
⎡500 REM "KUERZEN"
⎢505 K=U:L=V                  Bestimmung des größten gemeinsamen Teilers
⎢510 Q=INT(K/L):R=K-Q*L
⎢515 IF R=0 THEN 540
⎨520 K=L:L=R
⎢530 GOTO 510
⎢540 GG=L
⎢550 U1=U/GG:V1=V/GG
⎣560 RETURN
```

ÜBUNGEN.

1. Man ersetze 13o durch eine Abfrage, die erlaubt, entweder das Programm zu beenden oder aber zu Zeile 7o zurückzukehren.
2) Man ändere 23o dergestalt ab, daß im Falle V=1 (oder V_1=1) nicht U/1 (bzw U1/1) ausgegeben wird, sondern - wie üblich - nur U (bzw. U1).
3) Man ändere 23o so ab, daß im Falle eines größten gemeinsamen Teilers GG=1 der Term U1/V1 (der ja dann gleich U/V ist) <u>nicht</u> mit ausgegeben wird.
4) Man ändere 23o so ab, daß das Ergebnis nicht in der Gestalt

   3/2 + 4/5 = 23/1o

   erscheint, sondern in der vertrauten Form

   $$\frac{3}{2} + \frac{4}{5} = \frac{23}{1o} \quad .$$

5) Man ändere das Additions-Unterprogramm (und entsprechend das Unterprogramm für die Subtraktion) so ab, daß nicht A/B+C/D = (AD+BC)/BD berechnet wird, sondern gemäß

   A/B + C/D = (....)/kgV [B,D]

   die Brüche den Nenner "kleinstes gemeinsames Vielfaches von B und D" erhalten.
6) Man ändere das Programm so, daß bei Addition und Multiplikation drei (oder mehr) Brüche behandelt werden können.
7) Man ergänze das Programm durch eine "Probe", die das Ergebnis U/V als Dezimalbruch berechnet und mit dem Dezimalbruch für A/B±C/D bzw. (A/D) • (C/D) vergleicht. Vorsicht: Die beiden Dezimalbrüche können durch Rundungsfehler voneinander abweichen!

4. RECHENTEST

Nun soll das Rechnen mit ganzen Zahlen geübt werden; wir lassen den Rechner "zufällig" ganze Zahlen erzeugen, die dann mit einer zuvor gewählten Operation (Addition, Multiplikation, Subtraktion, Division mit Rest) miteinander verknüpft werden sollen. Unser Ergebnis geben wir in den Rechner ein, der dieses mit dem von ihm errechneten Ergebnis vergleicht und uns danach lobt oder tadelt. Um die Sache interessanter zu machen, wählen wir zu Anfang eine Schwierigkeitsstufe , etwa zwischen 1 und 4, was für uns bedeutet, daß wir je nach Schwierigkeitsstufe mit ein- bis vierstelligen ganzen Zahlen rechnen. Von jeder Aufgabenart wollen wir 5 Aufgaben stellen, bei einer falschen Lösung dürfen wir nochmals - sagen wir zweimal-die richtige Lösung versuchen, bis uns der Rechner tadelt und das richtige Ergebnis selbst ausgibt.

Um nun diesen Rechentest zu programmieren, zerlegen wir die Gesamtaufgabe in leichter zu lösende Teilaufgaben; wir können etwa folgendermaßen vorgehen[1)]:

1) "Titelei", d.h. Überschrift in "möglichst schöner" Darstellung.
2) Eingabe der Schwierigkeitsstufe.
2a) Prüfe, ob eine zulässige Schwierigkeitsstufe eingegeben wurde.

---

1) Die Teile 2a), 3a) etc. sind nicht nötig, schützen aber das Programm gegen irrtümliche Eingabe falscher Tasten.

3) Wahl der Rechenart (+,-,etc.).

3a) Prüfe, ob zulässige Rechenart eingegeben wurde.

4) Nachdem Schwierigkeit und Rechenart gewählt sind, benötigen wir eine Schleife, die 5-mal durchlaufen wird und innerhalb derer folgendes bewirkt wird:

4.1) Erzeugung der zu verknüpfenden Zahlen A,B. Im Falle der Division muß dafür gesorgt werden, daß B≠0 ist.

4.2) Ausgabe von A,B.

4.3) Eingabe des Rechenergebnisses des Benutzers.

4.4) Ermittlung des Rechenergebnisses durch den Computer.

4.5) Vergleich der Ergebnisse aus 4.3) und 4.4).

4.6) Ausgabe von Lob oder Tadel, evtl. Aufforderung, die Rechnung erneut zu versuchen.

5) Ende.

Statt unter 5) das Programm zu beenden, können wir auch fragen, ob an den Anfang zurückgegangen werden soll, mit gleicher Schwierigkeitsstufe, mit gleicher oder anderer Rechenart etc.

Wir müssen uns bei diesem etwas längeren Programm auch überlegen, welche Variablen wir verwenden wollen:

J1	(= 1,2,3 oder 4) mißt die Schwierigkeitsstufe.
J1$	(= "+","-","*" oder "/") gibt die Rechenart.
A,B	sind die zu verknüpfenden, vom Rechner erzeugten Zahlen.
ER	speichert unser Rechenergebnis (im Falle der Division benötigen wir noch den Rest RE).
E	gibt das Rechenergebnis des Computers (R den Rest bei der Division).
I	wird als Schleifenindex für die Anzahl der zu lösenden Aufgaben benutzt und geht von 1 bis 5.
VE	mißt die Anzahl der Wiederholungen der Frage (höchstens dreimal) bei falschem Rechenergebnis .
J2$,J3$	speichern Ja/Nein-Antworten auf weitere Fragen des Computers.

Die Lösung unserer Aufgabenstellung erfolgt gemäß dem nachstehend gegebenen Flußdiagramm.

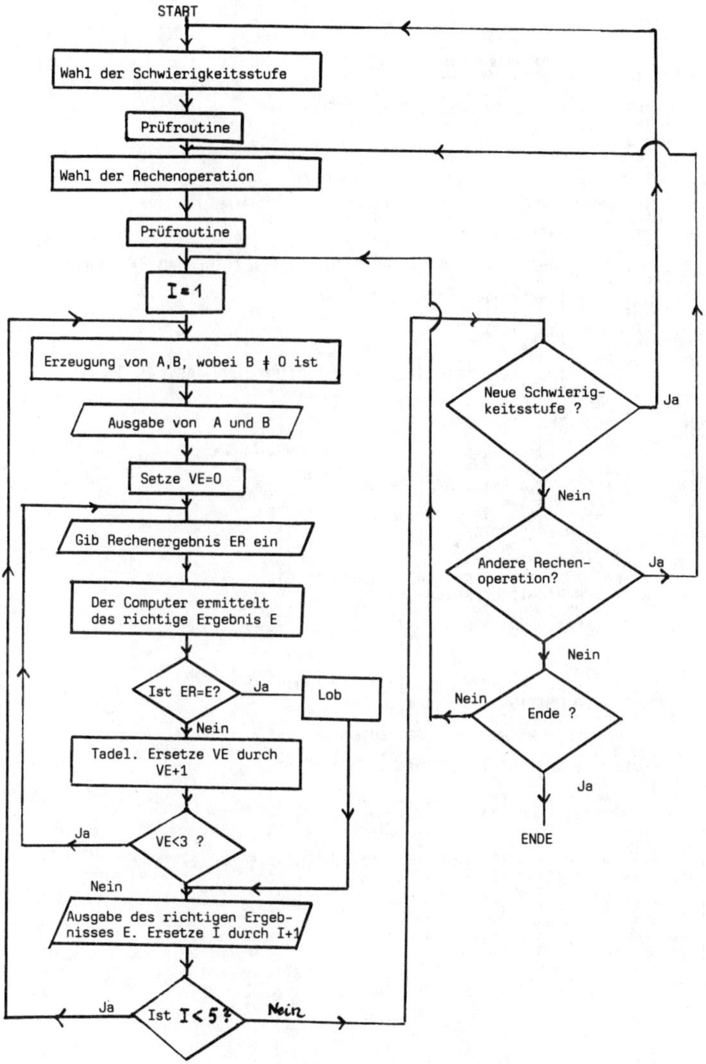

Die „Übersetzung" dieses Flußdiagramms in ein BASIC-Programm führt zu folgenden Befehlen:

```
5 PRINT"□":PRINT"▮▮▮▮▮▮▮▮▮▮▮▮▮▮▮▮▮▮RECHENTEST"
7 FOR I=1 TO 15:PRINT"▮";:NEXT
8 FOR I=1 TO 10:PRINT"-";:NEXT:PRINT"▮▮"
10 PRINT"WAEHLE SCHWIERIGKEITSSTUFE (STELLENZAHL"     Abfrage
11 PRINT"..........1/2/3/4"
12 GOSUB 250
15 POKE 198,0:WAIT 198,1                 Rechner wartet auf Antwort
20 GET J1
25 IF J1<1 OR J1>4 THEN 10               Eingabekontrolle
40 PRINT"WAEHLE RECHENART . . . .+,-,*,/"           Abfrage
42 GOSUB 250
45 POKE 198,0:WAIT 198,1
50 GET J1$
55 IF J1$<>"+" AND J1$<>"-"AND J1$<>"*"AND J1$<>"/"THEN 40   Eingabekontrolle
70 FOR I=1 TO 4
75 A=INT(RND(TI)*(10↑J1))       Zufallserzeugung
76 B=INT(RND(TI)*(10↑J1))
77 IF B=0 THEN B=1:VE=1
80 PRINTA" "J1$" "B" = ?"       Ausgabe
81 GOSUB 250
82 IF J1$="/" THEN PRINT"EINZUGEBEN IST QUOTIENT UND REST"
85 INPUT "ERGEBNIS?";ER                   Abfrage
87 GOSUB 250
90 IF J1$="/" THEN INPUT "REST?";RE
100 IF J1$="+" THEN E=A+B                 Bestimmung des korrekten
102 IF J1$="-" THEN E=A-B                 Ergebnisses durch den
104 IF J1$="*" THEN E=A*B                 Rechner
106 IF J1$="/" THEN E=INT(A/B):R=A-B*E
110 IF ER<>E THEN 130                     Ausgabe
115 IF J1$="/" AND RE<>R THEN 130
120 PRINT"RICHTIG!":GOTO 150
122 GOSUB 250
130 PRINT"FALSCH!":VE=VE+1
135 IF VE<3 THEN PRINT"VERSUCH'S NOCHMAL!":GOTO 85
140 PRINT"DAS RICHTIGE ERGEBNIS WAERE"
142 IF J1$="/" THEN PRINTE"   REST "R
143 IF J1$<>"/" THEN PRINT E
145 VE=0
150 NEXT I
154 GOSUB 250                                   Abfrage
155 PRINT"ANDERE SCHWIERIGKEITSSTUFE?   J/N?"
156 POKE198,0:WAIT198,1:GET J2$
157 IF J2$="J" THEN 10
160 PRINT"ANDERE RECHENART? ODER ENDE?":PRINT".........J/N/E?"
162 GOSUB 250
165 POKE198,0:WAIT198,1:GET J3$
175 IF J3$="J" THEN 40
180 IF J3$="N" THEN 70
185 IF J3$="E" THEN 200
190 GOTO 160
200 END
250 SI=54272:POKE SI+24,12:POKE SI+5,25:POKE SI+6,0    Tonsignal
252 POKE SI,INT(RND(TI)*7)+24
254 POKE SI+1,INT(RND(TI)*70)
256 POKESI+4,17
258 FOR T=1 TO 200:NEXT
260 POKE SI+4,0:POKE SI+5,0:POKE SI+6,0
265 RETURN
```

SCHLEIFE (Zeilen 70–150)

Zeile 75,76 erzeugen zufällig, je nach Schwierigkeitsstufe, 1- bis 4- stellige ganze Zahlen a,b.

ÜBUNGEN.

1) Man zähle die Anzahl der richtigen und falschen Lösungen und gebe bei Beendigung des Programms die Prozentzahl der richtigen Lösungen aus - eventuell mit lobendem oder tadelndem Kommentar (etwa: 9o-1oo %: "Du bist ein Rechengenie", ..., 0-1o %: "Du solltest mehr Kopfrechnen üben").
2) Man frage eingangs nach der Anzahl AN der zu lösenden Aufgaben und lasse die I-Schleife von 1 bis AN (statt von 1 bis 5) laufen.
3) Man ergänze das Programm durch Musik (mißtönender Akkord bei falscher Lösung, Fanfaren bei richtiger Lösung etc.).
4) Man messe die Zeit, die der Rechnende zur Lösung einer bzw. mehrerer Aufgaben braucht (Zeitanfang ZA = TI als Programmzeile 83, Ende ZE = TI als Zeile 91) und gebe diese aus.
5) Man frage eingangs nach Zahl und Namen der Mitspielenden und gestalte das Programm so, daß für jeden einzelnen Mitspieler Prozentzahl der richtigen Aufgaben oder/und verbrauchte Rechenzeit vom Rechner "notiert" und später ausgegeben werden. Eventuell kann nach einem vorzugebenden Schlüssel, der Rechenzeit und erreichte Prozentzahl berücksichtigt, der Sieger ermittelt werden.
6) Man frage als weitere Möglichkeit nach dem größten gemeinsamen Teiler von A,B.

5. ADDITION, SUBTRAKTION UND MULTIPLIKATION VIELSTELLIGER GANZER ZAHLEN

Da jeder Rechner bei Rechenoperationen mit größeren ganzen Zahlen durch Abschneiden dieser Zahlen (erhebliche) Rundungsfehler begeht, es aber durchaus von Bedeutung sein kann, genaue Ergebnisse zu erhalten (zum Beispiel ist die Fermatzahl $F_7 = 2^{2^7} + 1$ = 34o 282 366 92o 938 463 463 374 6o7 431 768 211 457 durch 59 649 589 127 497 217 teilbar, der Quotient ist 5 7o4 689 2oo 685 129 o54 721), wollen wir uns überlegen, wie man mit vielstelligen ganzen Zahlen genau rechnen kann.

Es bieten sich für Addition und Multiplikation zwei Verfahren an:

I) Sind ganze Zahlen A,B gegeben, so zerschneidet man diese in etwa 4-stellige Stücke A_i, B_i gemäß

(1) $$A = \sum_{i \geq o} A_i \cdot 1o^{4i}, \quad B = \sum_{j \geq o} B_j \cdot 1o^{4j}$$

und berechnet das Produkt $A \cdot B$ nach der Formel

(2) $$A \cdot B = \sum_i \sum_j A_i B_j \cdot 1o^{4(i+j)} = \sum_{k \geq o} 1o^{4k} \cdot \sum_{\substack{i,j \\ i+j=k}} A_i \cdot B_j \; .$$

II) Man imitiert das elementare Verfahren der Addition (bzw. Multiplikation) Ziffer für Ziffer unter Berücksichtigung des Übertrags, wie in folgenden Beispielen:

```
  231          231·72
               ------
+  72            462
   1           1617
-----             1
  303          -----
               16632
```

Wir wollen dieses zweite Verfahren benützen, um zwei "große" Zahlen miteinander zu verknüpfen, wobei wir jeweils die Rechnungen mit der letzten Ziffer, also von hinten (wie in obigen Beispielen) beginnen.

Da das Rechenverfahren durch vielfache Übung allgemein geläufig ist, muß zur zugrundeliegenden Mathematik nichts gesagt werden. Wir beschreiben zunächst den Programmaufbau im Groben:

1) Titel und Wahl der Verknüpfung (Addition, Subtraktion, Multiplikation) Zeile 1-4o
2) Eingabe der "Zahlen" (Zeile 5o-6o). Damit wir vielstellig rechnen können, müssen die "Zahlen" als String-Variable eingegeben werden. Andernfalls würde der Rechner diese automatisch in die Exponentialdarstellung überführen und runden.
3) Aufruf der entsprechenden Unterprogramme (Zeile 9o-97), wobei für die Addition die Zeilen 3oo-42o, für die Multiplikation die Zeilen 5oo-69o und für die Subtraktion die Zeilen 7oo-82o vorgesehen sind.
4) Nach Rückkehr zum Hauptprogramm erfolgt in Zeile 1oo die Ausgabe des Ergebnisses.

Es verbleibt die Aufgabe, die Unterprogramme für Addition, Multiplikation, Subtraktion näher zu beschreiben.

<u>Zur Addition</u>:

a_1) Die Variablen A$ und B$ werden in AA$ und BB$ umbenannt, weil die Additionssubroutine auch für die Multiplikation als Hilfsroutine benutzt werden muß (Zeile 31o).

a_2) Der Einfachheit halber werden durch Anfügen von Nullen AA$ und BB$ auf die gleiche Länge Max(LA,LB) = LL+D gebracht (d.h. statt mit 231 und 72 wird mit 231 und o72 gerechnet); dies geschieht in Zeile 325-337.

a_3) Von hinten her wird die i-te Ziffer ZA$ bzw. ZB$ als String gelesen (Zeile 35o), in eine Zahl verwandelt (Zeile 355); die beiden Zahlen werden unter Berücksichtigung des Übertrags UE in Zeile 36o addiert. Ist das Ergebnis Z kleiner als 1o, so ist der neue Übertrag 0; ist das Ergebnis $\geq$ 1o, so ist der neue Übertrag 1 und das Ergebnis wird um 10 verkleinert (Zeile 365).

a_4) Das einziffrige (!) Ergebnis Z wird wieder als String interpretiert (eine einziffrige Zahl Z wird durch den Befehl STR$ in einen String □Z der Länge 2 verwandelt; deshalb muß mit Hilfe der Funktion MID$ die Leerstelle □ vor Z weggeschnitten werden); die einzelnen Ergebnisse Z werden zusammengesetzt (Zeile 37o,38o).

a_5) Ein verbleibender Übertrag "1" muß schließlich noch vor das Ergebnis gesetzt werden (Zeile 41o), bevor zum Hauptprogramm zurückgegangen werden kann.

Zur Subtraktion:

Das Unterprogramm "Subtraktion" ist dem für die Addition sehr ähnlich und kann deshalb übergangen werden.

Eine Besonderheit ist, daß für A<B das Ergebnis beispielsweise in der Gestalt 72-231 = 841-1ooo erscheint; deswegen wird in diesem Fall in Zeile 816 mit AA$ = 1ooo, BB$ = 841 zurückgesprungen und die erhaltene Differenz 1ooo-841 in Zeile 817 negativ genommen, um das gewohnte Ergebnis

72-231 = 841-1ooo = -(1ooo-841) = -159

zu erhalten.

<u>Zur Multiplikation:</u>

m_1) Von hinten beginnend, wird die H-te Ziffer von B$ gelesen (Zeile 53o) und mit A$ Ziffer für Ziffer multipliziert, wobei der Übertrag UF zu berechnen und zu berücksichtigen ist (Zeile 54o bis 59o). Ein am Ende verbleibender Übertrag darf nicht vergessen werden (Zeile 6oo).

m_2) Das erhaltene Ergebnis wird durch Anfügen von Nullen (Zeile 62o) "nach links verschoben" und zu dem bisher erhaltenen Ergebnis addiert, selbstverständlich durch Sprung in die Additionsroutine (Gosub 32o, Zeile 65o).

m_3) Sind alle Ziffern von B$ abgearbeitet (H läuft von Null bis Länge (B$)-1),so kann zurückgesprungen werden.

Das fertige Programm wird am Ende dieses Paragraphen gegeben.

Man wird feststellen, daß bei größeren Zahlen die Laufzeit des Programms sehr erheblich ist; die Multiplikation ist eine sehr aufwendige Operation: Bei zwei N-stelligen Zahlen benötigt unser Verfahren etwa N^2 Multiplikationen von 1-ziffrigen Zahlen und circa N Additionen von Zahlen, deren Ziffernzahl zwischen N und 2·N liegt.
Interessierte "Bastler" können sich an der Aufgabe versuchen, die Multiplikation von zwei "großen" Zahlen in kürzerer Zeit ausführen zu lassen.
Man beachte, daß die Eingabelänge für A$,B$ beschränkt ist durch die Bedingung, daß alle im Programm verwendeten Strings nur eine Höchstzahl von Zeichen (beim VC 64 höchstens 88) enthalten dürfen.

ÜBUNGEN.

1) Als (teilweise) Probe und zur Demonstration der Ungenauigkeit des Rechners füge man zwischen Zeile 12o und 299 Befehle ein, die den Rechner veranlassen, A und B auf seine Weise zu verknüpfen, z.B. für die Addition durch

```
A = VAL(A$):B = VAL(B$):PRINT A+B
```

2) Durch Benutzung dieses Programms und mit Hilfe des Programms "Division mit Rest" prüfe man an einigen Beispielen, daß für jede natürliche Zahl U und jedes N das Produkt

$$(U+1)(U+2)(U+3) \ldots (U+N)$$

durch $N! = 1 \cdot 2 \cdot 3 \cdot \ldots \cdot N$

teilbar ist.

([33],Theorem 74).

Bemerkung 1.

Sei $F_n = 2^{2^n} + 1$. Die nachfolgenden Primzahlen (!) teilen die jeweils angegebene Fermatzahl F_n:

$$(112o\ o49 \times 2^{31}+1) \mid F_{29} ,$$

$$(3759\ 613 \times 2^{38}+1) \mid F_{36} ,$$

$$(16\ 233 \times 2^{1o4}+1) \mid F_{99} .$$

(Man vgl. G.B.Gostin and P.B. McLaughlin jr., Six new Factors of Fermat Numbers, Math.Comp. 38(1982),645-649.)
Eine Nachprüfung dieses Ergebnisses nur mit elementaren Mitteln dürfte auf sehr große Schwierigkeiten stoßen.

Bemerkung 2.

Das Problem, große Zahlen durch geschicktere Algorithmen schneller miteinander multiplizieren zu können, hat in der Komplexitätstheorie erhebliche Bedeutung. Man vgl. hierzu A.Schönhage und V.Straßen [1o2].

```
1 REM VIELSTELLIG RECHNEN
5 PRINT"■"
10 PRINT"■■VIELSTELLIGE ADDITION UND MULTIPLIKATION"
20 PRINT"■■WAEHLE VERKNUEPFUNG ....+, - ODER *"          Abfrage
30 POKE 198,0:WAIT 198,1:GET J1$
40 IF J1$<>"+" AND J1$<>"*"AND J1$<>"-" THEN 20
50 PRINT"■GIB DIE ZU VERKNUEPFENDEN ZAHLEN EIN"          Eingabe
60 INPUT "A";A$:INPUT "B";B$
90 IF J1$="+" THEN GOSUB 300                    Entscheidung auf Grund
95 IF J1$="*" THEN GOSUB 500                    Ergebnisses der
97 IF J1$="-" THEN GOSUB 700                    Abfrage
100 PRINT"■■"A$+J1$+B$" = "E$          Ausgabe
120 END
```

```
300 REM ADDITION VON A UND B
310 AA$=A$:BB$=B$
320 LA=LEN(AA$):LB=LEN(BB$):UE=0:S$=""
325 D=ABS(LA-LB)
327 IF D=0 THEN LL=LA:GOTO 340
330 IF LA<LB THEN LL=LA:GOTO 337
334 LL=LB
335 IF LL=LA THEN 337
336 FOR I=1 TO D:BB$="0"+BB$:NEXT:GOTO 340
337 FOR I=1 TO D:AA$="0"+AA$:NEXT
340 FOR I=0 TO LL+D-1
350 ZA$=MID$(AA$,LL+D-I,1):ZB$=MID$(BB$,LL+D-I,1)
355 ZA=VAL(ZA$):ZB=VAL(ZB$)
360 Z=ZA+ZB+UE
362 UE=0
365 IF Z>9 THEN UE=1:Z=Z-10
370 Z$=STR$(Z):Z$=MID$(Z$,2,1)
380 S$=Z$+S$
390 NEXT I
400 IF UE=0 THEN E$=S$:GOTO 420
410 E$="1"+S$
420 RETURN
500 REM MULTIPLIKATION
510 L1=LEN(A$):L2=LEN(B$):AA$=""
520 FOR H=0 TO L2-1
530 M$=MID$(B$,L2-H,1):UF=0:M=VAL(M$)
535 BB$=""
540 FOR J=0 TO L1-1
550 K$=MID$(A$,L1-J,1):K=VAL(K$)
560 R=K*M+UF
570 UF=INT(R/10):R=R-10*UF
580 R$=STR$(R):R$=MID$(R$,2,1):BB$=R$+BB$
590 NEXT J
600 IF UF>0 THEN BB$=MID$(STR$(UF),2,1)+BB$
610 IF H=0 THEN 650
620 FOR T=1 TO H:BB$=BB$+"0":NEXT
650 GOSUB 320
660 AA$=E$
670 NEXT H
680 E$=AA$
690 RETURN
700 REM SUBTRAKTION
710 AA$=A$:BB$=B$:VV=0
720 LA=LEN(AA$):LB=LEN(BB$):UE=0:S$=""
725 D=ABS(LA-LB)
727 IF D=0 THEN LL=LA:GOTO 740
730 IF LA<LB THEN LL=LA:GOTO 737
734 LL=LB
735 IF LL=LA THEN 737
736 FOR I=1 TO D:BB$="0"+BB$:NEXT:GOTO 740
737 FOR I=1 TO D:AA$="0"+AA$:NEXT
740 FOR I=0 TO LL+D-1
750 ZA$=MID$(AA$,LL+D-I,1):ZB$=MID$(BB$,LL+D-I,1)
755 ZA=VAL(ZA$):ZB=VAL(ZB$)
760 Z=ZA-ZB+UE
762 UE=0
765 IF Z<0 THEN UE=-1:Z=Z+10
770 Z$=STR$(Z):Z$=MID$(Z$,2,1)
780 S$=Z$+S$
790 NEXT I
800 IF UE=0 THEN E$=S$:GOTO 817
810 EE$="1":FOR I=1 TO LL+D:EE$=EE$+"0":NEXT
815 E$=S$+J1$+EE$
816 AA$=EE$:BB$=S$:VV=1: GOTO 720
817 IF VV=1 THEN  E$="-"+S$
820 RETURN
```

6. DIVISION MIT REST (2)

Zur Durchführung der "Division mit Rest" bei vielstelligen Zahlen wird wiederum das von Hand gewohnte Verfahren imitiert:

```
2467 : 35 = o7o, Rest 17
00
---
246
245
---
  17
```

Dieser bekannte Algorithmus muß sorgfältig analysiert werden; folgende Schritte sind durchzuführen:

1) Nach Eingabe von Zähler N$ und Nenner D$ als String-Variable wird die Länge LN bzw.LD dieser Variablen bestimmt (Zeile 2o-6o).
2) Ist LN<LD, so erhält man einen einfach zu behandelnden Sonderfall (Q = 0, der Rest ist gleich N; Zeile 7o).
3) Andernfalls werden die ersten LD Ziffern von N$ gelesen und mit K$ bezeichnet.
4) Dann wird geprüft, wie oft K$ durch D$ teilbar ist. Dies geschieht folgendermaßen: Von K$ wird in einem Subtraktions-Unterprogramm (Zeile 23o-35o), das hier nicht erläutert wird, D$ abgezogen. Ist das Ergebnis nichtnegativ (der Vergleich erfolgt in Zeile 1oo), so wird diese Subtraktion in der Variablen Q gezählt, und das Verfahren wird wiederholt.
5) Wird die Differenz negativ, so muß die nächste Ziffer von N "heruntergeholt" werden, d.h. gelesen und an K$ angefügt werden. Q wird an das bisher erhaltene Ergebnis angehängt und danach auf Null gesetzt. Sodann wird zu Schritt 4) zurück-

gesprungen.

6) Das Verfahren ist beendet, wenn keine weitere Ziffer von N$ mehr heruntergeholt werden kann.
7) Schließlich muß das Ergebnis ausgegeben werden.

Die einzelnen Schritte werden nochmals in einem Flußdiagramm erläutert.

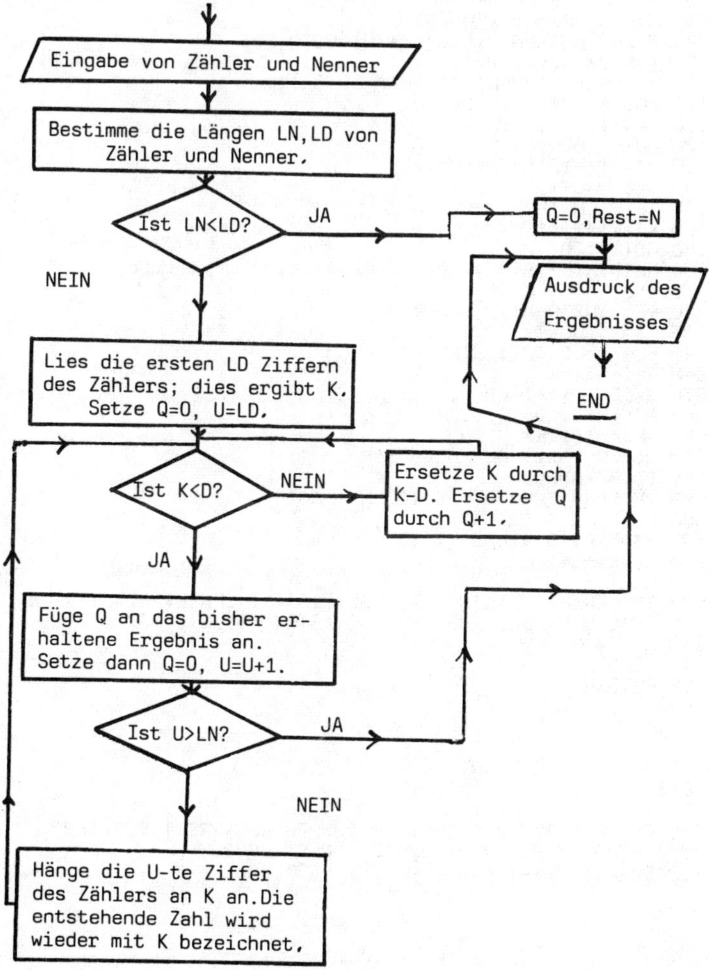

Das fertige Programm kann folgendermaßen aussehen:

```
5 PRINT"⌐":PRINT"⊠⊠⊠▶▶▶DIVISION MIT REST"
10 PRINT"▶▶▶------------------"
15 Q$="":K$="":Q=0:T=0
20 PRINT"⊠⊠GIB ZAEHLER UND NENNER EIN":PRINT:PRINT   Eingabe
30 INPUT "ZAEHLER";N$
40 INPUT "NENNER";D$
50 IF VAL(D$)=0 THEN 40
60 LN=LEN(N$):LD=LEN(D$)
70 IF LN<LD THEN Q$="0":K$=N$:GOTO 200
80 K$=MID$(N$,1,LD):U=LD
100 IF VAL(K$)<VAL(D$) THEN GOTO 150
105 GOSUB 230
110 Q=Q+1
120 GOTO 100
150 Q$=Q$+MID$(STR$(Q),2,1)
160 Q=0:U=U+1
165 IF U>LN THEN 200
170 K$=K$+MID$(N$,U,1)
180 GOTO 100
200 PRINTN$"/"D$" = "Q$" , REST "K$        Ausgabe
210 END
230 REM SUBTRAKTIONSROUTINE
235 S$="":UE=0
240 FOR I=LD TO 1 STEP -1
245 J=I
250 J=LEN(K$)+I-LD
260 AD$=MID$(D$,I,1)
270 AK$=MID$(K$,J,1)
280 AD=VAL(AD$):AK=VAL(AK$)
290 DD=AK-AD-UE
300 IF DD<0 THEN DD=DD+10:UE=1:GOTO 305
303 UE=0
305 R$=MID$(STR$(DD),2,1)
310 S$=R$+S$
320 NEXT I
330 IF LEN(K$)>LD THEN DD=VAL(MID$(K$,LEN(K$)-LD,1))-UE
335 IF LEN(K$)>LD THEN S$=MID$(STR$(DD),2,1)+S$
340 K$=S$
345 UE=0
350 RETURN
```

```
BEISPIEL

295874635241757 / 3321567 = 089076822 , REST 02821683
4294967297 / 641 = 06700417 , REST 0000
4294967299 / 641 = 06700417 , REST 0002
```

Das vorgestellte Programm hat eine entscheidende Schwäche: Der Vergleich in Zeile 1oo wird dadurch ausgeführt, daß die String-Variablen K$ und D$ mit Hilfe der Funktion VAL in Zahlen überführt werden; sind K$ und D$ zu lang, so können hierbei Rundungsfehler auftreten, so daß das Programm nur dann zuverlässig arbeitet, wenn der Nenner höchstens 8-stellig ist.

Um diese Schwäche zu beseitigen, muß Zeile 1oo durch ein Vergleichs-Unterprogramm (Zeile 4oo-45o) ersetzt werden.

Das Vergleichsprogramm entfernt zunächst die am Anfang stehenden Nullen (deswegen wird die Variable KK$ eingeführt); sind die Längen von K und D verschieden, ist der Vergleich einfach (Zeile 435,44o). Bei gleicher Länge wird die Entscheidung dadurch gefällt, daß die Funktion "<" auch auf String-Variable anwendbar ist (Zeile 445). Die Variable VG speichert das Ergebnis des Vergleichs: VG = 0 bedeutet K<D, VG=1 bedeutet K≥D. Das geänderte Programm, in dem für N$ und D$ Strings bis zu 88 Ziffern zulässig sind, wird nachstehend gegeben.

```
5 PRINT"♥":PRINT"▮▮▮▮▮▮DIVISION MIT REST"
10 PRINT"▮▮▮├------------------"
15 Q$="":K$="":Q=0:T=0
20 PRINT"▮▮GIB ZAEHLER UND NENNER EIN":PRINT:PRINT      Eingabe
30 INPUT "ZAEHLER";N$
40 INPUT "NENNER";D$
50 IF VAL(D$)=0 THEN 40
60 LN=LEN(N$):LD=LEN(D$)
70 IF LN<LD THEN Q$="0":K$=N$:GOTO 200
80 K$=MID$(N$,1,LD):U=LD
100 VG=0: GOSUB 400
102 IF VG=0 THEN 150
105 GOSUB 230
110 Q=Q+1
120 GOTO 100
150 Q$=Q$+MID$(STR$(Q),2,1)
160 Q=0:U=U+1
165 IF U>LN THEN 200
170 K$=K$+MID$(N$,U,1)
180 GOTO 100
200 PRINTN$"/"D$" = "Q$" , REST "K$      Ausgabe
```

```
 210 PRINT"WEITER?....J/N?"                    Abfrage
┌211 POKE 198,0:WAIT 198,1
│212 GET J$
│213 IF J$="N" THEN END
└214 GOTO 5
┌230 REM SUBTRAKTIONSROUTINE
│235 S$="":UE=0
│240 FOR I=LD TO 1 STEP -1
│245 J=I
│250 J=LEN(K$)+I-LD
│260 AD$=MID$(D$,I,1)
│270 AK$=MID$(K$,J,1)
│280 AD=VAL(AD$):AK=VAL(AK$)
│290 DD=AK-AD-UE
│300 IF DD<0 THEN DD=DD+10:UE=1:GOTO 305
│303 UE=0
│305 R$=MID$(STR$(DD),2,1)
│310 S$=R$+S$
│320 NEXT I
│330 IF LEN(K$)>LD THEN DD=VAL(MID$(K$,LEN(K$)-LD,1))-UE
│335 IF LEN(K$)>LD THEN S$=MID$(STR$(DD),2,1)+S$
│340 K$=S$
│345 UE=0
└350 RETURN
┌400 REM VERGLEICHSROUTINE
│420 KK$=K$
│422 LK=LEN(KK$):MI$=MID$(KK$,1,1)
│425 IF MI$="0" THEN KK$=RIGHT$(KK$,LK-1):GOTO 422
│435 IF LK<LD THEN VG=0:RETURN
│440 IF LK>LD THEN VG=1:RETURN
│445 IF KK$<D$ THEN VG=0:RETURN
│447 VG=1
└450 RETURN
```

Beispiel

```
340282366920938463463374607431768211457/59649589127497217 = 05704689200605129054
721 , REST 000000000000000000
```

ÜBUNGEN.

1) Man gebe die für die Ausführung der Division verbrauchte Zeit in Abhängigkeit von der Stellenzahl des Zählers und Nenners aus.

2) Man messe die Zeit, die das Unterprogramm "Subtraktion" bzw. das Unterprogramm "Vergleich" bei Ausführung einer Division verbraucht.

3) Man füge eine Probe an (man benütze Ergebnisse aus dem vorangegangenen Paragraphen).

7. RECHNEN MIT KOMPLEXEN ZAHLEN

Der Körper $\mathbf{C}$ der komplexen Zahlen kann eingeführt werden als die Menge aller geordneten Paare reeller Zahlen[1].

(1) $$\mathbf{C} = \{(a,b);\ a,b \text{ aus } \mathbf{R}\};$$

auf dieser Menge wird durch die Definitionen

(2) $$(a,b) + (c,d) = (a + c,\ b + d)$$

und

(3) $$(a,b)\cdot(c,d) = (a\cdot c - b\cdot d,\ ad + bc)$$

eine (kommutative und assoziative) Addition und Multiplikation eingeführt. Mit diesen Rechenoperationen wird $\mathbf{C}$ ein Körper mit Nullelement (0,0) und Einselement (1,0). Die Subtraktion wird gemäß

(4) $$(a,b) - (c,d) = (a - c,\ b - d)$$

durchgeführt; zu $(a,b) \neq (0,0)$ invers ist das Element

(5) $$(a,b)^{-1} = \left(\frac{a}{a^2+b^2},\ -\frac{b}{a^2+b^2}\right).$$

Der Absolutbetrag von (a,b) ist

(6) $$|(a,b)| = +\sqrt{a^2+b^2}\ .$$

Zur Einführung der komplexen Zahlen vgl. man etwa [46], [65], [24], [37] oder Lehrbücher der Funktionentheorie, wie etwa [115].

---

1) Man stelle sich diese Zahlenpaare (a,b) vor als $a+b\cdot i$, wobei "$i = \sqrt{-1}$" ist; man rechnet mit $a+b\cdot i$ "wie gewohnt" und berücksichtigt $i^2 = -1$.

Wir gehen nun zu der vertrauten Schreibweise Realteil + i•Imaginärteil über, d.h. dem Paar (a,b) entspricht die komplexe Zahl a+b•i (mit reellen a,b).

Die Exponentialfunktion im Komplexen wird durch

$$(7)\qquad \exp(a + bi) = \exp(a)\cdot\left\{\cos(b) + i\cdot\sin(b)\right\}$$

gegeben, Sinus und Cosinus durch

$$(8)\qquad \begin{cases} \cos(z) = \frac{1}{2}\left\{\exp(iz) + \exp(-iz)\right\}, \\ \sin(z) = \frac{1}{2i}\left\{\exp(iz) - \exp(-iz)\right\} \\ \qquad\;\; = \frac{1}{2}\cdot\left\{i\exp(-iz) - i\exp(iz)\right\}, \end{cases}$$

wobei $z = x+iy$ eine komplexe Zahl bezeichnet.

Die Darstellung in Polarkoordinaten gewinnt man aus $r\cdot e^{i\varphi} = x+iy$; hier wird

$$(9)\qquad r = |x + iy|,\quad \cos\varphi = x/r,\ \sin\varphi = y/r\ .$$

Die N-ten Wurzeln W_n aus $x+iy = r\cdot e^{i\beta}$ erhält man aus

$$(1o)\qquad W_n = \sqrt[N]{r}\cdot\exp\left(i\cdot\left(\frac{\beta}{N} + \frac{2\pi n}{N}\right)\right),\qquad n = 1,2,\dots,N\ .$$

Ein Programm, das mit komplexen Zahlen rechnen soll, läßt sich weitgehend analog zu dem Programm "Bruchrechnen" schreiben, in dem ja ebenfalls mit Zahlenpaaren gerechnet wurde.

Das Hauptprogramm (5-13o) ruft bei geeigneter Eingabe (Eingaberoutinen stehen zwischen Zeile 15oo und 172o) die Unterprogramme Addition (2oo-23o), Subtraktion (25o-28o), Multiplikation (3oo-33o), Division (35o-38o), Exponentialfunktion (4oo-43o), Absolutbetrag (45o-48o), Sinus (5oo-54o), Cosinus (55o-59o), N-te Wurzel (6oo-67o) und Polarkoordinaten (7oo-78o) auf.

Zur Bestimmung des Winkels in der Polarkoordinatendarstellung beachtet man, daß der Rechner nur über die Funktion arctg , nicht aber über arc cos (oder arc sin) verfügt. Da der Winkel durch arctg zweideutig bestimmt ist, muß eine weitere Abfrage den richtigen Winkel auswählen.

Da einzelne Unterprogramme auch in anderen Unterprogrammen verwendet werden (z.B. "Absolutbetrag" bei "N-ter Wurzel" etc.), erfolgt der Ausdruck nur dann, wenn die Eingabe-Variable J$ den richtigen Wert (+,* etc.) hat (dies zur Erklärung der Zeilen 22o, 27o,32o,...).

Das in viele kleine Unterprogramme zerlegte Programm sollte nach diesen kurzen Erläuterungen verständlich sein.

ÜBUNGEN.

1) Sei p eine Primzahl. Man berechne für verschiedene Werte von p die Gauß'sche Summe

$$G = \sum_{b=1}^{p} \exp(2\pi i\, b^2/p)$$

und prüfe nach, daß

(a) $\text{ABS}(G) = \sqrt{p}$ ist.

(b) für ungerade Primzahlen p

$$\begin{cases} G = i\cdot\sqrt{p}, & \text{wenn } p - 3 \text{ durch 4 teilbar ist,} \\ G = \sqrt{p}, & \text{wenn } p - 1 \text{ durch 4 teilbar ist,} \end{cases}$$

gilt.

Man vergleiche hierzu Landau [55], H.Hasse [34], E.Krätzel [52].

2) Man berechne Sinus und Cosinus nach den Formeln

$$\sin(X+iY) = \sin(X)\cdot\cos(iY) + \cos(X)\cdot\sin(iY),$$

$$\cos(X+iY) = \cos(X)\cdot\cos(iY) - \sin(X)\cdot\sin(iY),$$

$$\sin(iY) = \frac{1}{2}\, i\, (\exp(Y) - \exp(-Y)),$$

$$\cos(iY) = \frac{1}{2}(\exp(Y) + \exp(-Y))$$

und vergleiche die Ergebnisse mit den im Programm erhaltenen Resultaten.

3) Man führe Proben ein, z.B.

$$\text{ABS}(\exp(x + iy)) = \exp(x),$$

$$\sin^2(x + iy) + \cos^2(x + iy) = 1,$$

etc.

4) Man füge ein Unterprogramm ein, das Polarkoordinaten r, φ in die Darstellung $x + iy$ zurückrechnet.

5) Man füge ein Unterprogramm ein, das die N-te Potenz einer komplexen Zahl berechnet und benütze dieses als Probe bei der Berechnung der N-ten Wurzeln.

```
 5 PRINT"■":PRINT"■■■■■■■■RECHNEN MIT KOMPLEXEN ZAHLEN"
 10 PRINT"■■GEWUENSCHTE RECHENOPERATION?"
 12 PRINT                                                Abfrage
 20 PRINT"ADDITION . .........+"
 22 PRINT"SUBTRAKTION . . . .. -"
 24 PRINT"MULTIPLIKATION ......*"
 26 PRINT"DIVISION ............/"
 28 PRINT
 30 PRINT"ABSOLUTBETRAG .......A"
 33 PRINT"EXPONENTIALFUNKTION .E"
 36 PRINT"SINUS ...............S"
 38 PRINT"COSINUS .............C"
 40 PRINT"N-TE WURZEL .........W"
 42 PRINT"POLARKOORDINATEN ....P"
 50 POKE 198,0:WAIT 198,1:GET J$
 60 IF J$="+" THEN GOSUB 1500:GOSUB 200       Entscheidung auf Grund
 65 IF J$="-" THEN GOSUB 1500:GOSUB 250       des Ergebnisses der
 70 IF J$="*" THEN GOSUB 1500:GOSUB 300       Abfrage
 75 IF J$="/" THEN GOSUB 1500:GOSUB 350
 80 IF J$="A" THEN GOSUB 1600:GOSUB 450
 85 IF J$="E" THEN GOSUB 1600:GOSUB 400
 90 IF J$="S" THEN GOSUB 1600:GOSUB 500
 95 IF J$="C" THEN GOSUB 1600:GOSUB 550
 97 IF J$="P" THEN GOSUB 1600:GOSUB 700
 99 IF J$="W" THEN GOSUB 1700:GOSUB 600
 100 PRINT"WEITER?......J/N"                  Abfrage
 110 POKE 198,0:WAIT 198,1:GET JJ$
 120 IF JJ$="J" THEN 10
 130 END
 200 REM ADDITION
 210 E1=A+C:E2=B+D
 220 IF J$="+" THEN PRINT"("A"+"B"*I) + "("C"+"D"*I)= "E1"+"E2"*I"
 230 RETURN
 250 REM SUBTRAKTION
 260 E1=A-C:E2=B-D
 270 IF J$="-" THEN PRINT"("A"+"B"*I) + ("C"+I*"D") = "E1" + I*"E2
 280 RETURN
 300 REM MULTIPLIKATION
 310 E1=A*C-B*D:E2=A*D+C*B
 320 IF J$="*" THEN PRINT"("A"+"D"*I)*("C"+"D"*I)= "E1"+"E2"*I"
 330 RETURN
 350 REM DIVISION
 355 X=C:Y=D:E1=X*X+Y*Y
 360 IF E1=0 THEN PRINT"NENNER DARF NICHT NULL SEIN":RETURN
 365 C=C/E1:D=-D/E1:GOSUB 300
 370 PRINT"("A"+I*"B")/("X"+I*"Y") = "E1"+I* "E2
 380 RETURN
 400 REM EXPONENTIALFUNKTION
 410 R1=EXP(X):R2=COS(Y):R3=SIN(Y)
 415 E1=R1*R2:E2=R1*R3
 420 IF J$="E" THEN PRINT"EXP("X"+ I*"Y") = "E1" + I* "E2
 430 RETURN
 450 REM ABSOLUTBETRAG
 460 E1= SQR(X*X+Y*Y):E2=0
 470 IF J$="A" THEN PRINT"ABS("X"+I*"Y")= "E1
 480 RETURN
```

```
500 REM SINUS
505 XX=X:YY=Y:X=-Y:Y=XX:GOSUB 400
510 E3=E1:E4=E2
515 Y=-Y:X=-X: GOSUB 400
520 E1=(E3-E1)/2:E2=(E4-E2)/2
525 EE=E2:E2=-E1:E1=EE
530 IF J$="S" THEN PRINT"SIN("XX"+ I*"YY") = " E1" + I*"E2
540 RETURN
550 REM COSINUS
555 XX=X:YY=Y:X=-Y:Y=XX
560 GOSUB 400
565 E3=E1:E4=E2
570 Y=-Y:X=-X:GOSUB 400
575 E1=(E1+E3)/2:E2=(E2+E4)/2
580 IF J$="C"THEN PRINT"COS("XX"+ I*"YY") = "E1" + I*"E2
590 RETURN
600 REM N-TE WURZEL
605 IF X=0 AND Y=0 THEN PRINT"N-TE WURZEL GLEICH NULL":RETURN
610 GOSUB 700
620 R= E1↑(1/N):PH=PH/N
625 PRINT"DIE N   N-TENWURZELN AUS "X" + I*"Y" SIND:2
630 FOR V=0 TO N-1:WI=2*π*V/N
640 X1=R*COS(PH+WI):Y1=R*SIN(PH+WI)
650 PRINTV+1;" "X1" + I* "Y1
660 NEXT V
670 RETURN
700 REM POLARKOORDINATEN
710 GOSUB 450
715 IF E1=0 THEN PRINT"R=0, WINKEL UNBESTIMMT":RETURN
720 X1=X/E1:Y1=Y/E1
725 IF X1=1 THEN PH=0:GOTO 740
726 IF X1=-1 THEN PH=π:GOTO 740
730 PH=-ATN(X1/SQR(1-X1↑2))+π/2
740 IF ABS(SIN(PH)-Y1)>2E-08 THEN PH=-PH+2*π
750 IF J$<>"?"THEN 780
760 PRINT"POLARKOORDINATEN VON "X"+I*"Y" SIND R = "E1", WINKEL PHI = "PH*180/π
780 RETURN
```

Eingabe

```
1500 PRINT:PRINT"GIB ZWEI KOMPLEXE ZAHLEN  A+I*B  UND     C+I*D  EIN"
1510 INPUT "A";A:INPUT "B";B
1520 INPUT "C";C:INPUT "D";D
1530 RETURN
1600 PRINT: PRINT"GIB EINE KOMPLEXE ZAHL X+I*Y EIN"
1610 INPUT "X";X:INPUT "Y";Y
1620 RETURN
```

Eingabe

```
1700 PRINT: PRINT"GIB EINE KOMPLEXE ZAHL X+I*Y EIN"
1710 INPUT "X";X:INPUT "Y";Y
1712 PRINT"EXPONENT N?"
1714 INPUT "N";N
1716 IF N-INT(N)>0 THEN 1714
1718 IF N<1 THEN 1714
1720 RETURN
```

II. ALGORITHMEN

Dieser Abschnitt befaßt sich mit einigen verhältnismäßig einfachen Algorithmen.

Algorithmen sind für uns Rechenverfahren, die auf Grund eindeutig gegebener Vorschriften Schritt für Schritt durchgeführt werden können.

Beispiele für Algorithmen, die im vorigen Abschnitt behandelt wurden, sind der Divisions-Algorithmus oder die Multiplikation von ganzen Zahlen.

Hier sollen als weitere Beispiele für Algorithmen die Entwicklung einer rationalen Zahl in einen Dezimalbruch, der Euklidische Algorithmus zur Bestimmung des größten gemeinsamen Teilers zweier ganzer Zahlen (und die Darstellung dieses größten größten gemeinsamen Teilers als ganzzahlige Linearkombination der gegebenen Zahlen) und das Problem des Anordnens (Sortierens) von Zahlen bzw. der alphabetischen Anordnung von Worten (z.B. zur Erstellung eines Literaturverzeichnisses) behandelt werden. Aus der Zahlentheorie werden noch der Hasse-Kakutani-Syracuse-Algorithmus und die Folge der Fibonacci-Zahlen vorgestellt.

8. EUKLID'S ALGORITHMUS (1)

Ein ganz elementares Beispiel eines "Algorithmus", d.h. einer schrittweise auszuführenden, eindeutigen Rechenvorschrift, ist der nach EUKLID benannte Algorithmus zur Ermittlung des größten gemeinsamen Teilers von zwei ganzen positiven Zahlen K und L.

In Worten läßt sich die Vorschrift folgendermaßen beschreiben: Man teile K durch L und bestimme den Rest R_1 der Division, wobei $0 \leq R_1 < L$ ist; sodann teile man L durch R_1 mit Rest R_2, $0 \leq R_2 < R_1$, usw. Das Verfahren ist beendet, wenn der Rest $R=0$ ist. Das Verfahren kommt nach endlich vielen Schritten zu einem Ende, weil die Reste bei jedem Schritt um wenigstens 1 abnehmen. Wie man sich sofort überlegt, ist der letzte von Null verschiedene Rest der größte gemeinsame Teiler von K und L.

<u>Beispiel</u> K = 343, L = 546.

343 = 0 · 546 + 343	R_1 = 343
546 = 1 · 343 + 2o3	R_2 = 2o3
343 = 1 · 2o3 + 14o	R_3 = 14o
2o3 = 1 · 14o + 63	R_4 = 63
14o = 2 · 63 + 14	R_5 = 14
63 = 4 · 14 + 7	**R_6 = 7**
14 = 2 · 7 + 0	R_7 = 0

Der größte gemeinsame Teiler von 343 und 546 ist demnach 7.

<u>Bemerkung</u>. Das Verfahren arbeitet bei großen Zahlen viel rascher als die Methode der Faktorzerlegung; die kanonische Primfaktorzerlegung

$$K = \prod_p p^{k(p)}, \quad L = \prod_p p^{l(p)}$$

(im Beispiel: $K = 7^3$, $k(7) = 3$, $k(p) = 0$ für alle $p \neq 7$, $L = 2 \cdot 3 \cdot 7 \cdot 13$, $l(2) = l(3) = l(7) = l(13) = 1$, alle anderen $l(p) = 0$) gibt den größten gemeinsamen Teiler GGT in der Form

$$GGT = \prod_p p^{\min(k(p),\, l(p))}$$

und das kleinste gemeinsame Vielfache in der Gestalt

$$KGV = \prod_p p^{\max(k(p),\, l(p))} = \frac{K \cdot L}{GGT} .$$

Zur Faktorzerlegung von K sind im ungünstigsten Fall $\sqrt{K}$ Divisionen nötig.

Der Euklidische Algorithmus hingegen arbeitet im Mittel mit const.$\cdot$log(max (K,L)) Rechenschritten.

Um den Euklidischen Algorithmus zu programmieren, versuchen wir, zuerst die Anweisungen genauer zu fassen.

1) Gib K,L als positive ganze Zahlen ein.
2) Teile K durch L mit Rest, d.h. berechne Q und R in

   $K = Q \cdot L + R$, wobei $0 \leq R < L$, R ganz.

3) Ist $R = 0$, so ist L der größte gemeinsame Teiler.
   Ist $R > 0$, so wiederhole man das Verfahren mit L und R an Stelle von K und L; wir geben also der Variablen K den Wert L (K = L) und der Variablen L den Wert R (L = R) und beginnen wiederum bei 2).
4) Gib den größten gemeinsamen Teiler aus.

Im Flußdiagramm schreiben sich unsere Anweisungen folgendermaßen:

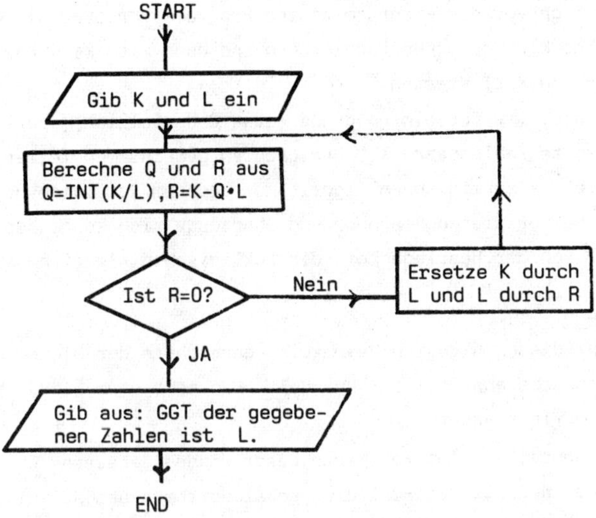

Für die Erstellung des Programms ist zu beachten, daß die anfangs eingegebenen Werte K und L überschrieben werden, also nach der Eingabe "gerettet" werden müssen.

Das fertige Programm kann folgendermaßen aussehen:

```
  5 PRINT"▯":PRINT"▯▯▯▯▯▯EUKLIDS ALGORITHMUS 1"
  10 PRINT"▯▯DIESER ALGORITHMUS BERECHNET DEN GROESS-TEN GEMEINSAMEN TEILER"
  15 PRINT"VON ZWEI GEGEBENEN GANZEN ZAHLEN K,L"
  20 PRINT
  600 INPUT "K";K:INPUT "L";L
  610 K1=K:L1=L:REM DIE GEGEBENEN ZAHLEN WERDEN GERETTET
  620 Q=INT(K/L):R=K-Q*L
  630 IF R=0 THEN 650
  640 K=L:L=R:GOTO 620
  650 GGT=L
  660 PRINT"GGT VON "K1" UND "L1" IST "GGT
  670 END
```

Eingabe (Zeilen 10–600)

Bestimmung des größten gemeinsamen Teilers (Zeilen 620–650)

Ausgabe (Zeile 660)

ÜBUNGEN.

1) Man füge vor das Programm einige Programmschritte, die zunächst K,L der Größe nach ordnen und dann mit K1 = Max(K,L), L1 = Min(K,L) starten.

2) Man bestimme für einige große (etwa 6-8-stellige), zufällig gewählte Zahlenpaare K,L den größten gemeinsamen Teiler mit Hilfe des Euklidischen Algorithmus und zum Vergleich nach der Faktorisierungsmethode und überzeuge sich so "experimentell" von der Überlegenheit des Euklidischen Algorithmus.

Bemerkung.

Der Euklidische Algorithmus wird in Lehrbüchern der elementaren Zahlentheorie ausführlich behandelt. Man sehe etwa [1o9], [4o], [2o] und viele andere.

Zahlentheoretisch interessierte Leser finden Genaueres über die mittlere Laufzeit des Euklidischen Algorithmus bei J.D.Dixon, "The number of steps in the Euclidean algorithm", J.Number Theory 2 (1970),414-422, bei J.D.Dixon, "A simple estimate for the number of steps in the Euclidean algorithm", Amer.Math.Monthly 78 (1971),374-376, und bei H.Kilian,„Zur mittleren Anzahl von Schritten beim euklidischen Algorithmus", Elemente Math. 38 (1983),11-15.

9. DEZIMALBRUCHENTWICKLUNG

Die Aufgabe, die Dezimalbruchentwicklung eines gegebenen Bruchs zu bestimmmen, verläuft nach einem einfachen Algorithmus, den man sich etwa an Hand der Herleitung von

$$\frac{1}{7} = 0.142857\ \ldots$$

ins Gedächtnis zurückrufen kann. Es werden fortgesetzt Divisionen mit Rest ausgeführt. Die Dezimalbruchentwicklung einer rationalen Zahl wird periodisch (man vgl. etwa [84] oder [33], 9.1,9.2), und periodische Dezimalbrüche stellen rationale Zahlen dar: Ist nämlich $\alpha = 0.a_1a_2\ldots a_r\,\overline{b_1\ldots b_s}$ gegeben, so ist

$$\alpha = \sum_{\varrho=1}^{r} a_\varrho \cdot 10^{-\varrho} + \gamma \cdot 10^{-r} \quad \text{mit}$$

$$\gamma = \sum_{k=0}^{\infty} 10^{-ks} \cdot \beta = \frac{10^s \cdot \beta}{10^s - 1}, \quad \text{wobei}$$

$$\beta = \sum_{\sigma=1}^{s} b_\sigma \cdot 10^{-\sigma} \quad \text{ist, eine rationale Zahl.}$$

Beispiel: $0.32\,\overline{311} = 32279/99900$.

Um die Dezimalbruchentwicklung einer positiven rationalen Zahl A/B durch den Rechner zu erzeugen, imitieren wir das geläufige Verfahren der fortgesetzten Division mit Rest: Wir nehmen der Einfachheit halber an, daß A,B beide positiv sind und $A < B$ ist, d.h. daß A/B einen echten Bruch darstellt. Wir haben dann die folgenden Schritte auszuführen:

1) Eingabe von Zähler und Nenner des Bruchs A/B.

2) Überprüfung, ob $0 < A < B$ ist, Schritt 1.
3) Eingabe der gewünschten Länge L der Dezimalbruchentwicklung (irgendwann muß der Rechner stoppen).
4) Division von 1o·A durch B ergibt eine Zahl, deren ganzer Teil INT(1o·A/B) eine Ziffer Z, $0 \leq Z \leq 9$, darstellt, und einen Rest R.
5) Ausgabe von Z.
6) Bilde 1o·R, teile durch B, dies ergibt eine neue Ziffer mit einem neuen Rest R.
7) Wiederhole das Verfahren, bis die gewünschte Länge L der Dezimalbruchentwicklung erreicht ist.

Diese Schritte sind in dem am Ende des Paragraphen gegebenen Programm bis Zeile 15o verwirklicht, wobei statt 5) die Ziffern Z nacheinander zu einem String D$ zusammengesetzt werden, der dann insgesamt ausgegeben wird.

In einer langen Folge von Ziffern eine Periode zu entdecken, ist nicht ganz einfach. Auch diese Aufgabe kann uns der Rechner abnehmen; wir müssen diesen dazu bringen, in der Ziffernfolge von D$ ein "Muster" zu erkennen.

Wir beginnen mit der ersten Ziffer $Z_i \neq 0$ unserer Dezimalbruchentwicklung und suchen, wann diese Ziffer das nächste Mal auftaucht (Zeile 220 bis 28o). Ist diese Ziffer an der j-ten Stelle gefunden, so könnte die Differenz (j-i) eine Periodenlänge sein. Um dies zu prüfen, wird der String von Z_i bis Z_{j-1} herausgeschnitten und mit dem String von Z_j bis $Z_{j+j-i+1}$ verglichen (Zeile 310,320); sind beide Strings gleich, so ist möglicherweise eine Periode gefunden; um dies endgültig zu prüfen, werden in Zeile 330 und 340 gleichlange, mit dem Index i bzw. dem Index j beginnende Strings der Dezimalbruchentwicklung miteinander verglichen.

Wurde keine Periode gefunden, so wird (durch Rücksprung nach Zeile 28o) nach der nächsten Ziffer mit einem Index größer als j gesucht, die gleich Z_i ist, usw.

Wenn die Periodenlänge der Dezimalbruchentwicklung zu groß ist, kann dieses einfache Programm die Periode nicht finden.

ÜBUNGEN.

1) Für eine Primzahl p ist die Länge der Periode der Dezimalbruchentwicklung von a/p für $0 < a < p$ genau dann gleich p-1, wenn 1o eine primitive Kongruenzwurzel modulo p ist (man vgl. hierzu § 32). Dies ist der Fall für die Primzahlen 7, 17, 19, 23, 29, aber auch für 313, 337, 1o21. Man prüfe dies experimentell nach.
2) Ist p eine Primzahl, so ist die Länge der Periode der Dezimalbruchentwicklung von a/p für $0 < a < p$ ein Teiler von (p-1). Man verwende diese zahlentheoretische Aussage, um den Rechner die kleinste Periode von a/p aufsuchen zu lassen.
3) Man schreibe ein Programm, das periodische Dezimalbrüche in einen gekürzten Bruch A/B (mit ganzen Zahlen A,B) verwandelt.

```
10 PRINT"♥"
20 PRINT"▮▮▮      DEZIMALBRUCHENTWICKLUNG"
25 PRINT"GIB ZAEHLER A UND NENNER B EIN"
30 PRINT"A,B MUESSEN GANZ SEIN"                 Eingabe
35 PRINT"UND 0<A<B ERFUELLEN."
40 INPUT "ZAEHLER";A
45 IF A<=0 THEN PRINT" A >0!!":GOTO 40
50 INPUT "NENNER";B
55 IF B<=A THEN PRINT" B>A !!":GOTO 50
60 PRINT"WIE WEIT SOLL DIE ENTWICKLUNG"
65 PRINT"BERECHNET WERDEN?"
67 PRINT"GIB LAENGE L EIN"
70 INPUT "LAENGE L";L:PRINT
75 IF L<1 OR L-INT(L)<>0 THEN 70
80 PRINT"DIE DEZIMALENTWICKLUNG LAUTET:"   <-- Ausgabe
85 PRINTA"/"B" = "                          <--
90 R=A:I=0:D$="0."                          <--
100 Z=INT((10*R)/B)
105 R=10*R-B*Z
107 Z$=MID$(STR$(Z),2,1)
110 D$=D$+Z$
120 I=I+1
130 IF I/85-INT(I/85)=0 THEN PRINTD$:D$=""  <-
140 IF I<L THEN 100
150 PRINTD$
160 IF L>84 THEN GOTO 600
```

Falls die Länge der Dezimalbruchentwicklung kleiner oder gleich 84 ist, beginnt das Programm jetzt, d.h. mit Zeile 2oo, nach einer Periode zu suchen.

```
200 L=LEN(D$)                                    Periode?
210 FOR I=1 TO INT(L/2)
220 ZI$=MID$(D$,I,1)
230 ZI=VAL(ZI$)
240 IF ZI=0 THEN 400
250 FOR J=I+1 TO L
260 ZJ$=MID$(D$,J,1)
270 IF ZJ$=ZI$ THEN 300
280 NEXT J
290 GOTO 400
300 DI=J-I
310 U$=MID$(D$,I,DI):V$=MID$(D$,J,DI)
320 IF U$<>V$ THEN 280
330 UU$=MID$(D$,I,L-J):VV$=MID$(D$,J,L-J)
340 IF UU$<>VV$ THEN 280
350 PRINT"PERIODENLAENGE IST"DI                          Ausgabe
360 PRINT"PERIODE IST "U$
370 GOTO 600
400 NEXT I
410 PRINT"KEINE PERIODE AUFFINDBAR"
420 GOTO 600
600 PRINT"WEITER?....J/N"
605 POKE 198,0:WAIT 198,1
610 GET J$
615 IF J$="J" THEN 25
620 END
```

(Randvermerke: Zeilen 210–400 „I-Schleife“, Zeilen 250–280 „J-Schleife“)

<u>BEISPIEL</u>

```
DIE DEZIMALENTWICKLUNG LAUTET:
 4 / 31  =
0.129032258064516129032258064516129032258064516l2
PERIODENLAENGE IST 15
PERIODE IST 129032258064516
```

1o. ANORDNEN VON ZAHLEN NACH DEREN GRÖSSE, ALPHABETISCHES ANORDNEN VON WORTEN

Eine wichtige Teilaufgabe, die in einigen späteren Programmen auftauchen wird, ist das Anordnen ("Sortieren") vorgegebener Zahlen nach der Größe; für die Verarbeitung von Daten ist es entsprechend wichtig, gegebene Worte alphabetisch anzuordnen.

Beispiele sind die Erstellung des Registers für ein Buch, die Erstellung eines Literaturverzeichnisses für eine größere Arbeit, das alphabetische Anordnen einer Vokabelsammlung etc.

Ein weiteres Beispiel wäre die Anlage eines Geburtstagsregisters, aus dem man etwa zur Gedächtnisstütze abfragen möchte, wer zwischen zwei gegebenen Daten Geburtstag hat, oder wann etwa Max Müller seinen Ehrentag begeht.

Befassen wir uns zunächst damit, für gegebene Zahlen A(1), A(2), ... A(N) deren Minimum zu bestimmen. Die Idee ist einfach: Nach der Eingabe der Zahlen setzt man die Variable MI (die später das Minimum geben soll) gleich A(1) und geht sodann die gegebenen Zahlen durch.

Findet man eine, etwa A(J), die kleiner als MI ist, so setzt man MI = A(J) und setzt sodann die Suche fort, bis alle Zahlen durchgegangen sind. Dieses simple Verfahren erlaubt, das Minimum nach N Schritten auszugeben.

Programmtechnisch geben wir zunächst die Anzahl N der Zahlen ein, deren Minimum bestimmt werden soll[1], sodann die N Zahlen als indizierte Variable A(I); zuvor muß das "Feld" A(I) dimensioniert

---

[1] Die Eingabe der Zahlen kann auch durch einen "Begrenzer" gestoppt werden, z.B. ein vorher mit dem Rechner vereinbartes Zeichen, eine Null, eine Leereingabe etc. Man vgl. Übungsaufgabe 2.

werden.

Das Programm kann so aussehen:

```
5 PRINT"▒▓▓▓   MINIMUM GEGEBENER ZAHLEN"
10 PRINT"▓GIB DIE ANZAHL N DER ZAHLEN EIN,"
12 PRINT"DEREN MINIMUM BESTIMMT WERDEN SOLL"
15 INPUT "ANZAHL ";N
20 DIM A(N)
25 PRINT"GIB DIE "N" ZAHLEN EIN"
30 FOR I=1 TO N:INPUT A(I):NEXT I
40 FOR I=1 TO N:PRINTA(I);:NEXT I
100 MI=A(1):IN=1
110 FOR J=2 TO N
120 IF A(J)<MI THEN MI=A(J):IN=J
130 NEXT J
140 PRINT
150 PRINT"▓MINIMUM IST "MI
160 END
```

<u>Bemerkung.</u>
Dieses Programm merkt sich in Zeile 12o auch den Index J, für den das Minimum angenommen wurde. Die zusätzliche Zeile

155 ? IN

würde diesen Index ausdrucken.

Um nun die gegebenen Zahlen[1] etwa nach wachsender Größe anzuordnen, kann folgendermaßen vorgegangen werden[2]:

Man bestimmt das Minimum MI dieser Zahlen und druckt dieses aus; der Index IN, für den das Minimum angenommen wurde, wird gemerkt; sodann wird die Zahl A(IN) gestrichen, genauer: Man streicht

---

[1] Diese können natürlich auch von Cassette oder Diskette gelesen werden - bei praktischen Aufgaben wird das sogar die Regel sein.

[2] Die Bestimmung des Maximums erfolgt analog.

A(IN), und ersetzt für K = 0 bis N-1 - IN jeweils A(IN + K) durch A(IN + K+1), schließlich ersetzt man N durch N-1.

Auf die N-1 Zahlen A(1),...,A(N-1) wird dasselbe Verfahren wieder angewandt usw.

Ein Programm, das diese Idee ausführt, ist nachstehend angegeben.

```
 5 PRINT"▮▮▮▮ANORDNEN GEGEBENER ZAHLEN"
[10 PRINT"▮▮GIB DIE ANZAHL DER ZAHLEN EIN,DIE"  Eingabe
|12 PRINT"ANGEORDNET WERDEN SOLLEN"
|15 INPUT N
|20 DIM A(N)
|25 PRINT"GIB DIE "N" ZAHLEN EIN"
[30 FOR I=1 TO N:INPUT A(I):NEXT I
 40 FOR I=1 TO N:PRINTA(I);:NEXT
 50 PRINT
 60 PRINT"NACH WACHSENDER GROESSE ANGEORDNET"   ← Ausgabe
 70 PRINT
 100 GOTO 900
 110 PRINTMI;
 120 IF N=1 THEN END
 140 IF IN=N THEN N=N-1:GOTO 900
 150 REM UMSCHREIBEN
 160 FOR I=IN TO N-1
 170 A(I)=A(I+1)
 180 NEXT I
 190 N=N-1
[900 MI=A(1):IN=1
|905 IF N=1 THEN 110
|910 FOR J=2 TO N
|920 IF A(J)<MI THEN MI=A(J):IN=J
|930 NEXT J
[950 GOTO 110
```

Ein Programm für "Alphabetisches Anordnen" wird der Vollständigkeit halber ebenfalls abgedruckt.

```
5 PRINT"▮▮▮▮ALPHABETISCH ANORDNEN"
10 PRINT"▮▮GIB DIE ANZAHL DER WORTE EIN,DIE"
12 PRINT"ANGEORDNET WERDEN SOLLEN"
15 INPUT N
20 DIM A$(N)
```

```
25 PRINT"GIB DIE "N" WORTE EIN"
30 FOR I=1 TO N:INPUT A$(I):NEXT I
35 PRINT"EINGEGEBEN WAREN:":PRINT
40 FOR I=1 TO N:PRINTA$(I)+" ";:NEXT
50 PRINT
60 PRINT"ALPHABETISCH ANGEORDNET"
70 PRINT
100 GOTO 900
110 PRINTMI$+" ";
120 IF N=1 THEN END
140 IF IN=N THEN N=N-1:GOTO 900
150 REM UMSCHREIBEN
160 FOR I=IN TO N-1
170 A$(I)=A$(I+1)
180 NEXT I
190 N=N-1
900 MI$=A$(1):IN=1
905 IF N=1 THEN 110
910 FOR J=2 TO N
920 IF A$(J)<MI$ THEN MI$=A$(J):IN=J
930 NEXT J
950 GOTO 110
```

<u>Wichtige Bemerkung.</u>

Man sollte sich klarmachen, daß dieses recht einfache Programm "Anordnen" für großes N eine erhebliche Laufzeit benötigt. Um N Zahlen anzuordnen, sind folgende Rechenschritte nötig:

- Minimumbestimmung für N Zahlen, sodann für N-1, N-2, ... Zahlen, d.h. erforderlich sind

  $N + (N-1) + (N-2) + \ldots + 2+1 = \frac{1}{2} \cdot N(N+1)$ Vergleiche.
- Umschreiben der Variablen A(I), was schlimmstenfalls ebenfalls

  $$\frac{1}{2}\, N(N+1)$$

  Rechenoperationen erfordert.

Somit sind im ungünstigsten Fall etwa N^2 Rechenoperationen auszuführen, für N = 1ooo immerhin 1 Million, was in BASIC eine erhebliche Zeit in Anspruch nimmt.

Bei A.Engel [19] finden sich weitere "langsame" Algorithmen, die das Anordnen gegebener Zahlen bewirken.

Es gibt Sortier-Algorithmen, die für große anzuordnende Mengen in erheblich kürzerer Rechenzeit laufen. Ein auf J.von Neumann zurückgehender schneller Sortier-Algorithmus ist ebenfalls in [19] beschrieben. Dieser deutlich kompliziertere Algorithmus wird in § 13 behandelt.

ÜBUNGEN.

1) Man ändere das Programm so ab, daß gleichzeitig auch das Maximum der eingegebenen Zahlen bestimmt und ausgedruckt wird.
2) Man ändere das Programm folgendermaßen ab: Zeile 1o, 15 entfallen, nach N wird also nicht gefragt. Dimensioniere das Feld A(.) ausreichend groß, etwa durch 2o Dim A(1oo). Die Zahlen werden nacheinander als String A$ eingegeben: Ist A$ = "**", so wird die Eingabe gestoppt; andernfalls wird für I = 1,2,... A(I) jeweils gleich VAL(A$) gesetzt. Gleichzeitig wird die Anzahl N der eingegebenen Zahlen A(I) gezählt. Sodann wird das Minimum wie im Beispielprogramm bestimmt und ausgegeben.
3) Man gebe ein Programm, das für vorgegebene Werte X1, X2 aus N eingegebenen Zahlen A(1),...,A(N) alle diejenigen heraussucht, die zwischen X1 und X2 liegen.
4) Man lasse den Computer die für das Anordnen benötigte Rechenzeit ausdrucken.

11. EUKLID'S ALGORITHMUS (2)

Der euklidische Algorithmus errechnet sehr rasch den größten gemeinsamen Teiler GGT von zwei gegebenen positiven ganzen Zahlen A_o, A_1, wie uns schon bekannt ist (§ 8). Das Verfahren gibt aber auch eine Darstellung des größten gemeinsamen Teilers GGT als ganzzahlige Linearkombination von A_o und A_1,

(1) $$GGT = B_o \cdot A_o + B_1 \cdot A_1, \qquad B_o, B_1 \text{ ganz},$$

die für Anwendungen sehr wichtig ist (Rechnen im Restklassenring, Lösen von linearen diophantischen Gleichungen; vgl. § 18, § 31). Man sieht dies folgendermaßen: Division mit Rest gibt jeweils

(2) $$\begin{cases} A_o = Q_1 \cdot A_1 + A_2 \ , & 0 < A_2 < A_1, \\ A_1 = Q_2 \cdot A_2 + A_3 \ , & 0 < A_3 < A_2, \\ \cdot \ \cdot \ \cdot \ \cdot \ \cdot \ \cdot \ \cdot & \cdot \ \cdot \ \cdot \ \cdot \ \cdot \\ A_{n-2} = Q_{n-1} \cdot A_{n-1} + A_n \ , & 0 < A_n < A_{n-1}, \\ (*) A_{n-1} = Q_n \cdot A_n + A_{n+1} \ , & 0 < A_{n+1} < A_n, \\ A_n = Q_{n+1} \cdot A_{n+1} + 0 \ . & \end{cases}$$

Die Reste haben wir jetzt fortlaufend mit $A_2, A_3, \ldots$ bezeichnet,

$$Q_v = INT(A_{v-1}/A_v) \quad \text{für} \quad v = 1,2,\ldots, n+1,$$

A_{n+1} ergibt deren größten gemeinsamen Teiler.

Nun läßt sich aus Gleichung (*) A_{n+1} durch

(3) $$A_{n+1} = A_{n-1} - Q_n \cdot A_n$$

linear kombinieren; mit der vorangehenden Gleichung kann A_n durch A_{n-1} und A_{n-2} ersetzt werden, usw.... Schließlich erhält man eine Darstellung der gewünschten Gestalt (1).

Beispiel.

$$\begin{aligned} 288 &= 1 \cdot 146 + 142 \\ 146 &= 1 \cdot 142 + 4 \\ 142 &= 35 \cdot 4 + 2 \\ 4 &= 2 \cdot 2 + 0 \ ; \end{aligned}$$

also ist der GGT gleich 2, und

$$\begin{aligned} 2 &= \underline{142} - 35 \cdot \underline{4} = \underline{142} - 35 \cdot (\underline{146} - 1 \cdot \underline{142}) \\ &= 36 \cdot \underline{142} - 35 \cdot \underline{146} \\ &= 36 \cdot (\underline{288} - 1 \cdot \underline{146}) - 35 \cdot \underline{146} \\ &= 36 \cdot \underline{288} - 71 \cdot \underline{146} \ . \end{aligned}$$

Dieser Einsetzungsprozeß erscheint etwas schwierig zu programmieren - wir müssen deshalb den Lösungsweg in eine für den Rechner besser geeignete Form aufarbeiten.

Dazu beginnen wir mit der ersten Gleichung in (2) und erhalten:

$$(4) \qquad \begin{cases} A_1 = 0 \cdot A_o + 1 \cdot A_1 \\ A_2 = 1 \cdot A_o - Q_1 \cdot A_1 \end{cases}$$

und haben so A_1, A_2 durch A_o, A_1 ausgedrückt.

Um dies kürzer auszudrücken benützen wir zweireihige quadratische Matrizen $\mathcal{A}$, $\mathcal{B}$,

$$\mathcal{A} = \begin{pmatrix} a_{11} & a_{12} \\ a_{21} & a_{22} \end{pmatrix} \qquad \mathcal{B} = \begin{pmatrix} b_{11} & b_{12} \\ b_{21} & b_{22} \end{pmatrix} .$$

Das Produkt[1)] dieser beiden Matrizen ist die zweireihige quadratische Matrix $\mathcal{C}$,

$$(5) \qquad \mathcal{A} \cdot \mathcal{B} = \mathcal{C} \ , \qquad \mathcal{C} = \begin{pmatrix} c_{11} & c_{12} \\ c_{21} & c_{22} \end{pmatrix} ,$$

wobei für $i,k = 1,2$

$$(6) \qquad c_{ik} = a_{i1} \cdot b_{1k} + a_{i2} \cdot b_{2k}$$

---

1) Die Reihenfolge der Faktoren muß beachtet werden, i.a. ist $\mathcal{A} \cdot \mathcal{B} \neq \mathcal{B} \cdot \mathcal{A}$. Wer mehr über Matrizen wissen möchte, sehe etwa in [2], [51], [61], [62], [54], [42] oder anderen Lehrbüchern der linearen Algebra nach.

ist. Das Produkt einer solchen Matrix $\mathcal{A}$ mit einem "Spaltenvektor" $\mathfrak{x} = \binom{x_1}{x_2}$ ist

(7) $$\mathcal{A} \cdot \mathfrak{x} = \begin{pmatrix} a_{11} \cdot x_1 + a_{12} \cdot x_2 \\ a_{21} \cdot x_1 + a_{22} \cdot x_2 \end{pmatrix},$$

also wiederum ein zweizeiliger Spaltenvektor.

Somit schreiben sich die Gleichungen (4) kürzer

(8) $$\begin{pmatrix} A_1 \\ A_2 \end{pmatrix} = \begin{pmatrix} 0 & 1 \\ 1 & -Q_1 \end{pmatrix} \cdot \begin{pmatrix} A_o \\ A_1 \end{pmatrix}.$$

Analog ist

(9) $$\begin{pmatrix} A_2 \\ A_3 \end{pmatrix} = \begin{pmatrix} 0 & 1 \\ 1 & -Q_2 \end{pmatrix} \cdot \begin{pmatrix} A_1 \\ A_2 \end{pmatrix};$$

setzt man in diese Gleichung (8) ein, so folgt

(1o) $$\begin{pmatrix} A_2 \\ A_3 \end{pmatrix} = \begin{pmatrix} 0 & 1 \\ 1 & -Q_2 \end{pmatrix} \cdot \begin{pmatrix} 0 & 1 \\ 1 & -Q_1 \end{pmatrix} \cdot \begin{pmatrix} A_o \\ A_1 \end{pmatrix}.$$

Setzt man dieses Verfahren fort, so erhält man

(11) $$\begin{pmatrix} A_n \\ A_{n+1} \end{pmatrix} = \begin{pmatrix} 0 & 1 \\ 1 & -Q_n \end{pmatrix} \cdots \begin{pmatrix} 0 & 1 \\ 1 & -Q_1 \end{pmatrix} \cdot \begin{pmatrix} A_o \\ A_1 \end{pmatrix};$$

also ist

$$\begin{pmatrix} A_n \\ A_{n+1} \end{pmatrix} = \mathfrak{D} \cdot \begin{pmatrix} A_o \\ A_1 \end{pmatrix}$$

mit der Matrix

(12) $$\mathfrak{D} = \mathfrak{Q}_n \cdot \mathfrak{Q}_{n-1} \cdots \mathfrak{Q}_1, \quad \mathfrak{Q}_i = \begin{pmatrix} 0 & 1 \\ 1 & -Q_i \end{pmatrix}.$$

Schreibt man

$$\mathfrak{D} = \begin{pmatrix} d_{11} & d_{12} \\ d_{21} & d_{22} \end{pmatrix},$$

so wird

(13) $$A_{n+1} = d_{21} \cdot A_o + d_{22} \cdot A_1 \quad ,$$

und unsere Aufgabe ist darauf zurückgeführt, das Matrizenprodukt (12) auszurechnen.

Dies geschieht schrittweise:

1) Man gebe A_o, A_1 ein und ermittle Q_1, A_2.
2) Man ermittle Q_2, A_3. Damit sind die Matrizen $\mathfrak{q}_2, \mathfrak{q}_1$ bekannt.
3) Man bilde $\mathfrak{q}_2 \cdot \mathfrak{q}_1$.
4) Ermittle Q_3, A_4, und bilde $\mathfrak{q}_3 \cdot (\mathfrak{q}_2 \cdot \mathfrak{q}_1)$,

usw.

Nun können wir versuchen, ein Flußdiagramm zu zeichnen. Dabei lassen wir die Indizes weg, um Programmteile mehrmals durchlaufen zu können, und schreiben wieder

$$K = Q \cdot L + R \quad ,$$

wie in § 8.

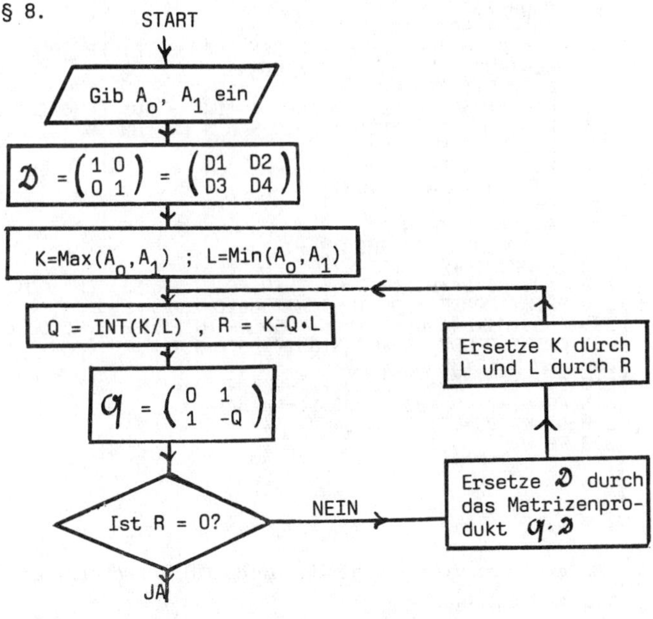

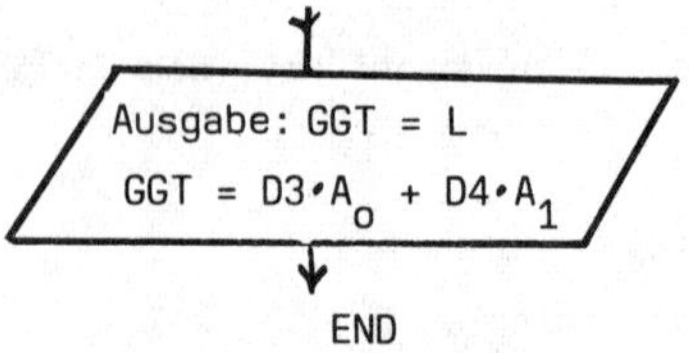


```
5 PRINT"♥"
10 PRINT"■■■■■■EUKLIDISCHER ALGORITHMUS II"
15 PRINT"■■■■------------ ----------- --"
20 PRINT"■GIB ZWEI GANZE POSITIVE ZAHLEN EIN"          Eingabe
30 INPUT A0
35 INPUT A1
70 D1=1:D2=0:D3=0:D4=1
80 IF A0>A1 THEN K=A0:L=A1:GOTO 100
90 K=A1:L=A0
100 Q=INT(K/L)                                      Restbestimmung
110 R=K-Q*L
120 Q1=0:Q2=1:Q3=1:Q4=-Q
150 IF R=0 THEN 200
160 GOSUB 300
170 K=L:L=R:GOTO 100
200 GG=L:PRINT"DER GROESSTE GEMEINSAME TEILER VON"    Ausgabe
210 PRINTA0" UND "A1" IST " GG
215 IF A0<A1 THEN 225
220 PRINT"■"GG" = "D3" * "A0" + "D4" * "A1:GOTO 228    Ausgabe
225 PRINT"■"GG" = "D3" * "A1" + "D4" * "A0
228 PRINT"PROBE?...P"
230 PRINT"WEITER?...J/N"
235 POKE 198,0:WAIT 198,1
240 GET J$
245 IF J$="J" THEN 20
250 IF J$="N" THEN END
260 IF A0<A1 THEN 280                                  (Probe)
265 P=D3*A0+D4*A1:IF P=GG THEN PRINT"PROBE O.K":GOTO 230
270 PRINT"PROBE KLAPPT NICHT":GOTO 230
280 P=D3*A1+D4*A0:IF P=GG THEN PRINT"PROBE O.K":GOTO 230
285 PRINT"PROBE KLAPPT NICHT":GOTO 230
300 REM MATRIZENPRODUKT
310 E1=Q1*D1+Q2*D3:E2=Q1*D2+Q2*D4
315 E3=Q3*D1+Q4*D3:E4=Q3*D2+Q4*D4
320 D1=E1:D2=E2:D3=E3:D4=E4
330 RETURN
```

Das Matrizenprodukt wird gemäß Formel (6) im Unterprogramm (Zeile 3oo-33o) berechnet.

12. EUKLID'S ALGORITHMUS (3)

Die bisher vorgenommene Implementierung des Euklidischen Algorithmus hat die Schwäche, daß wir in Bereichen bleiben müssen, in denen der Rechner mit ganzen Zahlen noch genau rechnet. Wir können also zuverlässig nur mit 8-stelligen Zahlen arbeiten.

Dies läßt sich jedoch leicht ändern, da wir die Division mit Rest schon vielstellig programmiert haben (siehe § 6). Dieses Programm wird als Unterprogramm in den Euklidischen Algorithmus eingebaut.[1)]

Nach Titelei und Eingabe (Zeile 5-5o) springen wir nach 1ooo, bezeichnen die eingegebenen Variablen K$ und L$ nun als N$ und D$, so daß sie für die Division mit Rest (Zeile 6o bis 45o) benutzbar werden; dieses Unterprogramm liefert dann

N$ = Q$ · D$ + Rest[2)] .

Das Unterprogramm Zeile 11oo-119o entfernt die möglicherweise am Beginn des Restes stehenden Nullen.

Sodann wird N$ durch D$ und D$ durch den Rest ersetzt, usw. bis endlich der Rest 0 erreicht wird. (Um nicht zu lange vor dem

---

1) Der Einfachheit halber gehen wir von dem für die Division mit Rest gegebenen Programm aus, ändern den Anfang ab, überspringen die Divisionssubroutine und fügen ab Zeile 1ooo die für den Euklidischen Algorithmus nötigen Befehl an.

2) Der Rest ist wieder mit K$ bezeichnet; dies macht nichts, außer daß bei Ende des Programms die anfangs eingegebenen Variablen K$,L$ "zerstört" sind, also nicht mehr abgerufen werden können.

rechnenden, aber nichts anzeigenden Computer sitzen zu müssen, werden durch Zeile 2oo die jeweils berechneten Reste ausgedruckt. Diese müssen streng monoton abnehmen, bis schließlich der Rest Null erreicht wird.)

Eine nähere Beschreibung des Programms dürfte sich erübrigen, da in § 6 und § 8 die entsprechende Teilaufgaben ausführlich behandelt worden sind.

Das fertige Programm sieht so aus:

```
5 PRINT"J":PRINT"QQQ]]]EUKLIDS ALGORITHMUS III"
15 Q$="":K$="":Q=0:T=0
20 PRINT"GIB ZWEI POSITIVE GANZE ZAHLEN K,L EIN"
30 INPUT "K";K$
40 INPUT "L";L$
50 IF VAL(L$)=0 THEN 40
55 GOTO 1000
60 LN=LEN(N$):LD=LEN(D$)
65 R$="":Q$=""
70 IF LN<LD THEN Q$="0":K$=N$:GOTO 200
80 K$=MID$(N$,1,LD):U=LD
100 VG=0: GOSUB 400
102 IF VG=0 THEN 150
105 GOSUB 230
110 Q=Q+1
120 GOTO 100
150 Q$=Q$+MID$(STR$(Q),2,1)
160 Q=0:U=U+1
165 IF U>LN THEN 200
170 K$=K$+MID$(N$,U,1)
180 GOTO 100
200 PRINT" REST "K$";";
210 RETURN
213 IF J$="N" THEN END
230 REM SUBTRAKTIONSROUTINE
235 S$="":UE=0
240 FOR I=LD TO 1 STEP -1
245 J=I
250 J=LEN(K$)+I-LD
260 AD$=MID$(D$,I,1)
270 AK$=MID$(K$,J,1)
280 AD=VAL(AD$):AK=VAL(AK$)
290 DD=AK-AD-UE
300 IF DD<0 THEN DD=DD+10:UE=1:GOTO 305
303 UE=0
305 R$=MID$(STR$(DD),2,1)
310 S$=R$+S$
320 NEXT I
330 IF LEN(K$)>LD THEN DD=VAL(MID$(K$,LEN(K$)-LD,1))-UE:S$=MID$(STR$(DD),2,1)+S$
340 K$=S$
345 UE=0
350 RETURN
400 REM VERGLEICHSROUTINE
420 KK$=K$
422 LK=LEN(KK$)
425 IF MID$(KK$,1,1)="0" THEN KK$=RIGHT$(KK$,LK-1):GOTO 422
435 IF LK<LD THEN VG=0:RETURN
440 IF LK>LD THEN VG=1:RETURN
445 IF KK$<D$ THEN VG=0:RETURN
447 VG=1
450 RETURN
```

```
1000 N$=K$:D$=L$
1010 GOSUB 60
1020 IF VAL(K$)=0 THEN 1050
1025 GOSUB 1100
1030 N$=D$:D$=K$:GOTO 1010
1050 GG$=D$
1055 PRINT
1060 PRINT"■■GGT IST "GG$
1070 END
1100 LK=LEN(K$)
1110 AA$=MID$(K$,1,1)
1120 IF AA$<>"0" THEN 1190
1130 K$=MID$(K$,2,LK-1)
1140 GOTO 1100
1190 RETURN

READY.
```

Zwei Beispiele.

```
245345469555          22299903410
ggt ist 5


3847563442          9046382992
 REST 3847563442
 REST 1351256108
 REST 1145051226
 REST 0206204882
 REST 0114026816
 REST 092178066
 REST 021848750
 REST 04783066
 REST 02716486
 REST 2066580
 REST 0649906
 REST 0116862
 REST 065596
 REST 051266
 REST 14330
 REST 08276
 REST 06054
 REST 2222
 REST 1610
 REST 0612
 REST 0386
 REST 226
 REST 160
 REST 066
 REST 028
 REST 10
 REST 08
 REST 02
 REST 0
ggt ist 2
```

Ein Beispiel zu §11

```
DER GROESSTE GEMEINSAME TEILER VON
 24578  UND  34662  IST  2
 2 =-875 * 34662 + 1234 * 24578
DER GROESSTE GEMEINSAME TEILER VON
 389136  UND  471366  IST  6
 6 =-9351 * 471366 + 11327 * 389136
DER GROESSTE GEMEINSAME TEILER VON
 7029918  UND  345654  IST  18
 18 = 3485 * 7029918 +-70878 * 345654
```

13. ANORDNEN (2)

In § 1o haben wir uns mit dem wichtigen Problem des Anordnens gegebener Größen beschäftigt und dafür einen "langsamen" Algorithmus vorgestellt, der für N Größen etwa N^2 Rechenschritte benötigt. Wie dort schon angekündigt, soll hier nun ein wesentlich schnellerer Algorithmus für dieselbe Aufgabe beschrieben werden. Man vgl. auch die Darstellung in A. Engel [19].

Zunächst beschäftigen wir uns mit folgender TEILAUFGABE: Gegeben sind zwei gleich lange, bereits angeordnete Folgen

$$X_1 \leq X_2 \leq \dots \leq X_n \quad ,$$

$$Y_1 \leq Y_2 \leq \dots \leq Y_n \quad .$$

Die beiden Folgen sollen zu <u>einer</u> der Größe nach angeordneten Folgen

$$Z_1 \leq Z_2 \leq \dots \leq Z_{2n}$$

zusammengefügt ("gemischt") werden.

Wir vergleichen X_1 mit Y_1 : Ist $X_1 \leq Y_1$, so setze man $Z_1 = X_1$; andernfalls setze man $Z_1 = Y_1$.

Sind $Z_1 \leq \dots \leq Z_k$ schon bestimmt, wobei diese Werte aus $X_1, \dots, X_i$ und $Y_1, \dots, Y_j$ entstanden sind ($i+j = k$, $i \geq 0$, $j \geq 0$; $i=0$ (bzw. $j=0$) bedeutet, daß noch kein X (bzw. noch kein Y) verwendet wurde), so sind zwei Fälle zu unterscheiden:

a) Ist $Z_k = X_i$, so prüfe man, ob $Y_{j+1} \leq X_{i+1}$ ist; falls ja, setze man $Z_{k+1} = Y_{j+1}$, falls nein, setze man $Z_k = X_{i+1}$.

b) Ist $Z_k = Y_{j+1}$, so prüfe man, ob $Y_{j+1} \leq X_{i+1}$ ist und setze $Z_{k+1} = Y_{j+1}$ (falls ja) bzw. $Z_{k+1} = X_{i+1}$ (falls nein).

Im Flußdiagramm sieht das Verfahren so aus:

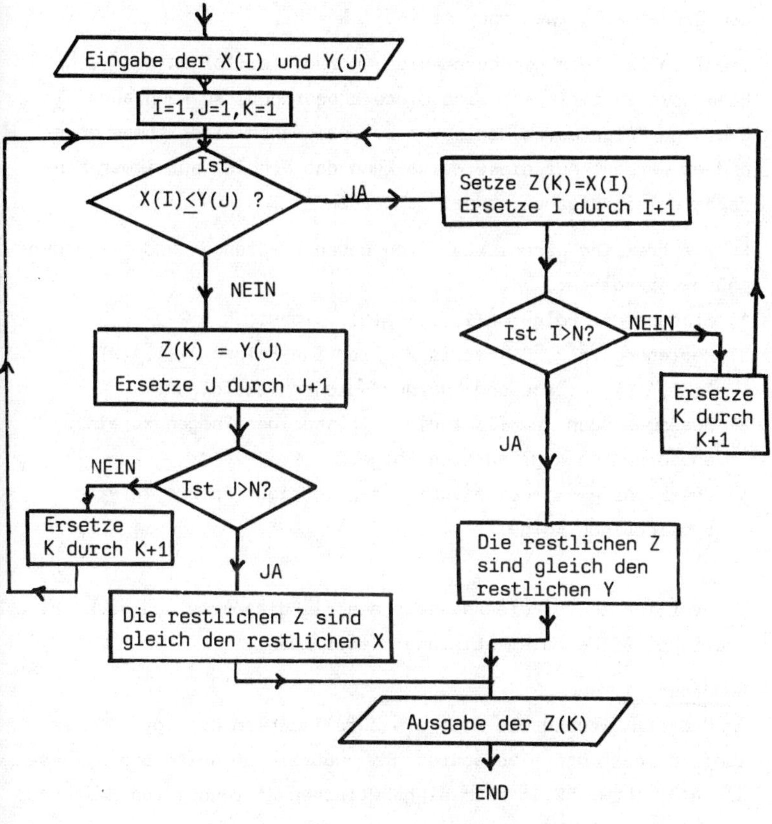

Man beachte, daß höchstens 2N-1 Vergleiche zwischen den Zahlen X(I), Y(J) nötig sind (Hinzu kommen allerdings noch $\leq 2 \cdot N$ Abfragen I > N? bzw J > N?)

Wir empfehlen, den gegebenen Algorithmus im "Schreibtischtest" (d.h. mit Papier und Bleistift) an einfachen Beispielen durchzuspielen.

Das fertige BASIC-Programm ist als Subroutine 7oo-798 in das Hauptprogramm eingebaut.

Nach Erledigung dieser Teilaufgabe gehen wir an das Problem des Anordnens für den Spezialfall, daß die Anzahl N der anzuordnenden Größen eine Zweierpotenz ist, $N = 2^M$.

Die Idee ist, die gegebene Folge in zwei Teilfolgen von je N/2 Elementen zu zerlegen; sind diese angeordnet, so kann auch die gegebene Folge durch den zuvor beschriebenen Algorithmus angeordnet werden. Auf diese Weise kann das Problem auf immer einfachere Teilaufgaben reduziert werden.

Es ist freilich geschickter, von unten anzufangen und folgendermaßen vorzugehen:

1) Eingabe der Folge A(1),...,A(N), wobei $N = 2^M$.
2) Zerlegung in 2^{M-1} jeweils 2-gliedrige Folgen A(1),A(2); A(3),A(4);... etc und Anordnen dieser Teilfolgen.
3) Zusammenfügen jeweils zweier 2-gliedriger Folgen zu einer angeordneten 4-gliedrigen Folge.
4) Zusammenfügen jeweils zweier 4-gliedriger Folgen zu einer 8-gliedrigen Folge.

usw.

Wir verzichten auf die Angabe eines Flußdiagramms und geben eine mögliche BASIC-Implementierung dieser Idee.

Bemerkung 1.

Im Programm werden die A(I) als Zufallszahlen erzeugt, um die langwierige Eingabe zu sparen. Bei nützlichen Anwendungen müssen die A(I) (bzw. A$(I) beim alphabetischen Anordnen) von Hand oder Diskette eingegeben werden.

Bemerkung 2.

Ist N keine Zweierpotenz, und ist $N_1 = 2^M$ die nächstgrößere Zweierpotenz, so kann man durch Anfügen von $N_1 - N$ gleichen Zahlen, die kleiner als das Minimum der gegebenen Zahlen sind (etwa für den Fall positiver Zahlen durch Anfügen geeignet vieler Nullen), das Problem auf den Fall einer Zweierpotenz zurückführen.

Bemerkung 3.

In dem gegebenen Programm wurden häufig Variable umnummeriert, was Zeit kostet. Man versuche, durch Abänderung der Subroutine für das Mischen Zeit zu sparen.

Bemerkung 4.

Die Anzahl der erforderlichen Vergleiche ist für $N = 2^M$ gegeben durch $V = V_o + \ldots . V_r$, wobei $r \leq \log N / \log 2$ und

(a) $V_o = N/2$ (Anzahl der Vergleiche für Schritt 2).

(b) $V_1 < \frac{N}{2} \cdot 7 < \frac{N}{2} \cdot 4 \cdot 2$ (Mischen der $\frac{N}{2}$ zwei-gliedrigen Folgen).

(c) $V_2 \leq \frac{N}{4} \cdot 4 \cdot 4$ (Mischen der $\frac{N}{4}$ vier-gliedrigen Folgen).

(d) $V_3 \leq \frac{N}{8} \cdot 4 \cdot 8$ (Mischen der $\frac{N}{8}$ acht-gliedrigen Folgen).

etc.

Also ist $V \leq \frac{1}{2} \cdot N + 4 \cdot N \cdot \frac{\log N}{\log 2}$.

Die Anzahl der nötigen Vergleiche wächst also nicht wie N^2 (wie früher), sondern nur wie Const $\cdot N \cdot \log N$. Für $N = 1ooo$ sind also nicht mehr 1 Million, sondern nur etwa 4o ooo Vergleiche auszuführen, was den Zeitverbrauch etwa um einen Faktor 25 senkt. Für noch größere N ist das Ergebnis noch günstiger.

```
10 PRINT"□":PRINT"■■■■        SORTIEREN":PRINT"■"
20 INPUT "ANZAHL DER ZU SORTIERENDEN GROESSEN";NN
40 EX=INT(LOG(NN)/LOG(2)-0.001)+1
50 N=2↑EX
60 DIM A(N):DIMX(N):DIMY(N):DIMZ(N)
70 A(0)=RND(TI)                              Zufallserzeugung
72 FOR I=1 TO NN:A(I)=100*RND(TI)
75 A(I)=INT(A(I)*10)/10
77 NEXT I:PRINT
80 FOR I=1 TO NN:PRINTA(I) ;:NEXT
82 PRINT
85 ZA=TI
90 IF N=NN THEN 100
94 FOR T=NN+1 TO N:A(T)=0:NEXT T
```

```
100 FOR I=1 TO N STEP 2
110 IF A(I)<=A(I+1) THEN 130
120 C=A(I):A(I)=A(I+1):A(I+1)=C
130 NEXT I
150 FOR R=1 TO EX-1
160 L=2↑R:L2=2*L
180 FOR U=1 TO N/(L2)
200 FOR I=1 TO L
205 IX=I+L2*(U-1):X(I)=A(IX):IY=IX+L:Y(I)=A(IY)
210 NEXT I
220 GOSUB 700
240 FOR I=1 TO L2
245 IA=I+L2*(U-1):A(IA)=Z(I)
250 NEXT I
260 NEXT U
270 NEXT R
300 PRINT"ERGEBNIS"
305 FOR I=1 TO N
310 PRINTA(I)",";
315 NEXT I
320 ZB=TI:ZT=INT((ZB-ZA)/6)/10
330 PRINT:PRINT"ZEIT: "ZT" SEK"
350 END
```

Ausgabe

Messung der verbrauchten Rechenzeit

```
700 REM SUBROUTINE MISCHEN
710 I=1:J=1:K=1
720 IF X(I)<=Y(J) THEN Z(K)=X(I):I=I+1:GOTO 750
730 Z(K)=Y(J):J=J+1
750 IF J>L THEN 790
760 IF I>L THEN 780
762 K=K+1:GOTO 720
780 FOR KK=K+1 TO L2:Z(KK)=Y(KK-L)
785 NEXT KK
788 RETURN
790 FOR KK=K+1 TO L2:Z(KK)=X(KK-L)
795 NEXT KK
798 RETURN
```

14. DER HASSE-KAKUTANI-SYRACUSE-ALGORITHMUS

Dieser Algorithmus ordnet einer natürlichen Zahl M eine neue Zahl T(M) zu nach folgender Vorschrift:

$$T(M) = \frac{1}{2} M , \quad \text{falls } M \text{ gerade}$$

$$T(M) = 3 \cdot M + 1, \quad \text{falls } M \text{ ungerade} .$$

Dann wird $T^2(M) = T(T(M))$ gebildet, dann $T^3(M) = T(T^2(M))$, usw. ... . Sehen wir an einem Beispiel, was durch fortgesetzte Anwendung des Operators T aus N = 17 entsteht:

17 ; 52 ; 26 ; 13 ; 4o ; 2o ; 1o ; 5 ; 16 ; 8 ; 4 ; 2 ; 1 ; 4 ; 2 ; 1 ....

Aus M = 15 entsteht die Folge

15 ; 46 ; 23 ; 7o ; 35 ; 1o6 ; 53 ; 16o ; 8o ; 4o ; 2o ; 1o ; 5 ; 16 ; 8 ; 4 ; 2 ; 1 .

Die (auch durch diese Beispiele suggerierte) Vermutung ist, daß die Folge $T^i(M)$, i = 1,2,3,..., die 1 erreicht oder periodisch wird. Diese Vermutung konnte bisher weder bewiesen noch widerlegt werden. Einen demnächst erscheinenden Übersichtsartikel hat Lagarias verfaßt. Wir nennen einige, diesem Problemkreis zuzurechnende Arbeiten: Everett [22], Heppner [35], Möller [74], [75].

Einzelne Fälle dieser Vermutung lassen sich leicht mit einem kleinen Programm nachprüfen. Nach Eingabe von N erzeugen wir T(M), $T^2(M)$, ... und prüfen, ob diese Folge auf 1 herunterkommt; zusätzlich stellen wir fest, in wie vielen Schritten die 1 erreicht wird. Außerdem ist es interessant, den maximalen Wert

$$MA = \max_{i=1,2,...} T^i(M)$$

festzustellen. Den Programmablauf ersieht man aus folgendem Flußdiagramm.

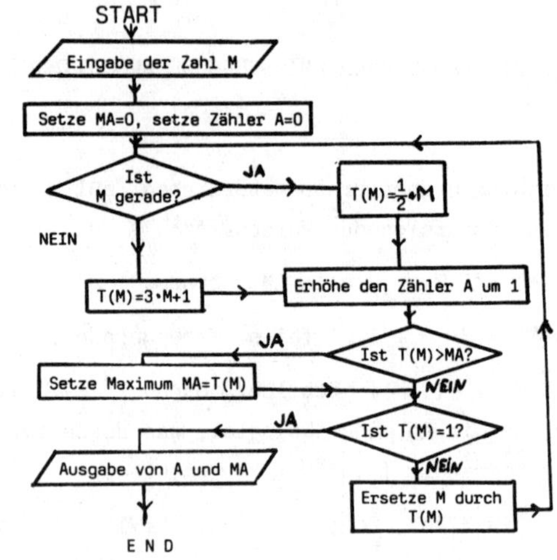


```
5 PRINT"▒"
10 A=0:MA=0
15 PRINT"▒▒GIB N EIN ALS GANZE ZAHL >4"
20 INPUT N
25 M=N
30 IF M-2*INT(M/2)=0 THEN M=M/2:GOTO 50
35 M=3*M+1
50 A=A+1
55 IF A-100*INT(A/100)=0 THEN GOSUB 200
60 IF M>MA THEN MA=M
70 IF M=1 THEN GOTO 90
75 GOTO 30
90 PRINT"▒▒▒DER ALGORITHMUS KAM AUF 1, AUSGEHEND VON"
92 PRINT"▒"N" IN "A" SCHRITTEN"
94 PRINT"▒MAXIMAL WURDE ERREICHT DER WERT"
96 PRINTMA
98 PRINT"▒▒▒▒▒WEITER? J/N?"
100 POKE 198,0:WAIT 198,1
105 GET J$
110 IF J$="N" THEN END
115 IF J$="J" THEN 10
120 GOTO 98
200 PRINT"SCHON "A" RECHENSCHRITTE!"
205 RETURN
```

Man vgl.hierzu auch den Artikel "The Collatz Problem" von S.Wagan, The Math.Intelligencer, Vol.7 (1985), 72-76.

15. DIE FOLGE DER FIBONACCI-ZAHLEN

Die Folge F_N, $N = 1,2,\ldots$ der Fibonacci-Zahlen kann rekursiv definiert werden durch

$$F_1 = 1,\ F_2 = 1,\ \ F_N = F_{N-1} + F_{N-2} \quad \text{für} \quad N > 2 .$$

Die ersten Terme dieser Folge werden in der folgenden Tabelle gegeben:

N	1	2	3	4	5	6	7	8	9	1o	11	12
F_N	1	1	2	3	5	8	13	21	34	55	89	144

Wir geben einige wohlbekannte Eigenschaften dieser Folgen. (Man vgl. hierzu G.H.Hardy and E.M. Wright [33], § 1o.14. Die genannten Eigenschaften werden dort bewiesen.)

(1) Für jedes N sind F_N und F_{N+1} zueinander teilerfremd.

(2) Für jedes $R = 1,2,\ldots$ ist F_N ein Teiler von $F_{R\cdot N}$.

(3) Ist M zu N teilerfremd, so ist $F_N \cdot F_M$ ein Teiler von $F_{N\cdot M}$.

(4) Ist D der größte gemeinsame Teiler von M und N, so ist der größte gemeinsame Teiler von F_M und F_N gleich F_D.

(5) F_{53} ist durch 55945741 teilbar.

(6) Ist $A = \frac{1}{2}(\sqrt{5}+1)$, $B = -\frac{1}{2}(\sqrt{5}-1)$, so ist für $N = 1,2,3,\ldots$

$$F_N = \frac{1}{\sqrt{5}}(A^N - B^N).$$

ÜBUNG.

Man schreibe ein Programm, das die Fibonacci-Zahlen erzeugt und ausgibt. Weiterhin vergleiche man F_N mit

$$\frac{1}{\sqrt{5}} \cdot (A^N - B^N)$$

(bis auf kleine Rundungsfehler müssen diese Zahlen übereinstimmen) und prüfe die in (2), (3) und (5) angegebene Teilbarkeitsrelationen nach. Schließlich überprüfe man auch (1) und (4) an einigen Beispielen.

Bemerkung 1.

Die Rekursionsgleichung der Fibonacci-Zahlen kann auch folgendermaßen geschrieben werden:

$$(7) \qquad \begin{pmatrix} F_N \\ F_{N+1} \end{pmatrix} = \begin{pmatrix} 0 & 1 \\ 1 & 1 \end{pmatrix} \cdot \begin{pmatrix} F_{N-1} \\ F_N \end{pmatrix}$$

mit den Anfangswerten $F_o = 0$, $F_1 = 1$, $F_2 = 1$.
Iteration der Gleichung (7) führt zu

$$(8) \qquad \begin{pmatrix} F_N \\ F_{N+1} \end{pmatrix} = \begin{pmatrix} 0 & 1 \\ 1 & 1 \end{pmatrix}^N \cdot \begin{pmatrix} F_o \\ F_1 \end{pmatrix} .$$

Somit können F_N, F_{N+1} auch durch Potenzierung der Matrix $\begin{pmatrix} 0 & 1 \\ 1 & 1 \end{pmatrix}$ gewonnen werden. Für die Potenzierung dieser Matrix ist die Binaer-Entwicklung von N,

$$N = n_o + 2 \cdot n_1 + 2^2 \cdot n_2 + \ldots + 2^r \cdot n_r, \quad n_i = 0 \text{ oder } 1,$$

hilfreich. Diese erlaubt, die Potenz

$$A^N = A^{n_o} \cdot (A^2)^{n_1} \cdot (A^4)^{n_2} \ldots (A^{2^r})^{n_r}$$

einer Matrix durch "wenige" Multiplikationen zu ermitteln. Einzelheiten entnimmt man §31 ("Rechnen im Restklassenring"), in dem dieselbe Idee bei der Potenzierung (mod N) ausgeführt wurde.

Aus Formel (8) errechnet man leicht, daß die Matrix-Potenz

$$\begin{pmatrix} 0 & 1 \\ 1 & 1 \end{pmatrix}^N = \begin{pmatrix} F_{N-1} & F_N \\ F_N & F_{N+1} \end{pmatrix}$$

ist.

<u>Bemerkung 2.</u>

Die Folge der Fibonacci-Zahlen wächst gemäß (6) asymptotisch wie $\left\{\frac{1}{2}(\sqrt{5}+1)\right\}^N$, d.h. es gilt

$$\lim_{N \to \infty} \frac{F_N}{(\sqrt{5}+1)^N \cdot 2^{-N}} = 1 \quad .$$

Somit wird schon für recht "kleine" N (überschlagsmäßig ab N = 4o) der Bereich der genauen Addition von ganzen Zahlen verlassen.

Um die Fibonacci-Zahlen für größere Werte N genau ermitteln zu können, muß man ein Unterprogramm einbauen, das vielstellig zu rechnen gestattet (man vgl. § 5).

III. ZAHLENTHEORIE (1)

In diesem Abschnitt werden Problemstellungen behandelt, die der Zahlentheorie zugerechnet werden, die aber meist ohne größere Vorkenntnisse aus der Zahlentheorie formuliert und gelöst werden können (für den späteren Abschnitt "Zahlentheorie (2)" wird dies nicht mehr zutreffen).

Zunächst soll die Faktorisierung ganzer Zahlen N, d.h. die Zerlegung dieser Zahlen in ihre Primfaktoren mit der naheliegenden Methode der Probedivision durch alle Zahlen $\leq \sqrt{N}$ durchgeführt werden; diese Methode ist programmiertechnisch sehr einfach, aber hat bei großen Zahlen N möglicherweise eine recht lange Laufzeit. Die Berechnung der Quersumme (§ 17) ist ebenfalls ganz einfach. Die Lösung linearer diophantischer Gleichungen (d.h. es werden ganzzahlige Lösungen gesucht) wird als Anwendung des Euklidischen Algorithmus (vgl. § 11) behandelt. Kettenbrüche (§ 19) geben eine gute Methode, um reelle Zahlen sehr gut durch rationale Zahlen mit kleinem Nenner zu approximieren und damit z.B. Quadratwurzeln aus ganzen Zahlen auf viele Stellen zu berechnen.

Das Sieb des Eratosthenes ist eine Methode, um alle Primzahlen unterhalb einer vorgegebenen Schranke zu erzeugen und damit auch die Anzahl $\pi(x)$ der Primzahlen $p \leq x$ durch Abzählen zu ermitteln.

16. FAKTORISIERUNG NATÜRLICHER ZAHLEN I

Das Problem der Faktorisierung großer Zahlen N (d.h. der Zerlegung solcher Zahlen in Primfaktoren) ist trotz der scheinbaren Einfachheit ein tiefes Problem.

Man wußte z.B. seit 19o5 (Morehead) bzw. 19o9 (Morehead and Western), daß die Fermat'schen Zahlen $F_7 = 2^{2^7} + 1$ und $F_8 = 2^{2^8} + 1$ zusammengesetzt sind; ein Primfaktor von F_7 konnte aber erst 1975 angegeben werden (Morrison und Brillhart [78]):

F_7 = 59 649 589 127 497 217 x 5 7o4 689 2oo 685 129 o54 721 .

Ein Teiler von F_8 ist

1 238 926 361 552 897 = 6o4 944 512 477 x 2^{11} + 1 .

Die offen-sichtliche Methode, alle Zahlen 2,3,5,... daraufhin zu testen, ob sie in N aufgehen, führt mit Sicherheit zur Faktorisierung von N, kann aber für große N nahezu "unendlich" lange dauern - bei einer 5o-stelligen Zahl auf schnellen Maschinen bis zu $1o^{11}$ Jahren (1oo ooo Millionen Jahre), wie man leicht überschlägt. (Zu den hier angesprochenen Problemen vgl. man die Übersichtsartikel von Pomerance [88], [89] und J.Wolfart [122]).

Trotzdem soll hier zunächst ein Faktorisierungsprogramm erstellt werden, das das genannte simple Verfahren benutzt:

1) Man gebe N ein.

2) Man prüfe, ob T = 2 in N aufgeht.

2a) Falls ja, ersetze man N durch N/2, gebe den Faktor 2 aus und beginne erneut mit Schritt 2).

2b) Falls nein, gehe man zum nächsten Schritt mit $T = 3$ über.

3) Man prüfe, ob T in N aufgeht.

3a) Falls ja, ersetze man N durch N/T, gebe den Faktor T aus und gehe nach 3).

3b) Falls nein, ersetze man T durch $T + 2$ und gehe nach 3) zurück.

4) Falls kein T mit $T \leq \sqrt{N}$ in N aufgeht, ist N prim.

5) Das Programm kann beendet werden, wenn $T > \sqrt{N}$ ist.

Der Programmaufbau ergibt sich aus folgendem Flußdiagramm:

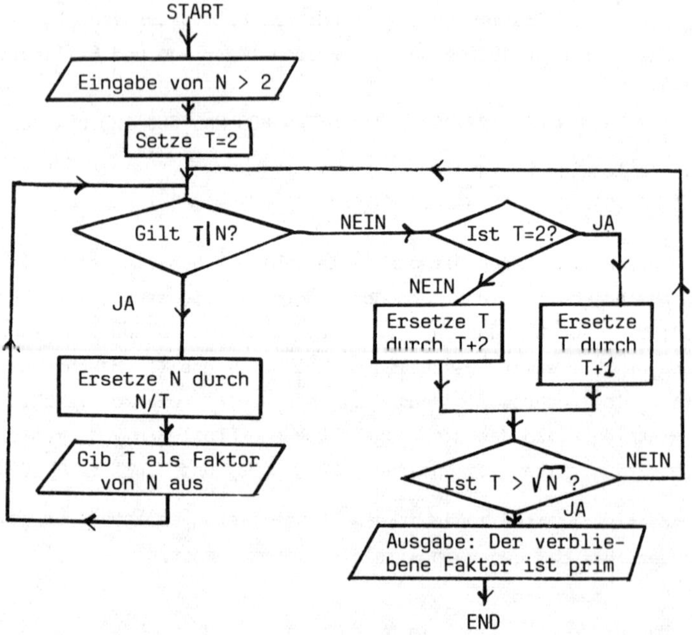

Das fertige Programm kann dann folgendermaßen aussehen:

```
5 PRINT"[illegible]":PRINT"        FAKTORISIERUNG"
10 PRINT"GIB EINE GANZE POSITIVE ZAHL N>1  EIN"
12 PRINT"DIE IN PRIM-FAKTOREN ZERLEGT WERDEN SOLL"
20 INPUT "N";N
40 IF N<2 OR N-INT(N)>0 THEN PRINT"IRRTUM":GOTO 10
50 PRINT"NACHSTEHEND WERDEN DIE FAKTOREN VON     N ANGEGEBEN"
60 T=2
70 B=SQR(N)
80 GOTO 200
100 Q=N/T:IF Q-INT(Q)=0 THEN PRINTT" ";:N=N/T:GOTO 70
120 IF T=2 THEN T=T+1:GOTO 130
125 IF T>2 THEN T=T+2
130 GOTO 80
200 IF T<=B THEN 100
210 PRINTN
300 PRINT"NEUE FAKTORZERLEGUNG GEWUENSCHT?J/N"     Abfrage
310 GET J$
320 IF J$=""THEN GOTO 310
330 IF J$="N" THEN END
350 PRINT"DARF DER COMPUTER EINE NEUE ZAHL ERZEU-":PRINT"GEN....J/N"
370 GET J$
380 IF J$=""THEN GOTO 370
390 IF J$="N" THEN PRINT"GIB N EIN":GOTO 20
400 N=INT(1000000*RND(TI))
410 PRINT "N = "N
420 GOTO 60
```

Bemerkungen zum Programm.

1) Zeilen 31o, 315 können auch durch

    31o POKE 198,o: WAIT 198,1
    315 GET J$

   ersetzt werden.

2) Nach erfolgter Faktorzerlegung von N wird gefragt, ob eine neue Faktorzerlegung gesucht wird; der Computer bietet an, die zu zerlegende Zahl selbst "zufällig" zu erzeugen (Zeile 35o-4oo).

ÜBUNGEN.

1) Man suche einen Teiler von $F_5 = 2^{2^5} + 1$ (L.Euler).

2) Man finde den Teiler

$$274\,177 \quad \text{von} \quad F_6 = 2^{2^6} + 1$$

(Landry 188o). Wegen der Größe von F_6 muß vielstellige Division mit Rest als Unterprogramm verwendet werden.

3) Man ändere die Ausgabe so ab, daß die Ausgabe in der Gestalt

$$N = T_1 * T_2 * \ldots * T_r$$

erfolgt, z.B. 1173 = 3*17*19 .

4) Man ändere das Programm so ab, daß die Teiler von N in einer indizierten Variablen T(I) gespeichert werden; diese muß nach Eingabe von N erst dimensioniert werden; hierzu beachte man, daß N höchstens INT(logN/log2) Primfaktoren besitzen kann.

5) Man kürze das Programm so, daß es nur als Primzahltest arbeitet (N ist prim, wenn kein Teiler T in $2 \leq T \leq \sqrt{N}$ gefunden werden kann) und bestimme dann mit diesem Programm als Unterprogramm die Anzahl $\pi(x)$ der Primzahlen etwa bis $x = 5000$. Man vergleiche die verbrauchte Rechenzeit mit derjenigen, die das Programm "Sieb des Eratosthenes" (§ 2o) benötigt (letztgenannte ist deutlich kleiner!).

BEISPIEL

```
   FAKTORISIERUNG
1000        2   2   2   5   5   5
1001        7   11   13
1002        2   3   167
1003        17   59
1004        2   2   251
1005        3   5   67
1006        2   503
1007        19   53
1008        2   2   2   2   3   3   7
1009        1009
1010        2   5   101
```

17. QUERSUMME

Ist eine ganze positive Zahl N durch ihre Dezimaldarstellung gegeben, etwa

$$N = a_r a_{r-1} \dots a_1 a_o \quad ,$$

was als Abkürzung für

$$N = a_r \cdot 1o^r + a_{r-1} \cdot 1o^{r-1} + \dots + a_1 \cdot 1o + a_o$$

steht, so führen einfache Kongruenzüberlegungen zu folgenden Teilbarkeitsregeln:

Ist die Quersumme

$$Q = a_o + a_1 + \dots + a_{r-1} + a_r$$

von N durch 9 bzw. durch 3 teilbar, so ist N selbst durch 9 bzw. durch 3 teilbar.

Ist die mit wechselnden Vorzeichen gebildete alternierende Quersumme

$$QA = a_o - a_1 + a_2 - + \dots + (-1)^r \cdot a_r$$

durch 11 teilbar, so auch N.

Wir erinnern daran, daß $a \equiv b \bmod d$ folgende Bedeutung hat: Die Differenz $a - b$ ist durch d teilbar.

Wegen $1o \equiv 1o^2 \equiv 1o^3 \equiv \dots \equiv 1 \bmod 9$ ist

$$N \equiv a_r + a_{r-1} + \dots + a_o \bmod 9$$

(und auch mod 3). Wegen $1o \equiv 1o^3 \equiv 1o^5 \equiv \dots \equiv -1 \bmod 11$ und $1o^2 \equiv 1o^4 \equiv \dots \equiv 1 \bmod 11$ ist

$$N \equiv a_o - a_1 + a_2 - + \dots \bmod 11 \; .$$

Eine Teilbarkeitsregel für 7 nimmt eine sehr unhandliche Gestalt an; wegen $1o \equiv 1o^7 \equiv \ldots \equiv 3 \bmod 7$, $1o^2 \equiv 1o^8 \equiv \ldots \equiv 2$, $1o^3 \equiv 1o^9 \equiv \ldots \equiv -1$, $1o^4 \equiv 1o^{1o} \equiv \ldots \equiv -3$, $1o^5 \equiv \ldots \equiv -2$, $1o^6 \equiv \ldots \equiv -1$ modulo 7 ist

$$N \equiv a_o + 3a_1 + 2a_1 - a_3 - 3a_4 - 2a_5 - a_6 + a_7 + 3a_8 + \ldots$$

modulo 7 .

Diese Teilbarkeitsregeln machen die Berechnung der Quersumme Q (oder der alternierenden Quersumme QA) interessant.

Zur Berechnung der Quersumme addiert man die einzelnen Ziffern; diese kennt aber der Computer nicht. Bei höchstens 8-ziffrigen Zahlen könnte man die einzelnen Ziffern durch Divisionen durch 1o und die INT-Funktion ermitteln (man führe dies als Übung aus!).

Für vielstellige Zahlen ist es jedoch besser, die Zahl als "Stringvariable", d.h. als eine Zeichenreihe aus Ziffern 0,1,...9 einzugeben und dann die einzelnen Ziffern mit Hilfe der Stringfunktionen des Rechners (etwa MID $ (...)) zu lesen.

Zerlegt man die Aufgabe in kleinere, handliche Teilaufgaben, so ergeben sich die folgenden Schritte:

1) Gib die Zahl, deren Quersumme berechnet werden soll, als Stringvariable N$ ein.
2) Bestimme die Anzahl L der Ziffern von N$.
3) I = 1.
4) Lies die I-te Ziffer Z$.
5) Betrachte Z$ als Zahl (Z = VAL(Z$)) und addiere diese zur bisher ermittelten Quersumme aus den ersten (I-1) Ziffern.
6) Erhöhe I um Eins und gehe zurück nach 4), falls $I \leq L$ ist.
7) Andernfalls gebe man die Quersumme Q aus.

Diese Anweisungen stellen offenbar ein verbal beschriebenes Flußdiagramm dar, das als Übung gezeichnet werden kann.

Das Programm ergänzen wir noch durch

a) von der Quersumme wird wieder die Quersumme berechnet usw., solange bis wir zu einer 1-stelligen Zahl kommen.

b) die Teilbarkeitsregeln für 3 und 9 werden angewandt.

```
5 PRINT"♥":PRINT"◘◘▶▶▶▶▶▶▶▶▶QUERSUMME"
10 PRINT"◘◘GIB DIE ZAHL EIN, DEREN QUERSUMME ":PRINT"BERECHNET WERDEN SOLL"
20 INPUT N$
25 Q=0:PRINT"♥":PRINTN$
30 Q$=N$
50 L=LEN(Q$)
60 FOR I=1 TO L
70 Z$=MID$(Q$,I,1)
80 Z=VAL(Z$)
90 Q=Q+Z
100 NEXT I
110 PRINT"◘QUERSUMME VON "Q$" IST "Q
120 IF Q>9 THEN Q$=STR$(Q):Q=0:GOTO 50
150 IF Q=0 OR Q=9 THEN PRINT"◘"N$" IST DURCH 9 TEILBAR"
160 IF Q=0 OR Q=3 OR Q=6 OR Q=9 THEN PRINT"◘"N$" IST DURCH 3 TEILBAR"
200 END
```

ÜBUNGEN.

1) Man berechne für $N = a_r a_{r-1} \dots a_o$ die alternierende Quersumme $a_o - a_1 + a_2 - + \dots$ und gebe eine Aussage zur Teilbarkeit durch 11.

2) Man "verschönere" das ausgegebene Druckbild.

3) Man gebe die für die Durchführung der Rechnung verbrauchte Zeit an; die Zeitvariable TI des VC 64 wird jede $\frac{1}{6o}$ Sekunde hochgezählt. Die Zeilen

   25 ZA = TI

   315 ZE = TI

   geben die Anfangs- und Endzeit, die verbrauchte Zeit ist also (ZE - ZA)/6o sec.

18. LINEARE DIOPHANTISCHE GLEICHUNGEN UND KONGRUENZEN

Die Kongruenz $U \equiv V \bmod D$ bedeutet, daß $U - V$ durch D teilbar ist. Hierzu vgl. man etwa [1o9], Kap.II, [33], Chapt.V, [4o], Kap.III oder andere Lehrbücher der elementaren Zahlentheorie.

Gegeben ist die Kongruenz

(1) $$A \cdot X \equiv B \bmod D \, .$$

Hierbei sind A,B und $D > 0$ vorgegebene ganze Zahlen, und gesucht ist ein ganzes X, so daß

$A \cdot X - B$ durch D teilbar wird.

Es muß also

(2) $$A \cdot X - B = D \cdot (-Y)$$

ein Vielfaches von D werden. Wir suchen also eine ganzzahlige Lösung X,Y der "diophantischen" Gleichung

(3) $$A \cdot X + D \cdot Y = B \quad .$$

Wenn GG der größte gemeinsame Teiler von A und D ist, so gilt $GG|A$, $GG|D$, also muß nach (8) GG ein Teiler von B sein. Somit ist die Gleichung sicher unlösbar in ganzen Zahlen, wenn GG kein Teiler von B ist.

Ist aber GG ein Teiler von B, etwa $B = B_1 \cdot GG$, so ist GG als ganzzahlige Linearkombination von A und D darstellbar (siehe § 11),

(4) $$GG = A \cdot U + D \cdot V \, , \qquad U,V \text{ ganz;}$$

somit wird

$$B = B_1 \cdot GG = A\cdot(B_1\cdot U) + D\cdot(B_1\cdot V) \quad ,$$

und die diophantische Gleichung (3) ist mit

(5) $$X = B_1\cdot U \ , \quad Y = B_1\cdot V$$

gelöst. $X = B_1\cdot U$ stellt dann auch eine Lösung der Kongruenz (1) dar.

Weitere Lösungen (und tatsächlich alle Lösungen von (3)) werden gegeben durch

(6) $$X = B_1\cdot U + Z\cdot\frac{D}{GG} \ , \quad Y = + B_1 V - Z\cdot\frac{A}{GG} \ ,$$

wobei GG der größte gemeinsame Teiler von A und D, und Z eine beliebige ganze Zahl ist.

Beispiel.

Ein Weinhändler hat zwei Gefäße, die 3 bzw. 4 Liter fassen. Kann er mit diesen Gefäßen einem Kunden 137 l Wein abmessen?

Die Antwort ist ja, denn die diophantische Gleichung

(*) $$3\cdot X + 4\cdot Y = 137$$

ist lösbar (sogar in nichtnegativen X,Y, was wünschenswert ist, um ein "Zurückschöpfen" von Wein zu vermeiden).

Da GGT (3,4) = 1 und $1 = (-1)\cdot 3 + 1\cdot 4$, ist eine Lösung von (*) gegeben durch

$$X_o = -137 \ , \quad Y_o = 137 \ .$$

Weitere Lösungen sind (mit beliebigem ganzen Z)

$$X = -137 + Z\cdot 4 \ , \quad Y = 137 - Z\cdot 3 \ ;$$

X ist positiv, wenn $Z > 137/4$, Y ist positiv, wenn $Z < 137/3$, also erhält man etwa mit $Z = 35$ die Lösung

$$X = 3 \ , \quad Y = 32 \ ,$$

d.h. 3-mal ist das kleine Gefäß (3 l) und 32-mal das größere Gefäß (4 l) abzufüllen, um 137 l Wein zu erhalten.

Um den Rechner die Gleichungen (1) und (3) lösen zu lassen, verwenden wir im wesentlichen das Programm "Euklidischer Algorithmus II" aus § 11. Wir müssen folgende Schritte ausführen:

1) Eingabe von A, B, D.
2) Berechnung von GGT(A,D) und Darstellung dieses GGT als Linearkombination von A und D nach "Euklid's Algorithmus II" .
3) Darstellung von B als Linearkombination von A und D, falls B durch GGT teilbar ist. Andernfalls wird "unlösbar" ausgegeben.
4) Ausgabe einer Lösung.

Eine leichte Abänderung des in § 11 gegebenen Programms führt zu folgendem Programm, das unsere Aufgabe löst.

```
5 PRINT"■":PRINT"■■■■LINEARE DIOPHANTISCHE GLEICHUNGEN"
7 PRINT"■■■------- ------------- -----------"
10 PRINT"■GESUCHT IST EINE LOESUNG X VON":PRINT"A*X KONGRUENT B MODULO D"
15 PRINT"■UND EIN LOESUNGSPAAR X,Y VON A*X+D*Y=B"
20 PRINT"■GIB GANZE ZAHLEN A,B UND D EIN"
25 PRINT"A UND D MUESSEN UNGLEICH NULL SEIN"
30 INPUT "A";A
35 INPUT "B";B
40 INPUT "D";D
60 A0=A:A1=D
70 D1=1:D2=0:D3=0:D4=1
80 K=A0:L=A1
100 Q=INT(K/L)
110 R=K-Q*L
120 Q1=0:Q2=1:Q3=1:Q4=-Q
150 IF R=0 THEN 200
160 GOSUB 300
170 K=L:L=R:GOTO 100
200 GG=L
210 IF B-INT(B/GG)*GG>0 THEN PRINT"UNLOESBAR!":END
220 B1=B/GG:U=D3:V=D4
230 X=B1*U:Y=B1*V
240 PRINTX" IST EINE LOESUNG DER KONGRUENZ"
245 PRINTA" * X KONGUENT "B" MOD "D
250 PRINT "X = "X" UND Y = "Y " LOESEN DIE DIOPHANTISCHE GLEICHUNG"
255 PRINTA" * X + "D;:PRINT" * Y = "B
260 IF A*X +D*Y=B THEN PRINT"PROBE O.K"
270 END
300 REM MATRIZENPRODUKT
310 E1=Q1*D1+Q2*D3:E2=Q1*D2+Q2*D4
315 E3=Q3*D1+Q4*D3:E4=Q3*D2+Q4*D4
320 D1=E1:D2=E2:D3=E3:D4=E4
330 RETURN
```

ÜBUNG.

Man erstelle ein Programm, das ein System von Kongruenzen

$$x \equiv a_1 \mod m_1$$
$$\dots\dots\dots$$
$$x \equiv a_r \mod m_r$$

löst, falls die Moduln $m_1,\dots,m_r$ paarweise teilerfremd sind. Der mathematische Hintergrund ist z.B. in [1o9], II.3 beschrieben.

19. KETTENBRÜCHE, BERECHNUNG VON e UND VON QUADRATWURZELN

Ein endlicher ((n+1)-gliedriger) Kettenbruch[1)]

$$[b_o, b_1, \ldots, b_n]$$

wird induktiv definiert durch

$$[b_o] = b_o \ , \quad [b_o, b_1] = b_o + 1/b_1 \ ,$$
$$[b_o, b_1, \ldots, b_{i+1}] = b_o + 1/[b_1, \ldots, b_{i+1}] \ ,$$

wobei die b_i ganze, positive Zahlen sind (für b_o ist der Wert 0 zugelassen). Somit ist

$$[b_o, b_1, \ldots, b_n] = b_o + \cfrac{1}{b_1 + \cfrac{1}{b_2 + \ldots + \cfrac{1}{b_n}}} \ .$$

Ein endlicher Kettenbruch stellt damit eine rationale Zahl dar, die folgendermaßen berechnet werden kann:

Sei $A_{-2} = 0$, $A_{-1} = 1$, $B_{-2} = 1$, $B_{-1} = 0$, und

(1) $$\begin{pmatrix} A_v \\ B_v \end{pmatrix} = \begin{pmatrix} A_{v-1} & A_{v-2} \\ B_{v-1} & B_{v-2} \end{pmatrix} \cdot \begin{pmatrix} b_v \\ 1 \end{pmatrix} \quad \text{für alle } v = 0,1,..n \ .$$

---

1) Wir verweisen auf Hardy-Wright [33], Chap.X, oder O.Perron [84], § 28-32. Wir möchten nicht versäumen, auch auf Perron [83] hinzuweisen. - Man vgl. auch [95] und Malm [66], Chap.6.

(Zur hier verwendeten, abkürzenden Matrizenschreibweise vgl. man etwa § 11.)

Dann ist

$$[b_o,\ldots,b_n] = \frac{A_n}{B_n} .$$

Die b_i heißen die Teilnenner des Kettenbruchs, die rationalen Zahlen A_i/B_i die Näherungsbrüche (i-ter Ordnung).

Ist nun eine unendliche Folge ganzer Zahlen $b_o \geq 0$, $b_1 \geq 1$, $b_2 \geq 1, \ldots$ gegeben, so existiert (vgl. Perron [84], Satz 41)

$$\zeta = \lim_{n \to \infty} [b_o, b_1, \ldots, b_n] .$$

Ein endlicher Kettenbruch stellt somit eine nichtnegative rationale, ein unendlicher Kettenbruch eine nichtnegative reelle Zahl dar; diese wird durch die Folge der Näherungsbrüche A_n/B_n approximiert.

Die Approximation ist außerordentlich gut, es gilt nämlich (vgl. [84], Satz 51)

(2) $$\left| \zeta - \frac{A_n}{B_n} \right| < B_n^{-2} .$$

Die umgekehrte Aufgabe, eine gegebene nichtnegative reelle Zahl in einen Kettenbruch zu entwickeln, wird folgendermaßen gelöst:

Ausgehend von $\zeta = \zeta_o$ bildet man

(3)
$$b_o = \mathrm{INT}(\zeta_o) , \quad \zeta_o = b_o + 1/\zeta_1 ,$$
$$b_1 = \mathrm{INT}(\zeta_1) , \quad \zeta_1 = b_1 + 1/\zeta_2 ,$$

usw.

Ist ζ rational, so bricht der Algorithmus ab, für irrationales ζ entsteht eine unendliche Folge $b_o, b_1, \ldots$. Der Kettenbruch

$$[b_o, b_1, b_2, \ldots]$$

stellt die Zahl ζ dar.

Die Kettenbrüche sind für uns wichtig als Hilfsmittel zur Bestimmung guter rationaler Näherungen (vgl.(2)), und wegen folgender Eigenschaft ([84], Satz 43, Satz 44):

Ein periodischer unendlicher Kettenbruch stellt eine quadratische Irrationalzahl dar, und jede positive quadratische Irrationalzahl hat eine periodische Kettenbruchentwicklung.

Unter einer quadratischen Irrationalzahl verstehen wir hierbei eine Zahl der Gestalt $a + b\cdot\sqrt{D}$, a,b,D ganz, $D > 0$, D kein Quadrat.

Beispiel 1:

$\zeta = 4/27$.

$$b_0 = 0,\quad \zeta_1 = 27/4,\quad b_1 = 6,\quad \zeta_2 = 4/3,\quad b_2 = 1,\quad \zeta_3 = 3,\quad b_3 = 3\ .$$

Der Kettenbruch von $4/27$ ist $[0,6,1,3]$, die Näherungsbrüche sind $0, 1/6, 1/7, 4/27$.

Beispiel 2: $\zeta = \sqrt{2}$.

$$b_0 = 1,\quad \zeta_1 = 1/(\sqrt{2}-1) = \sqrt{2}+1,\quad b_1 = 2,\quad \zeta_2 = 1/(\sqrt{2}-1),\quad b_2 = 2\ , \text{ usw.}$$

Der Kettenbruch von $\sqrt{2}$ ist $[1,2,2,2, \ldots]$. Die Folge der Näherungsbrüche beginnt mit 1, 3/2, 7/5, 17/12, 41/29, 99/7o, 239/169, 577/4o8, ...

Beispiel 3:

$$\sqrt{3} = [1,1,2,1,2,1,2,\ldots],$$
$$\sqrt{5} = [2,4,4,4,\ldots].$$

Die Zahl $e = \exp(1)$ hat einen sehr "schönen" Kettenbruch (man sehe [84]):

$$e = [2,1,2,1,1,4,1,1,6,1,1,8,\ldots] = [2,\overline{1,2L,1}]_{L=1}^{\infty},$$

und

$$\frac{e+1}{e-1} = [2,6,1o,14,\ldots]\ .$$

<u>Anwendungen</u>.

1) Ermittlung rationaler Näherungen für Zahlen, deren Kettenbruchentwicklung bekannt ist.
2) Ermittlung von Quadratwurzeln auf viele Dezimalstellen durch Aufstellen der periodischen Kettenbruchentwicklung, Gewinn eines geeigneten Näherungsbruchs und vielstellige Auswertung dieses Näherungsbruchs.

Nach diesen Erläuterungen sollte das nachstehend gegebene Programm verständlich sein.

```
5 PRINT"■■■■     KETTENBRUECHE"
10 PRINT"■■KETTENBRUCHENTWICKLUNG VON X?..1"
15 PRINT"NAEHERUNGSBRUECHE? ............2":PRINT"■"
17 PRINT"ENDE? .........................E"
20 POKE 198,0:WAIT 198,1:GET J$
25 IF J$="1" THEN GOSUB 100
30 IF J$="2" THEN GOSUB 200
40 IF J$="E"THEN END
50 PRINT:GOTO 10
100 REM KETTENBRUCHENTWICKLUNG
105 INPUT"GIB X>0 EIN";X:ZA=0
108 IF X<=0 THEN 105
110 Y=X:PRINT"KETTENBRUCH VON "X" = ";
115 B=INT(Y):PRINT B;:Z=Y-B:ZA=ZA+1
125 IF Z=0 THEN 140
127 IF ZA>15 THEN 140
130 Y=1/Z:GOTO 115
140 RETURN
200 REM NAEHERUNGSBRUECHE
202 PRINT"■"
205 PRINT"GIB DEN KETTENBRUCH IN DER GESTALT"
207 PRINT"0.2.12. EIN. DER END-PUNKT IST WICHTIG"
210 INPUT "KETTENBRUCH";K$
212 I=1:A0=0:A1=1:B0=1:B1=0:U=0
215 B$=""
218 Z$=MID$(K$,I,1)
220 IF Z$<>"."THEN B$=B$+Z$:I=I+1:GOTO 218
230 B=VAL(B$):I=I+1:U=U+1
235 IF I>LEN(K$) THEN 280
240 A2=A1*B+A0:B2=B1*B+B0
245 A0=A1:A1=A2:B0=B1:B1=B2
250 IF J$="2" THEN PRINTU"-TE NAEHERUNG"A1" / "B1
260 GOTO 215
280 RETURN
```

Entscheidung auf Grund des Ergebnisses der Abfrage

Für die Näherungsbrüche von $\sqrt{2}$ = [1,2,2,2,...] ergibt sich

```
1 -TE NAEHERUNG 1  /  1
2 -TE NAEHERUNG 3  /  2
3 -TE NAEHERUNG 7  /  5
4 -TE NAEHERUNG 17  /  12
5 -TE NAEHERUNG 41  /  29
6 -TE NAEHERUNG 99  /  70
7 -TE NAEHERUNG 239  /  169
8 -TE NAEHERUNG 577  /  408
9 -TE NAEHERUNG 1393  /  985
10 -TE NAEHERUNG 3363  /  2378
11 -TE NAEHERUNG 8119  /  5741
12 -TE NAEHERUNG 19601  /  13860
13 -TE NAEHERUNG 47321  /  33461
14 -TE NAEHERUNG 114243  /  80782
15 -TE NAEHERUNG 275807  /  195025
16 -TE NAEHERUNG 665857  /  470832
17 -TE NAEHERUNG 1607521  /  1136689
18 -TE NAEHERUNG 3880899  /  2744210
19 -TE NAEHERUNG 9369319  /  6625109
20 -TE NAEHERUNG 22619537  /  15994428
```

Aus der 18. Näherung erhält man

$$\sqrt{2} = 1.41421\ 35623\ 73\underline{14}\ .$$

Alle Dezimalen bis auf die letzten beiden sind korrekt. Gemäß (2) ist der Fehler dieser Approximation $<(2\ 744\ 21o)^{-2}$ $< 1.5\cdot 1o^{-13}$. (Statt 14 am Ende müßte o95o... stehen).

Aus der Näherung 1o84483/398959 für e = EXP(1) erhält man

$$e = 2.71828\ 18284\ 5\underline{856}\ ;$$

die letzten drei Dezimalstellen müßten richtig 9o4 (statt 856) heißen. Wegen (2) ist der Fehler dieser Approximation $<(398959)^{-2} < 7\cdot 1o^{-12}$.

Kritische Anmerkung 1.

Gibt man eine Dezimalentwicklung ein, so erhält man wegen der Rundungsfehler den Kettenbruch nur für eine gewisse Stellenzahl korrekt. z.B. gibt 1.41421356 den Kettenbruch [1.2 2 2 2 2 2 2 2 2 2 3 6 11 ...] statt $[1.\overline{2}]$.

Kritische Anmerkung 2.

Man beachte, daß Näherungsbrüche, deren Zähler und Nenner zu groß werden, wegen Rundungsfehlern nicht mehr korrekt wiedergegeben werden.

ÜBUNGEN.

1. Man benütze vielstellige Additions- und Multiplikationsroutinen, um weitere Näherungsbrüche (ohne Rundungsfehler) konstruieren zu können.
2. Mit Hilfe des derart verbesserten Programms ermittle man e, $\sqrt{5}$ $\sqrt{3}$, $\sqrt{10} = [3.\overline{6}]$, etc. auf viele Dezimalstellen.

2o. DAS SIEB DES ERATOSTHENES

Das Sieb des Eratosthenes ist ein Verfahren, das durch "Aussieben" gestattet, alle Primzahlen bis zu einer vorher festgelegten Schranke N zu finden. (Man vgl. hierzu etwa [1o7], I.2, [4o], p.177 f, oder G.J.Rieger, Zahlentheorie, Göttingen 1976, Kap.8).

Man schreibt alle ganzen Zahlen von 1 bis N auf, streicht die Vielfachen von 2 außer 2 selbst, streicht sodann alle Vielfachen der nächsten nichtgestrichenen Zahl (diese ist 3) außer dieser, usw. bis man zu INT(SQR(N)) gekommen ist. Die verbleibenden Zahlen sind dann Primzahlen, da eine zusammengesetzte Zahl K einen Primteiler $\le \sqrt{K}$ haben muß. Abzählen der nicht-gestrichenen Zahlen gibt die Funktion

$$\pi(x) = \sum_{p \le x} 1 ,$$

d.h. die Anzahl der Primzahlen, die $\le x$ sind. Auch wenn man nur an der Funktion $\pi(x)$ interessiert ist, stellt das Sieb des Eratosthenes - wenigstens für nicht zu große Werte von x - ein brauchbares Verfahren dar.

Es gibt Verfahren, die $\pi(x)$ in erheblich kürzerer Zeit zu berechnen gestatten. Man vgl. hierzu etwa die Zeitschriftenaufsätze D.H.Lehmer [57], D.C.Mapes [68], J.Bohmann [7]. Zum Sieb des Eratosthenes vgl. man auch P.Pritchard [92], [93].

Für kleines N läßt sich das Sieb leicht gemäß obenstehender Beschreibung programmieren:

Man gebe N ein, dimensioniere eine indizierte Variable A(.) durch Dim A(N), und weise für I = 1 bis N der Variablen A(I) den Wert I zu (d.h. wir haben die Zahlen von 1 bis N "hingeschrieben").

Sodann beginne man mit 2 und "streiche alle Vielfachen von 2", d.h. für alle Vielfachen

$$I = 2 \cdot T, \quad 2 \leq T \leq N/2,$$

setze man A(I) = 0. Man lese die nächste Zahl $\neq 0$ (das ist 3), setze A(I) = 0 für alle

$$I = 3 \cdot T, \quad 2 \leq T \leq N/3,$$

usw. — bis man $\sqrt{N}$ überschreitet.

Die stehengebliebenen Zahlen zwischen 2 und N sind Primzahlen, die man ausdrucken und abzählen kann.

Wir bemerken, daß zur Aussiebung der Vielfachen von 2,3,...,P : $\leq \frac{1}{2} \cdot N, \frac{1}{3} \cdot N, \ldots, \frac{1}{P} \cdot N$ Multiplikationen erforderlich sind. Hierbei bezeichnet P die größte Primzahl unterhalb $\sqrt{N}$.

Insgesamt erfordert das Verfahren der Bestimmung aller Primzahlen $\leq N$ höchstens

$$N \cdot \left(\frac{1}{2} + \frac{1}{3} + \frac{1}{5} + \ldots \frac{1}{P}\right) = N \cdot \sum_{p \leq \sqrt{N}} \frac{1}{p}$$

Multiplikationen. Aus der Primzahltheorie weiß man, daß

$$\lim_{y \to \infty} \frac{1}{\log\log y} \cdot \sum_{p \leq y} \frac{1}{p} = 1$$

ist, also ist die Größenordnung der Anzahl der erforderliche Multiplikationen $N \cdot \log\log N$.

Das Programm wird nachfolgend gegeben:

```
5 PRINT"J":PRINT"▮▮       SIEB DES ERATOSTHENES 1"
10 PRINT"▮GIB SCHRANKE N < 2000 EIN"
20 INPUT "N";N
30 DIM A(N):W=INT(SQR(N))
40 FOR I=1TON:A(I)=I:NEXT
50 FOR I=2 TO W
60 IF A(I)=0 THEN 100
70 P=A(I):GOSUB 150 :REM AUSSIEBEN
100 NEXT I
105 PI=0
110 FOR I=2 TO N
120 IF A(I)>0 THEN PI=PI+1
130 IF I/100-INT(I/100)=0 THEN PRINT"PI("I") = "PI
140 NEXT I
145 PRINT"PI("N") = "PI
148 GOSUB 200
149 END
150 REM UNTERPROGRAMM AUSSIEBEN
152 FOR T=2 TO INT(N/P)
160 J=P*T:A(J)=0
165 NEXT T
170 RETURN
200 REM PRIMZAHLAUSGABE
210 FOR I=2 TO N
220 IF A(I)>0 THEN PRINTA(I)" ";
230 NEXT I
290 RETURN
```

Schleife (Zeilen 50–100)

Abzählen der verbliebenen (Prim-)Zahlen und Ausgabe der Funktion $\pi(x)$ *in Schritten zu je 1oo* (Zeilen 105–145)

Die Schranke N muß wegen der beschränkten Speicheranzahl des Computers klein gehalten werden. Die A(I) werden in Zeile 4o gleich I gesetzt. Das Hauptprogramm erstreckt sich von 5o bis 1oo, das Aussieben wird im Unterprogramm Zeile 15o-17o ausgeführt, in 1o5-145 wird die Anzahl der A(I) > 0, d.h. der Primzahlen, abgezählt; in Schritten von je 1oo (Zeile 13o) wird diese Anzahl ausgegeben. Das Unterprogramm (Zeile 2oo-29o) gibt schließlich die erzeugten Primzahlen aus.

Fügt man die Zeilen

```
2o5   OPEN 3,4: CMD 3
24o   PRINT #3: CLOSE 3,4
```

hinzu, so erhält man mit N = 5oo den nachstehend gegebenen Ausdruck der Primzahlen unterhalb 5oo, den wir später noch brauchen werden.

```
2   3   5   7   11   13   17   19   23   29   31   37   41
43   47   53   59   61   67   71   73   79   83   89   97   101
103  107  109  113  127  131  137  139  149  151  157  163  167
173  179  181  191  193  197  199  211  223  227  229  233  239
241  251  257  263  269  271  277  281  283  293  307  311  313
317  331  337  347  349  353  359  367  373  379  383  389  397
401  409  419  421  431  433  439  443  449  457  461  463  467
479  487  491  499
```

Der Hauptnachteil des eben vorgestellten Programms ist, daß aus Gründen der beschränkten Speicherkapazität N klein bleiben muß. Wir können also etwa mit diesem Programm die Anzahl der Primzahlen bis 1o ooo _nicht_ ermitteln.

Um dies zu ändern, teilen wir den zu siebenden Bereich von 1 bis zu unserer Schranke in Blöcke gleicher Länge ein und sieben diese nacheinander, wobei wir die ersten Primzahlen, die zum Sieben benützt werden, als DATA-Zeilen eingeben. Im Programm sind alle Primzahlen $\leq$ 42o gegeben, die Aussiebung kann damit bis zur Schranke $(420)^2 = 176\,400$ durchgeführt werden.

Unsere Schranke schreiben wir nun in der Gestalt N * BB und teilen das Intervall [1,N*BB] in BB Blöcke [1,N], [N+1,2N], ..., [(BB-1) * N +1, BB * N], jeweils von der Länge N.

Die Vielfachen einer Primzahl P, die in den B-ten Block [B*N+1, (B+1)*N], B = 0,1,...,BB-1, fallen, sind P * T , wobei $\frac{B*N}{P} < T \leq \frac{(B+1)*N}{P}$ ist. Somit fängt T bei

A1 = INT((B*N)/P) + 1

an und geht bis

A2 = INT((B+1)*N/P) .

Die Aussiebung des B-ten Blockes muß mit allen Primzahlen $P \leq W$, $W = \sqrt{(B+1)*N}$, erfolgen.

Wir benötigen somit zunächst eine Schleife B = 0,1,...,BB-1, die Block für Block durchgeht. Innerhalb eines Blockes

[B∗N+1, (B+1)∗N] ist folgendes zu tun:

1) Die zu siebenden Zahlen werden in Form von indizierten Variablen aufgeschrieben (Zeile 25),

$$P(I) = B*N + I \quad \text{für} \quad I = 1,...,N .$$

2) Die Vielfachen aller Primzahlen P $2 \leq P \leq W$, werden gestrichen. Beginnend mit 2, wird eine Primzahl P aus den DATA-Zeilen gelesen; ist $P > W$ (Abfrage in Zeile 1o5), ist die Aussiebung beendet und der Sprung zur Schleife in Zeile 14o-18o zählt die übriggebliebenen (Prim-)Zahlen in der Zähl-Variablen PI. Sodann wird die verbrauchte Zeit TB gemessen und ausgegeben (Zeile 185) und die Anzahl der Primzahlen $\leq (B+1)*N$ ausgegeben (Zeile 19o) und für späteren Aufruf in der indizierten Variablen Z(B) gespeichert.
RESTORE (Zeile 195) setzt den Datenzeiger auf den Anfang zurück, und der nächste Block kann bearbeitet werden.

3) Ist $P \leq W$, so erfolgt die Aussiebung mit P durch ein Unterprogramm in Zeile 25o-28o:

T wird gleich dem Anfangswert A1 gesetzt[1] (Zeile 25o); R = P∗T wäre zu streichen; da die Zahlen $r = B*N + I$ in den Variablen P(I) gespeichert sind und für $1 \leq I \leq N$ der Index I sich aus r durch

$$I = r - N*B$$

berechnet, muß also P(Z) = 0 gesetzt werden für Z = R - N∗B (Zeile 26o,265).

Nun müßte T durch T + 1 ersetzt werden und das Verfahren wiederholt werden; um zeitaufwendige Multiplikationen zu sparen, beachten wir, daß hierbei R um P wächst, also braucht nur der Index Z um P erhöht zu werden (Zeile 268). Die Abfrage in Zeile

---

1) Der Wert T = 1 muß verboten werden, weil sonst Primzahlen (R = P) gestrichen würden.

27o verhindert, daß das rechte Intervallende überschritten wird.

Das Flußdiagramm für unser Programm sieht folgendermaßen aus:

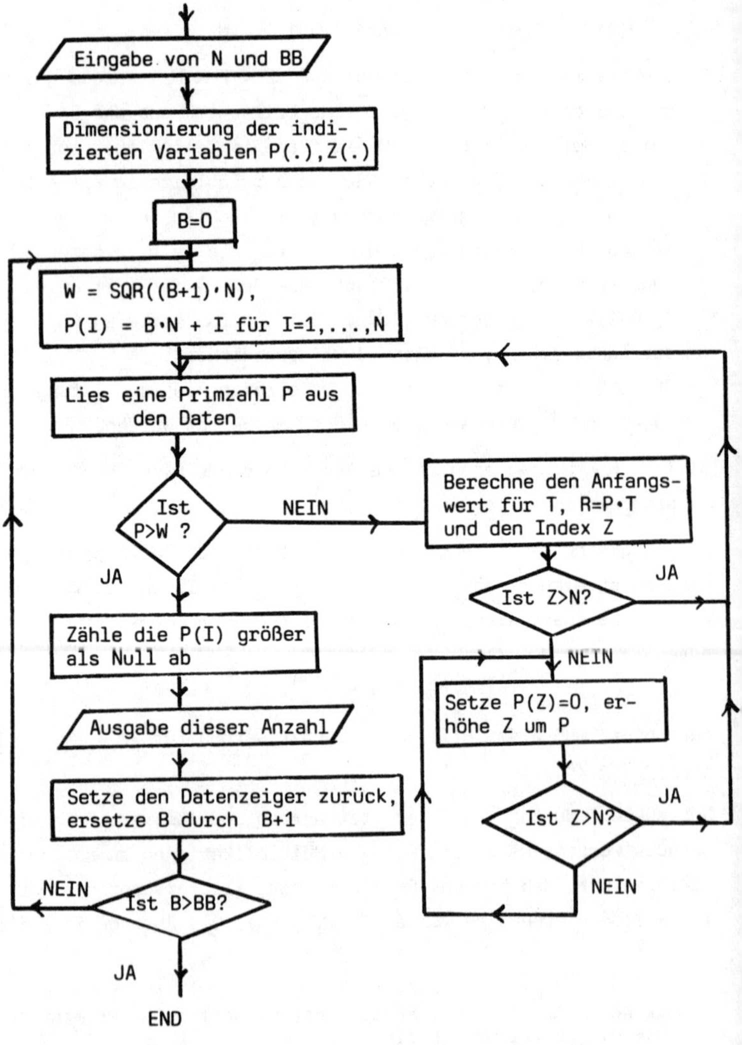

```
1 PRINT"[illegible]SIEB DES ERATOSTHENES"
2 PRINT"[illegible]GIB N UND MULTIPLIKATOR BB EIN":PRINT"DIE PRIMZAHLEN WERDEN IM ABSTAND"
3 PRINT"N BIS ZUR SCHRANKE N*BB AUSGESIEBT":PRINT
5 INPUT"INTERVALL-LAENGE N";N
7 INPUT "MULTIPLIKATOR BB";BB
8 NN=N+1:BC=BB+1
10 DIM P(NN):DIMZ(BC)
12 PRINT"PROGRAMM ERATHOST."
15 Z1=TI
20 FOR B=0 TO BB-1
25 FOR I=1 TO N:P(I)=B*N+I:NEXT I
28 IF B=0 THEN P(1)=0
100 W=SQR((B+1)*N)
101 READ P
105 IF P>W THEN 140
110 GOSUB 250
120 GOTO 101
140 FOR I=1 TO N
150 IF P(I)>0 THEN PI=PI+1
180 NEXT I
185 Z2=TI:TB=INT((Z2-Z1)/60)
190 PRINT"PI("B*N+N") = "PI,TB" SEK"
192 Z(B)=PI
195 RESTORE
200 NEXT B
230 END
250 AA=B*N:T=INT(AA/P)+1:IF T=1 THEN T=2
260 R=P*T:Z=R-AA
263 IF Z>N THEN RETURN
265 P(Z)=0
268 Z=Z+P
270 IF Z<=N THEN 265
280 RETURN
400 DATA 2,3,5,7,11,13,17,19,23,29,31,37,41,43,47,53,59,61,67,71,73,79,83
402 DATA 89,97,101
405 DATA 103,107,109,113,127,131,137,139,149,151,157,163,167,173,179,181
410 DATA 191,193,197,199,211,223,227,229,233,239,241,251,257,263,269,271,277
415 DATA 281,283,293,307,311,313,317,331,337,347,349,353,359,367,373,379
420 DATA 383,389,397,401,409,419
```

1) Dieses recht kurze Programm mag auf den ersten Blick verhältnismäßig unübersichtlich erscheinen. Da jedoch das Programm bis zu großen Werten von $N * BB$ laufen soll (etwa bis 1oo ooo), muß versucht werden, Rechenzeit zu sparen.

2) Die in den DATA-Zeilen gegebenen Primzahlen stellen sämtliche Primzahlen $\leq$ 42o dar. Das Programm kann deshalb höchstens bis $N * BB \leq (420)^2 = 176\,400$ laufen. Falls die Funktion $\pi(x)$ für größere Werte von x bestimmt werden soll[1], müssen die Daten ergänzt werden; gibt man alle Primzahlen $\leq$ 1ooo ein, so kann man bis 10^6 rechnen.

---

[1] Wegen der langen Laufzeit des Programms erscheint es unwahrscheinlich, daß $\pi(x)$ für Werte von x größer als ca. 1oo ooo mit diesem Programm bestimmt wird.

3) Wir geben einige bekannte Werte für $\pi(x)$. [1]

x	$\pi(x)$	x	$\pi(x)$
1oo	25	10^6	78 498
1 ooo	168	2×10^6	148 934
5 ooo	669	10^7	664 579
1o ooo	1 229	10^8	5 761 455
15 ooo	1 754	10^9	5o 847 534
2o ooo	2 262	10^{10}	455 o52 511
5o ooo	5 133	10^{11}	4 118 o54 813
7o ooo	6 935	10^{12}	37 6o7 912 o18
1oo ooo	9 592	10^{13}	346 o65 535 898
5oo ooo	41 538		

4) Dieses Programm gibt die Primzahlen $\leq$ N*BB, die im Laufe des Programms erzeugt werden, nicht mit aus. Dies kann leicht geändert werden durch Einfügen der Programmzeilen

```
196  For  I = 1 To N
197  IF  P(I) > 0  THEN PRINT  P(I)" ";
198  Next I
```

5) Eine geringfügige Einsparung an Rechenzeit wird erreicht, wenn man die Zeitmessung (Zeile 185) und die Speicherung von PI (Zeile 192) streicht. Zeile 263 kann gestrichen werden, falls ein $N \geq BB + 1$ eingegeben wird; dann ist nämlich, wie man sich durch einige Abschätzungen rasch überlegt, stets $Z \leq N$.

6) Die Zeilen 9 und 22o sind normalerweise zu streichen; sie führen zum Ausdruck durch den angeschlossenen Drucker.

Die lange Rechenzeit des vorstehend vorgestellten Programms macht es wünschenswert, diese abzukürzen. Dies ist möglich durch die (teilweise) Verwendung von Assembler- bzw. Maschinensprache.

---

[1] Die Werte dieser Tabelle mit „großen" Argumenten stammen aus [7].

Das Sieb des Eratosthenes ist hierfür gut geeignet, weil wenig gerechnet, aber dafür viele Speicherzellen "verwaltet" werden.

Wir geben daher das Sieb des Eratosthenes in Maschinensprache, die wir hier allerdings nicht erklären können (wir verweisen als Einführung in die Maschinensprache auf L.Englisch [2o]).

Wir bemerken noch, daß das kurze Vorprogramm (Zeile 5 bis 71) das Maschinenprogramm in die Speicherzellen 5o176 bis 5o382 lädt.

```
5 PRINT"♫":PRINT"EINLADEN DES MASCHINENPROGRAMMS"
10 FOR I=50176 TO 50382
15 READ DA:POKE I,DA
20 NEXT
22 PRINT"▒▒NUN MUESSEN DIE DATA-ZEILEN 50,51,...,71 ENTFERNT WERDEN"
23 PRINT"▒SOBALD DIES GESCHEHEN IST, STARTE MAN DAS PROGRAMM MIT   G O T O  100
"
25 END
30 FOR J=0 TO 21
31 C=50+J
32 PRINTC" DATA ";
33 FOR I=0 TO 8:PRINTPEEK(50176+10*J+I)",";
34 NEXT I
35 PRINTPEEK(50176+10*J+9):PRINT
40 NEXT J
45 END
50 DATA  162 , 0 , 173 , 84 , 27 , 157 , 0 , 32 , 173 , 85
51 DATA  27 , 157 , 0 , 36 , 238 , 84,27,208,3,238
52 DATA  85 , 27 , 232 , 208 , 233 , 96 , 0 , 0 , 0 , 0
53 DATA  0 , 0 , 0 , 0 , 0 , 0 , 0 , 0 , 0 , 0
54 DATA  0 , 0 , 0 , 0 , 0 , 0 , 0 , 0 , 0 , 0
55 DATA  0 , 174 , 138 , 27 , 134 , 250 , 174 , 139 , 27 , 134
56 DATA  251 , 172 , 88 , 27 , 173 , 89 , 27 , 24 , 101 , 251
57 DATA  133 , 251 , 169 , 0 , 145 , 250 , 173 , 88 , 27 , 24
58 DATA  101 , 250 , 144 , 2 , 230 , 251 , 133 , 250 , 173 , 89
59 DATA  27 , 24 , 101 , 251 , 133 , 251 , 206 , 140 , 27 , 208
60 DATA  216 , 96 , 0 , 0 , 0 , 0 , 0,0,0,0
61 DATA  0 , 0 , 0 , 0 , 0 , 0 , 0 , 0 , 0 , 0
62 DATA  0 , 0 , 0 , 0 , 0 , 0 , 0 , 0 , 255 , 255
63 DATA  255 , 255 , 255 , 255 , 255 , 255 , 255 , 255 , 255 , 0
64 DATA  255 , 255 , 255 , 0 , 255 , 255 , 255 , 255 , 255 , 255
65 DATA  255 , 255 , 255 , 255 , 255 , 255 , 255 , 255 , 255 , 119
66 DATA  255 , 255 , 255 , 255 , 255 , 255 , 255 , 255 , 255 , 255
67 DATA  255 , 0 , 255 , 255 , 255 , 255 , 255 , 255 , 255 , 255
68 DATA  255 , 255 , 255 , 255 , 255 , 255 , 255 , 162 , 0 , 142
69 DATA  92 , 27 , 189 , 0 , 32 , 240,3,238,92,27
70 DATA  232 , 224 , 250 , 208 , 243 , 96 , 255 , 255 , 219 , 255
71 DATA  255 , 255 , 223 , 255 , 255 , 255 ,
```

Nach dem Einladen sind die DATA-Zeilen 5o-71 aus dem Programm zu tilgen und das Programm kann mit RUN 1oo gestartet werden.

Die Assembler-Unterprogramme 37o-49o, 5oo-67o und 68o-78o können nur verwendet werden, wenn ein käuflicher Assembler zur Verfügung steht (oder man sich die Mühe gemacht hat, den in Englisch [2o] gegebenen Assembler einzutippen). Die Verwendung eines solchen Assemblers ist aber überflüssig auf Grund der in 50-71 ge gebenen Daten. Die drei Unterprogramme werden mit SYS 50176, SYS 50227 bzw. SYS 50363 aufgerufen und bewirken

- "Hinschreiben" der zu siebenden Zahlen in die Speicherzellen 8192 ff und 9216 ff ,
- "Ausstreichen",
- Abzählen der nichtgestrichenen Zahlen.

```
100 PRINT"▯":PRINT"▩▩▩▩▶▶▶▶▶▶▶▶SIEB DES ERATOSTHENES"
110 PRINT"▩▩▩IN SCHRITTEN ZU JE 250"
112 PRINT"▩▩▩BEACHTE, DASS DAS PROGRAMM NUR BIS":PRINT"K = 500, D.H. BIS 125000
113 PRINT"RICHTIGE ERGEBNISSE LIEFERT"
114 PRINT"▩▩▩AUSDRUCK IN SCHRITTEN VON 250/1000? A/B"
115 GET J$:IF J$=""THEN 115
117 PRINT"▯":PRINT"▩▩":IF J$="B" THEN PRINT"GEDULD!▩"
120 GA=53
130 FOR K=1TO 500:W=K*250+1:V1=INT(W/256):V2=W-V1*256
133 V4=V1-INT(V1/256)*256
134 POKE 6997,V4
135 V3=V2-INT(V2/256)*256
138 POKE 6996,V3
140 SYS 50176
150 RA=SQR(W+250)
160 READ Q
163 Q1=INT(Q/256):Q2=Q-Q1*256
164 POKE 7000,Q2:POKE 7001,Q1
170 DATA 2,3,5,7,11,13,17,19,23,29,31,37,41,43,47,53,59,61,67,71,73,79,83
180 DATA 89,97,101,103,107,109,113,127,131,137,139,149,151,157,163,167,173
190 DATA 179,181,191,193,197,199,211,223,227,229,233,239,241,251
192 DATA 257,263,269,271,277,281,283,293,307,311,313,317,331,337,347,349,353
194 DATA 359,367
200 BN=INT(250/Q)+1:POKE 7052,BN
210 AN = INT((W-2)/Q)*Q-W+8192
220 A1=INT(AN/256):A2=AN-A1*256
230 POKE 7050,A2:POKE 7051,A1
240 SYS 50227
250 IF Q<RA THEN 160
260 RESTORE
270 REM
280 REM
290 SYS 50363
300 AZ=PEEK(7004):GA=GA+AZ
302 IF J$="A"THEN 307
305 IF K+1-INT((K+1)/4)*4<>0 THEN 320
307 IF J$="A" AND K=1 THEN PRINT"- 250";" ANZAHL = 53"
310 PRINT"-"(K+1)*250;"ANZAHL = "GA;"    "AZ
320 NEXT K
330 END
340 REM
350 REM
360 REM
370 *= $C400
380 LDX #0
390 SPR1 LDA 6996
400 STA 8192,X
410 LDA 6997
420 STA 9216,X
430 INC 6996
440 BNE SPR2
450 INC 6997
460 SPR2 INX
470 BNE SPR1
480 RTS
490 END
```

```
500 *= $C433
510 LDX 7050
520 STX $FA
530 LDX 7051
540 STX $FB
550 SPRA LDY 7000
560 LDA 7001
561 CLC
562 ADC $FB
563 STA $FB
566 LDA #0
570 STA ($FA),Y
580 LDA 7000
590 CLC
600 ADC $FA
610 BCC SPRU
620 INC $FB
```

```
630 SPRU STA $FA
632 LDA 7001
633 CLC
634 ADC $FB
635 STA $FB
640 DEC 7052
650 BNE SPRA
660 RTS
670 END
680 *= $C4BB
690 LDX #0
700 STX 7004
710 SPR2 LDA 8192,X
720 BEQ SPR1
730 INC 7004
740 SPR1 INX
750 CPX #250
760 BNE SPR2
770 RTS
780 END
```

LISTE DER PRIMZAHLEN UNTER 4000

2, 3, 5, 7, 11, 13, 17, 19, 23, 29,
31, 37, 41, 43, 47, 53, 59, 61, 67, 71,
73, 79, 83, 89, 97, 101, 103, 107, 109, 113,
127, 131, 137, 139, 149, 151, 157, 163, 167, 173,

179, 181, 191, 193, 197, 199, 211, 223, 227, 229,
233, 239, 241, 251, 257, 263, 269, 271, 277, 281,
283, 293, 307, 311, 313, 317, 331, 337, 347, 349,
353, 359, 367, 373, 379, 383, 389, 397, 401, 409,
419, 421, 431, 433, 439, 443, 449, 457, 461, 463,

467, 479, 487, 491, 499, 503, 509, 521, 523, 541,
547, 557, 563, 569, 571, 577, 587, 593, 599, 601,
607, 613, 617, 619, 631, 641, 643, 647, 653, 659,
661, 673, 677, 683, 691, 701, 709, 719, 727, 733,
739, 743, 751, 757, 761, 769, 773, 787, 797, 809,

811, 821, 823, 827, 829, 839, 853, 857, 859, 863,
877, 881, 883, 887, 907, 911, 919, 929, 937, 941,
947, 953, 967, 971, 977, 983, 991, 997, 1009, 1013,
1019, 1021, 1031, 1033, 1039, 1049, 1051, 1061, 1063, 1069,
1087, 1091, 1093, 1097, 1103, 1109, 1117, 1123, 1129, 1151,

1153, 1163, 1171, 1181, 1187, 1193, 1201, 1213, 1217, 1223,
1229, 1231, 1237, 1249, 1259, 1277, 1279, 1283, 1289, 1291,
1297, 1301, 1303, 1307, 1319, 1321, 1327, 1361, 1367, 1373,
1381, 1399, 1409, 1423, 1427, 1429, 1433, 1439, 1447, 1451,
1453, 1459, 1471, 1481, 1483, 1487, 1489, 1493, 1499, 1511,

1523, 1531, 1543, 1549, 1553, 1559, 1567, 1571, 1579, 1583,
1597, 1601, 1607, 1609, 1613, 1619, 1621, 1627, 1637, 1657,
1663, 1667, 1669, 1693, 1697, 1699, 1709, 1721, 1723, 1733,
1741, 1747, 1753, 1759, 1777, 1783, 1787, 1789, 1801, 1811,
1823, 1831, 1847, 1861, 1867, 1871, 1873, 1877, 1879, 1889,

1901, 1907, 1913, 1931, 1933, 1949, 1951, 1973, 1979, 1987,
1993, 1997, 1999, 2003, 2011, 2017, 2027, 2029, 2039, 2053,
2063, 2069, 2081, 2083, 2087, 2089, 2099, 2111, 2113, 2129,
2131, 2137, 2141, 2143, 2153, 2161, 2179, 2203, 2207, 2213,
2221, 2237, 2239, 2243, 2251, 2267, 2269, 2273, 2281, 2287,

2293, 2297, 2309, 2311, 2333, 2339, 2341, 2347, 2351, 2357,
2371, 2377, 2381, 2383, 2389, 2393, 2399, 2411, 2417, 2423,
2437, 2441, 2447, 2459, 2467, 2473, 2477, 2503, 2521, 2531,
2539, 2543, 2549, 2551, 2557, 2579, 2591, 2593, 2609, 2617,
2621, 2633, 2647, 2657, 2659, 2663, 2671, 2677, 2683, 2687,

2689, 2693, 2699, 2707, 2711, 2713, 2719, 2729, 2731, 2741,
2749, 2753, 2767, 2777, 2789, 2791, 2797, 2801, 2803, 2819,
2833, 2837, 2843, 2851, 2857, 2861, 2879, 2887, 2897, 2903,
2909, 2917, 2927, 2939, 2953, 2957, 2963, 2969, 2971, 2999,
3001, 3011, 3019, 3023, 3037, 3041, 3049, 3061, 3067, 3079,

3083, 3089, 3109, 3119, 3121, 3137, 3163, 3167, 3169, 3181,
3187, 3191, 3203, 3209, 3217, 3221, 3229, 3251, 3253, 3257,
3259, 3271, 3299, 3301, 3307, 3313, 3319, 3323, 3329, 3331,
3343, 3347, 3359, 3361, 3371, 3373, 3389, 3391, 3407, 3413,
3433, 3449, 3457, 3461, 3463, 3467, 3469, 3491, 3499, 3511,

3517, 3527, 3529, 3533, 3539, 3541, 3547, 3557, 3559, 3571,
3581, 3583, 3593, 3607, 3613, 3617, 3623, 3631, 3637, 3643,
3659, 3671, 3673, 3677, 3691, 3697, 3701, 3709, 3719, 3727,
3733, 3739, 3761, 3767, 3769, 3779, 3793, 3797, 3803, 3821,
3823, 3833, 3847, 3851, 3853, 3863, 3877, 3881, 3889, 3907,

3911, 3917, 3919, 3923, 3929, 3931, 3943, 3947, 3967, 3989,

21. ZAHLENTHEORETISCHE AUSSAGEN: EULER'S POLYNOME

Sei p eine Primzahl, die bei Division durch 4 den Rest 3 läßt. Euler's Polynome

$$P(x) = x^2 + x + \frac{p+1}{4}$$

haben folgende Eigenschaft: Ist die Klassenzahl[1] des quadratischen Zahlkörpers

$$\mathbf{K} = \mathbf{Q}(\sqrt{-p})$$

gleich 1, so sind alle Werte

$$P(x), \quad x \text{ ganz}, \quad 0 \leq x \leq \frac{p-3}{4} -1$$

Primzahlen. Der Zahlkörper **K** hat Klassenzahl 1 für

(1) p = 7, 11, 19, 43, 67, 163.

Wir stellen uns die Aufgabe, die eben angeführte Aussage durch den Computer überprüfen zu lassen.

Eine Schleife ermöglicht uns, alle in Zeile (1) genannten Primzahlen zu testen. Eine weitere Schleife berechnet für x von 0 bis $\frac{1}{4}(p-3)-1$ die Werte von P(x), ein Unterprogramm testet, ob P(x) eine Primzahl ist (dies erfolgt hier am einfachsten mit

---

[1] Der Begriff "Klassenzahl" kann hier nicht erklärt werden - es muß auf Lehrbücher der algebraischen Zahlentheorie verwiesen werden (z.B. Cohn [15], Hasse [34], Vierter Abschnitt (für quadratische Zahlkörper), Hecke, Vorlesungen über die Theorie der algebraischen Zahlen, Leipzig 1954, oder H.Weyl, Algebraische Zahlentheorie, Mannheim 1966).

folgender Eigenschaft: Die ganze Zahl N ist eine Primzahl, wenn sie keinen Teiler T mit $1 < T \leq \sqrt{N}$ besitzt).

Sind alle P(x) prim, so können wir ausgeben, daß der Test erfolgreich verlaufen ist.

Das Flußdiagramm sieht folgendermaßen aus:

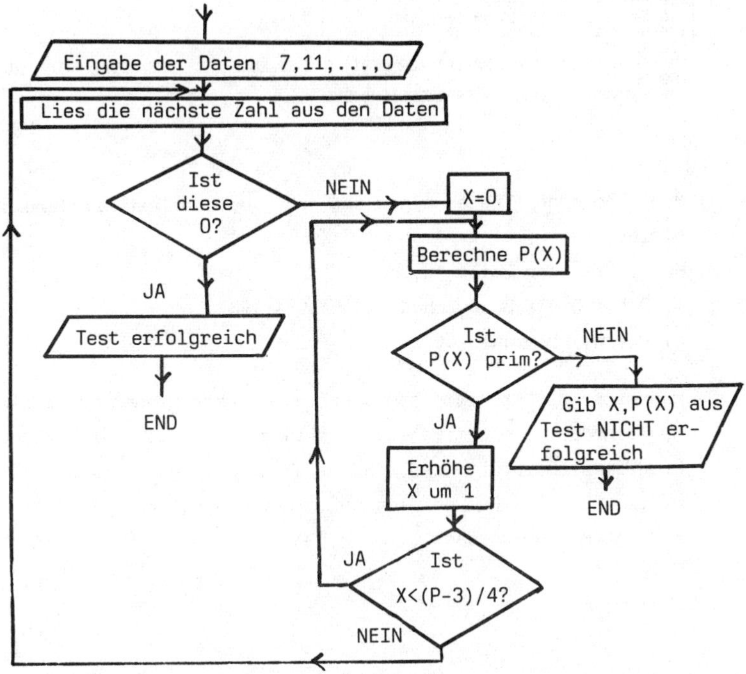

Das fertige Programm kann folgendermaßen aussehen:

```
5 PRINT"J":PRINT"XQ    EULER´S POLYNOME "
10 DATA 7,11,19,43,67,163,0
15 READ P:A=(P+1)/4:B=(P-3)/4-1
17 IF P=0 THEN 200
19 PRINTP
20 FOR X=0 TO B
25 C=X*(X+1)+A
30 GOSUB 100:REM PRIMZAHLTEST
45 NEXT X
50 GOTO 15
100 REM PRIMZAHLTEST
105 IF C=2 OR C=3 OR C=5 OR C=7 THEN 170
108 IF C-2*INT(C/2)=0 THEN 180
110 FOR T=3 TO D STEP2
115 E=C/T:IF E-INT(E)=0 THEN 180
120 NEXT T
170 RETURN
180 PRINT"FUER  X = "X" IST DER WERT "C" DES EULERPOLYNOMS NICHT PRIM":END
190 RETURN
200 PRINT"TEST VERLIEF ERFOLGREICH":END
```

Schleife (Zeilen 20–45)

ÜBUNGEN:

1) Man gebe andere Daten hinzu und sehe, ob der Test erfolgreich bleibt.

2) Man prüfe nach Zeile 15, ob

   a) P bei Division durch 4 den Rest 3 läßt,

   b) P eine Primzahl ist.

3) Man mache das Programm benutzerfreundlicher, indem man Zeilen 6-9 einfügt, die dem Benutzer erklären, was mit Hilfe dieses Programms überprüft wird,z.B.

```
6 Print"Euler´s Polynom ist definiert als P(X)=X*X+X+(P+1)/4"
7 Print"Man weiss,dass ... ... "
usw.
```

22. TESTEN ZAHLENTHEORETISCHER HYPOTHESEN

In der Zahlentheorie gibt es viele offene Vermutungen, die sich verhältnismäßig einfach formulieren lassen und die durch Computer überprüft werden können. Eine Vielzahl von Beispielen findet man in R.K.Guy [28] . Man vgl. auch das Buch [66] von D.G.Malm.

Damit die Fähigkeiten eines Computers nicht überschätzt werden, muß folgendes betont werden:

Für eine geeignete Aussage H(N) (z.B. "alle Nullstellen der Riemann'schen Zetafunktion mit Realteil zwischen 0 und 1 und Imaginärteil zwischen 0 und N haben den Realteil $\frac{1}{2}$", oder: "Im Intervall (N,2N) gibt es einen Primzahlzwilling") lautet die Hypothese:

Für <u>alle</u> N = 1,2,... gilt die Aussage H(N).

Der Computer kann also niemals die Hypothese beweisen (das bleibt Aufgabe der Mathematiker), denn er kann nicht unendlich viele Einzel-Aussagen H(1), H(2), ... überprüfen.

Der Computer kann höchstens die Hypothese widerlegen, indem er ein N findet, für das H(N) NICHT zutrifft. Bei manchen zahlentheoretischen Hypothesen liegt aber ein solches N außerhalb des Rechenbereichs jedes Computers - ein Beispiel hierfür wird mit mit der Mertens'schen Vermutung gegeben werden.

Die zahlentheoretischen Funktionen μ (Moebius) und λ sind folgendermaßen definiert:

Ist $n = p_1^{v_1} \ldots p_r^{v_r}$ die Primfaktorzerlegung von n in verschiedene Primzahlen $p_1, \ldots, p_r$, die in v_1-ter, v_2-ter, ..., v_r-ter Potenz in n aufgehen, so ist

$$\begin{cases} \mu(1) = 1 \\ \mu(n) = 0, & \text{falls ein } v_i > 1 \text{ ist, d.h. falls ein Primzahlquadrat in n aufgeht,} \\ \mu(n) = (-1)^r, & \text{falls } n = p_1 \ldots p_r \text{ mit verschiedenen } p_1, \ldots, p_r \text{ ist.} \end{cases}$$

Und es ist

$$\begin{cases} \lambda(1) = 1, \\ \lambda(n) = (-1)^{v_1+v_2+\ldots+v_r}. \end{cases}$$

Für kleine Argumente werden die Werte der beiden Funktionen in der folgenden Tabelle gegeben:

n	1	2	3	4	5	6	7	8	9	1o
$\mu(n)$	1	-1	-1	0	-1	1	-1	0	0	1
$\lambda(n)$	1	-1	-1	1	-1	1	-1	-1	1	1

Die Pólya'sche Vermutung (JBer.DMV 28,31-4o,1919)

? Ist $\sum_{n<x} \lambda(n) \leq 0$ für alle $x > 1$?

ist richtig für alle $x \leq 2oooo$. Trotzdem weiß man, daß diese Vermutung für große x falsch ist.

Die von Sterneck'sche Vermutung fragt:

? Ist $\left| \sum_{n \leq x} \mu(n) \right| \leq \frac{1}{2}\sqrt{x}$ für alle $x > 2oo$?

Diese Vermutung, die für "kleine" x zutrifft, wurde durch G.Neubauer [Num.Math.5(1963),1-13] widerlegt; die Vermutung trifft nahe $7.77 \times 1o^9$ nicht zu.

Die Mertens'sche Vermutung

$$? \quad \text{Ist} \quad \left| \sum_{n \leq x} \mu(n) \right| \leq \sqrt{x} \quad \text{für alle } x \quad ?$$

ist ebenfalls nicht zutreffend; man vgl. zunächst die Arbeit [44] von Jurkat und Peyerimhoff; dort wurde z.B.

$$\limsup_{x \to \infty} \sum_{n \leq x} \mu(n) \cdot \frac{1}{\sqrt{x}} > 0.779$$

bewiesen; die endgültige Widerlegung erfolgte durch Odlyzko und H.J.J.te Riele.[2]

Wir stellen uns die Aufgabe, für mäßig große Werte von x die Vermutungen von Sterneck und Pólya zu testen[1]. Dazu beginnen wir mit N = 1, stellen die Gesamtanzahl der Primfaktoren von N fest und berechnen hieraus $\mu(N)$ und $\lambda(N)$ (es ist $\mu(N) = 0$, wenn ein Primfaktor p quadratisch in N aufgeht). Sodann addieren wir $\mu(N)$ bzw. $\lambda(N)$ zu der bisherigen Summe

$$S1 = \sum_{K \leq N-1} \mu(K) \quad \text{bzw.} \quad S2 = \sum_{K \leq N-1} \lambda(K) \quad .$$

Dann wird N um 1 erhöht, und das Verfahren beginnt erneut.

Um vielleicht die genannten Vermutungen widerlegen zu können, muß geprüft werden, ob S2 > 0 bzw. W = ABS(S1)/SQR(N) größer als 0.5 ist.

Die Primzahlen, nach wachsender Größe geordnet, geben wir in DATA-Zeilen ein (im Programm nur bis 619; dies bedeutet, daß das Programm nur bis $N = (619)^2 = 383\,161$ richtig rechnet. Wegen der aufwendigen Berechnungen wird man die Rechnung aus Zeitgründen gar nicht so weit treiben können.)

---

1) Wir werden allerdings kaum hoffen können, diese Vermutungen durch unser Programm widerlegen zu können.

2) Man vgl. Herman te Riele's Notiz "Mertens' Conjecture disproved" in CWI Newsletter (Eingang 21.10.1983).

Detaillierter gehen wir folgendermaßen vor:

Für N = 1 ist $\mu(1) = 1$ (mit MU bezeichnet), $\lambda(1) = 1$ (mit LA bezeichnet) und S1 = 1, S2 = 1.
Ist

$$S1 = \sum_{K \leq N-1} \mu(K) \quad \text{bzw.} \quad S2 = \sum_{K \leq N-1} \lambda(K)$$

für N - 1 bekannt, so setzen wir M = N (Zeile 3o), und prüfen die Primzahlen $P \leq Q = \sqrt{M}$, ob sie in M aufgehen.

(a) Geht keine solche Primzahl in M auf, so ist M prim, $\mu(M) = -1$, $\lambda(M) = -1$, und S1 wird durch S1 -1, S2 durch S2 -1 ersetzt.

(b) Ist P ein Primteiler von M, so wechselt LA sein Vorzeichen (Zeile 55); M wird durch M/P ersetzt; geht P nun in M/P auf, so ist MU = 0, falls nicht, wechselt MU ebenfalls das Vorzeichen (Zeile 63-7o).

Sind alle $P \leq Q$ durchgeprüft, sind die Werte MU und LA bekannt und damit auch S1 und S2.

Schließlich wird getestet, ob für S1 bzw. S2 die genannten Vermutungen zutreffen (Zeile 21o-23o). Danach wird N durch N + 1 ersetzt und das Spiel beginnt von neuem.

Für N = 5o, 1oo, 15o etc. lassen wir die Werte der Summen S1, S2 ausgeben. Zeile 2o5 würde nach Entfernen des "REM" die Werte N, $\mu(N)$, $\lambda(N)$, S1 und S2 ausgeben.

ÜBUNG[1)]

Die Partitionenfunktion p(n) gibt die Anzahl der Zerlegungen von n in positive Summanden

$$n = a_1 + a_2 + \cdots$$

ohne Berücksichtigung der Reihenfolge; z.B. ist p(4) = 5, weil 4 die folgenden fünf Zerlegungen besitzt:

---

1) Zu dieser sehr aufwendigen Übungsaufgabe vgl. man Hardy-Wright [33], Chapter XIX.

$4 = 4, \quad 4 = 3+1, \quad 4 = 2+2, \quad 4 = 2+1+1, \quad 4 = 1+1+1+1 .$

Tabelle:

n	0	1	2	3	4	5	6	7	8	9
p(n)	1	1	2	3	5	7	11	15	22	3o

Die Potenzreihe $1 + \sum_{n=1}^{\infty} p(n) \cdot x^n$ stellt die Funktion $\{(1-x)(1-x^2)(1-x^3)\dots\}^{-1}$ dar.

Die Werte p(n) lassen sich rekursiv berechnen aus

$$p(n) - p(n-1) - p(n-2) + p(n-5) + \dots + (-1)^k p\{n - \tfrac{1}{2}k(3k-1)\}$$
$$+ (-1)^k p\{n - \tfrac{1}{2}k(3k+1)\} + \dots = 0 .$$

S.Ramanujan vermutete, daß für $D = 5^a$ bzw. 7^b bzw. 11^c

p(n) durch D

teilbar ist, falls

$24 \cdot n - 1$ durch D teilbar ist.

Diese Vermutung ist richtig für D = 5, 7, 11, 25, 49, 121, für $D = 5^a$ ($a \geq 1$ beliebig), aber nicht für 7^3.

a) Man berechne p(243) und zeige, daß p(243) nicht durch 11^3 teilbar ist.

b) Man verifiziere die genannten Teilbarkeitseigenschaften für D = 5, 7, 11 für einige Werte von p(n).

```
5 PRINT"Ↄ":PRINT"▒▒ TEST ZAHLENTHEORETISCHER HYPOTHESEN"
6 PRINT" ---- -------------------- ----------"
10 PRINT"▒▒GEPRUEFT WERDEN DIE VERMUTUNGEN VON"
11 PRINT"G. POLYA UND VON STERNECK, WELCHE DIE"
12 PRINT"MOEBIUS'SCHE FUNKTION UND DIE LAMBDA-":PRINT"FUNKTION BETREFFEN"
13 PRINT
15 S1=1:S2=1:MU=1:LA=1:N=2
30 M=N
35 Q=SQR(M):Q=INT(Q)
40 READ P
42 IF P>M THEN 200
45 IF P>Q THEN MU=-MU:LA=-LA:GOTO200
50 IF M/P-INT(M/P)>0THEN 40
55 LA=-LA
60 M=M/P
63 QU=M/P-INT(M/P)
65 IF QU=0 THEN MU=0:LA=-LA:GOTO 60
70 IF QU>0 THEN MU=-MU:GOTO 40
180 GOTO 40
```

```
200 S1=S1+MU:S2=S2+LA
205 REM PRINTN;:PRINT"MU(N)="MU;"LA(N)="LA;S1" ";S2
210 W=ABS(S1)/SQR(N)
220 IFN>200 AND W>0.5 THEN PRINT"MU-FEHLER BEI"N;:PRINTW:GOSUB 300
230 IF S2>0 THEN PRINT"LA-FEHLER BEI "N:GOSUB 300
250 RESTORE
255 IF N/50-INT(N/50)=0 THEN GOSUB 500
258 MU=1:LA=1
260 N=N+1:GOTO 30
300 POKE 198,0:WAIT 198,1
305 GET J$
310 RETURN
400 DATA 2,3,5,7,11,13,17,19,23,29,31,37,41,43,47,53,59,61,67,71,73,79,83,89,97
405 DATA 101,103,107,109,113,127,131,137,139,149
410 DATA 151,157,163,167,173,179,181,191,193,197,199,211,223,227,229
415 DATA 233,239,241,251,257,263,269,271,277,281,283,293,307,311,313,317
420 DATA 331,337,347,349,353,359,367,373,379,383,389,397,401,409,419,421
425 DATA 431,433,439,443,449,457,461,463,467,479,487,491,499,503,509,521
430 DATA 523,541,547,557,563,569,571,577,587,593,599,601,607,613,617,619
500 PRINTN;", MU-SUMME = "S1;",LA-SUMME = "S2
505 RETURN
```

IV. LINEARE ALGEBRA

In diesem Abschnitt soll ein beliebtes Standardbeispiel für Anwendungen des Computers gegeben werden; es soll nämlich gezeigt werden, wie sich lineare Gleichungssysteme rechnerisch behandeln lassen. Hierzu gibt es einen übersichtlichen Algorithmus, der sich freilich nur etwas mühsam programmieren läßt, weil Matrizenoperationen bei einfachen BASIC-Versionen nicht zur Verfügung stehen.

Als Vorbereitung wird in § 23 das Rechnen mit quadratischen Matrizen (Addieren, Multiplizieren) behandelt. In § 24 wird der Gauß'sche Algorithmus zur Lösung linearer Gleichungssysteme vorgestellt; da dieser Algorithmus auch ohne großen Mehraufwand Determinanten und inverse Matrizen berechnen kann, werden auch diese Aufgaben mit behandelt. Auf Probleme der numerischen Stabilität (Aufschaukeln von Rundungsfehlern) kann hier nicht eingegangen werden.

Die notwendigen Vorkenntnisse aus der linearen Algebra werden u.a. in folgenden Lehrbüchern vermittelt:

Aitken [2], Jänich [42], Koecher [5o], Kowalsky [51], Lamprecht [54], Lingenberg [61], Lipschutz [62], Walter [116]. Zur numerischen Seite sehe man G.Maeß, Vorlesungen über numerische Mathematik. I.Lineare Algebra, Berlin 1984, oder R.Zurmühl [124], oder F.Stummel und K.Hainer, Praktische Mathematik (Stuttgart 1971), III.6.

23. RECHNEN MIT QUADRATISCHEN MATRIZEN

Sind $\mathcal{A} = (a_{ij})$ und $\mathcal{B} = (b_{ij})$ (wobei i und j von 1 bis n laufen) quadratische n x n-Matrizen, so werden Summe und Differenz durch

$$\mathcal{A} \pm \mathcal{B} = (c_{ij}), \quad c_{ij} = a_{ij} \pm b_{ij} \quad \text{für } i,j = 1,\dots n,$$

definiert. Das Produkt ist die n x n-Matrix $\mathcal{D} = (d_{ij})$,

$$\mathcal{A} \cdot \mathcal{B} = \mathcal{D} ,$$

wobei

$$d_{ij} = \sum_{k=1}^{n} a_{ik} \cdot b_{kj} \quad (\text{für } i,j = 1,\dots,n)$$

ist. (Man beachte, daß die Multiplikation i.a. nicht kommutativ ist.) Die Menge der (n x n)-Matrizen bildet mit der eben eingeführten Addition und Multiplikation einen Ring, Einselement ist die Einheitsmatrix

$$\mathcal{E} = \begin{pmatrix} 1 & 0 & 0 & . & . & . \\ 0 & 1 & 0 & . & . & . \\ . & . & . & . & . & . \\ 0 & 0 & . & . & 0 & 1 \end{pmatrix}.$$

Wenn es eine Matrix $\mathcal{Y}$ gibt, die

$$\mathcal{A} \cdot \mathcal{Y} = \mathcal{Y} \cdot \mathcal{A} = \mathcal{E}$$

erfüllt, so heißt $\mathcal{Y} = \mathcal{A}^{-1}$ die zu $\mathcal{A}$ inverse Matrix.

Als Vorübung für die Behandlung linearer Gleichungssysteme wollen wir ein Programm schreiben, das-nach Eingabe von n-quadratische (n x n)-Matrizen addieren, subtrahieren und multiplizieren kann. Weiterhin soll - nach Eingabe von K - die K-te Potenz einer Matrix berechnet werden können.

Für die Eingabe der Matrizen sehen wir die Eingabe von Hand und Zufallserzeugung durch den Computer vor. Schließlich müssen die Ergebnisse ausgegeben werden können.

Die einzelnen Schritte, die ausgeführt werden müssen, sind die folgenden:

1) Titelei, Eingabe von N, Dimensionierung der Felder A(N,N), B(N,N), C(N,N), P(N,N) (Matrix $\mathcal{A}$, $\mathcal{B}$, $\mathcal{C}$, $\mathcal{P}$).
2) Abfrage: Addition, Multiplikation etc.
3) Eingabe der Matrizen von Hand oder durch Computer.
4) Subroutine Addition.
5) Subroutine Multiplikation.
6) Subroutine Potenzieren.
7) Ausdruck des Ergebnisses.

Das Programm erscheint durch die vielen, bei Matrizen nötigen, ineinander verschachtelten Schleifen etwas unübersichtlich; man sollte etwas Mühe darauf verwenden, es zu verstehen.

Das Hauptprogramm (5-17o) enthält die nötigen Abfragen. Die Addition bzw. Subtraktion wird in 2oo-28o durchgeführt, die Multiplikation in 3oo-45o, die Eingabe durch Computer in 7oo-76o, die Eingabe von Hand in 1ooo-1o6o, die Ausgabe der Matrix durch 11oo-116o.

Die Subroutine Potenzieren (5oo-699) ist nicht ausgeführt. Dem Leser bleibe es überlassen, diese einzufügen und mit dem Satz von Cayley zu testen:

Ist $f(X) = a_o + a_1 X + \ldots + a_N X^N$ das charakteristische Polynom der Matrix A, so ist

$$f(\mathcal{A}) = a_o + a_1 \cdot \mathcal{A} + \ldots + a_N \cdot \mathcal{A}^N = \mathcal{O}$$

die Nullmatrix.

Man beachte, daß für diesen Test noch eine Subroutine "Multiplikation einer Matrix mit einer Konstanten" nötig ist. Es ist $c \cdot \mathcal{A}$ gleich der Matrix $\mathcal{C}$ mit den Elementen $c_{ij} = c \cdot a_{ij}$ für $i,j = 1,\ldots,n$.

```
5 PRINT"▯   ▩▩▩RECHNEN MIT QUADRATISCHEN MATRIZEN":PRINT"▩▩"
10 INPUT"ZEILENZAHL DER MATRIZEN";N
15 DIM A(N,N):DIM B(N,N):DIM C(N,N):DIM P(N,N)
20 PRINT"▩▩ADDITION A+B ? ........ +"                  Abfrage
23 PRINT"SUBTRAKTION A - B ? ... -"
25 PRINT"MULTIPLIKATION A*B ? .. *"
28 PRINT"POTENZIEREN  A↑K ? ....  ↑"
30 POKE 198,0:WAIT 198,1:GET J$:PRINT
50 IF J$<>"↑" THEN PRINT"EINGABE DER MATRIZEN A,B VON HAND/COMP.?":PRINT"...H/C
55 IF J$<>"↑" THEN  POKE 198,0:WAIT 198,1:GET J2$
60 IF J2$="H"THEN PRINT"MATRIX A":S1=1:GOSUB 1000:GOSUB 1100:PRINT
65 IF J2$="H"THEN PRINT"MATRIX B":S1=2:GOSUB 1000:GOSUB 1100:PRINT
70 IF J2$="C" THEN S1=1:GOSUB 700:GOSUB 1100:PRINT
73 IF J2$="C" THEN S1=2:GOSUB 700:GOSUB 1100:PRINT      Entscheidung auf Grund
85 IF J$="+" OR J$="-" THEN GOSUB 200                   des Ergebnisses der
90 IF J$="*" THEN GOSUB 300                             Abfrage
95 IF J$="↑" THEN GOSUB 500:END
100 IF J$<>"↑"THEN PRINT"▩▩DAS ERGEBNIS VON A "J$" B IST:"
110 GOSUB 1100
120 END
200 REM ADDITION, SUBTRAKTION
210 FOR I=1 TO N
215 FOR J=1 TO N
220 IF J$="+" THEN C(I,J)=A(I,J)+B(I,J)
225 IF J$="-" THEN C(I,J)=A(I,J)-B(I,J)
240 NEXT J
250 NEXT I
260 RETURN
300 REM MULTIPLIKATION
310 FOR I=1 TO N
320 FOR J=1 TO N
330 SU=0:FOR V=1 TO N
340 SU=SU+A(I,V)*B(V,J):NEXT V
350 C(I,J)=SU
360 NEXT J
370 NEXT I
380 RETURN
500 REM POTENZ
510 PRINT" NICHT PROGRAMMIERT - UEBUNG! "
520 RETURN
700 REM EINGABE VON COMPUTER
710 FOR I=1 TO N
715 FOR J=1 TO N
720 C(I,J)=INT(20*RND(TI)-10)    Zufallserzeugung der Matrix
725 IF S1=1 THEN A(I,J)=C(I,J)
728 IF S1=2 THEN B(I,J)=C(I,J)
730 NEXT J
750 NEXT I
760 RETURN
1000 REM EINGABE VON HAND
1010 FOR I=1 TO N
1015 FOR J=1 TO N
1020 PRINT"I= "I", J = "J;:INPUT C(I,J)        (Schleife)
1025 IF S1=1 THEN A(I,J)=C(I,J)
1028 IF S1=2 THEN B(I,J)=C(I,J)
1040 NEXT J
1050 NEXT I
1060 RETURN
1100 REM AUSDRUCK                               Ausgabe
1110 FOR I=1 TO N
1115 FOR J=1 TO N:PRINTC(I,J)" ";:NEXT J
1120 PRINT:NEXT I
1160 RETURN
```

24. LINEARE GLEICHUNGSSYSTEME

Das Lösen linearer Gleichungssysteme mit Hilfe des Gauß'schen Algorithmus (durch sogenannte "elementare Umformungen") ist ein besonders schönes Beispiel für einen Algorithmus, der noch gut überschaubar ist, programmtechnisch schon ein bißchen Mühe bereitet, und dessen Anwendung auf Gleichungssysteme recht effektvoll ist[1]. Obwohl für diesen Algorithmus in vielen ähnlichen Büchern BASIC-Programme gegeben werden, sollte er hier nicht fehlen.

Die aus der Linearen Algebra nötigen Kenntnisse werden kurz rekapituliert, für eingehendere Informationen verweisen wir auf Lehrbücher der linearen Algebra, von denen einige in der Einleitung zu diesem Abschnitt aufgeführt sind.

Ein lineares Gleichungssystem

---

1) Wir bemerken, daß die Laufzeit des Algorithmus recht günstig ist. Um etwa die Determinante einer $(n \times n)$-Matrix zu berechnen, sind höchstens $\frac{1}{2} n \cdot (n-1)$ elementare Umformungen auszuführen, von denen jede höchstens n Multiplikationen und Divisionen erfordert. Man kommt also größenordnungsmäßig mit n^3 Multiplikationen und Divisionen aus.
Die Berechnung der Determinate nach der Formel

$$\det(a_{ik}) = \sum_{\pi} \operatorname{sgn}(\pi) \cdot a_{1\,\pi(1)} \cdot a_{2\,\pi(2)} \cdots a_{n\,\pi(n)},$$

summiert über alle n! Permutationen von $\{1,\ldots,n\}$, hingegen braucht $n \cdot n!$ Multiplikationen, eine Zahl, die nach der Stirling'schen Formel größer als $n^n \cdot e^{-n}$ wird; schon für $n > 1o$ ergibt sich hiermit eine kaum mehr verantwortbar lange Rechenzeit.

$$(1)\qquad \begin{aligned} a_{11}x_1 + \dots + a_{1n}x_n &= b_1 \\ \dots\dots\dots\dots\dots& \\ a_{k1}x_1 + \dots + a_{kn}x_n &= b_k \end{aligned}$$

verlangt, bei gegebenen reellen Koeffizienten a_{ij} und gegebener rechter Seite $b_1,\dots,b_k$ die Unbekannten $x_1,\dots,x_n$ zu bestimmen, falls dies möglich ist; (1) braucht nicht lösbar zu sein.

Es ist zweckmäßig, mit Hilfe der Koeffizientenmatrix

$$\mathcal{A} = \begin{pmatrix} a_{11} & \dots & a_{1n} \\ & & \\ a_{k1} & \dots & a_{kn} \end{pmatrix}$$

und der (Spalten-)Vektoren $\mathfrak{x} = \begin{pmatrix} x_1 \\ \vdots \\ x_n \end{pmatrix}$, $\mathfrak{b} = \begin{pmatrix} b_1 \\ \vdots \\ b_k \end{pmatrix}$ das Gleichungssystem in der Form

$$(2)\qquad \mathcal{A}\cdot\mathfrak{x} = \mathfrak{b}$$

zu schreiben. Die Multiplikation der Matrix $\mathcal{A}$ (mit k Zeilen, n Spalten[1]) mit einer Matrix $\mathcal{B}$, die n Zeilen haben muß (die Spaltenzahl r ist beliebig; auch ein Spaltenvektor kann als Matrix betrachtet werden), ist hierbei eine Matrix $\mathcal{C} = \mathcal{A}\cdot\mathcal{B}$ mit k Zeilen und r Spalten, deren Elemente folgendermaßen erklärt sind,

$$(3)\qquad c_{\varkappa\rho} = a_{\varkappa 1}b_{1\rho} + a_{\varkappa 2}b_{2\rho} + \dots + a_{\varkappa n}b_{n\rho} .$$

Man beachte, daß i.a. die Matrix $\mathcal{B}\cdot\mathcal{A}$ [2] von $\mathcal{A}\cdot\mathcal{B}$ verschieden ist, die Multiplikation von n x n-Matrizen ist also nicht kommutativ.

---

[1] Wir sagen kurz: $\mathcal{A}$ ist eine k x n-Matrix. Matrizen mit gleich vielen Zeilen und Spalten heißen quadratische Matrizen.

[2] Diese Multiplikation braucht nicht ausführbar zu sein.

Zur Lösung des Gleichungssystems (1) bzw. (2) formt man die Matrix $\mathcal{A}$ so um, daß man eine Matrix einfacher Bauart erhält, nämlich von der Gestalt

$$(4) \qquad \begin{array}{l} \qquad\downarrow\quad\downarrow\quad\downarrow \\ \begin{pmatrix} * \; \text{——————————} \\ 0 \; * \; \text{—————————} \\ 0 \; 0 \; 0 \; * \; \text{———————} \\ . \; . \; . \; 0 \; 0 \; * \; \text{—————} \\ . \; . \; . \; . \; . \; 0 \; 0 \; * \; \text{——} \\ . \; . \; . \; . \; . \; . \; . \; . \; . \; . \; . \\ 0 \; . \; . \; 0 \; . \; . \; . \; 0 \; 0 \; 0 \end{pmatrix} \end{array}$$

wobei die mit * bezeichneten Elemente von Null verschieden sind; unterhalb dieser "ausgezeichneten" (mit * bezeichneten) Elemente stehen nur Nullen, über die mit " — " angedeuteten Elemente wird nichts ausgesagt.

Die Umformung der Matrix erfolgt mit Hilfe von sogenannten <u>elementaren Umformungen</u>, das sind:

1) Vertauschung zweier Zeilen.
2) Multiplikation einer Zeile mit einer Zahl $c \neq 0$.
3) Addition einer Zeile zu einer anderen.

Nimmt man dieselben Operationen auch mit der "rechten Seite", d.h. mit der (k x 1)-Matrix $\mathfrak{b}$ vor, so überlegt man sich leicht, daß diese Operationen die Menge der Lösungen des Gleichungssystems (1) unverändert lassen.

Ein Gleichungssystem der speziellen Gestalt (die sich durch elementare Umformungen meist, aber nicht immer, erreichen läßt)

$$(5) \qquad \begin{pmatrix} d_{11} & d_{12} & \cdots & & \cdots & d_{1n} \\ 0 & d_{22} & \cdots & & \cdots & d_{2n} \\ 0 & 0 & d_{33} & \cdots & \cdots & d_{3n} \\ \vdots & \vdots & \vdots & \ddots & d_{rr} \cdots & d_{rn} \\ 0 & 0 & 0 & 0 & & 0 \end{pmatrix} \cdot \begin{pmatrix} x_1 \\ x_2 \\ \vdots \\ \vdots \\ x_n \end{pmatrix} = \begin{pmatrix} b_1^* \\ \vdots \\ \vdots \\ b_k^* \end{pmatrix} ,$$

ausführlicher geschrieben,

$$\begin{array}{rcl}
d_{11}\,x_1 + d_{12}\,x_2 + \dots\dots\dots\dots + d_{1n}\,x_n & = & b_1^* \\
d_{22}\,x_2 + \dots\dots\dots\dots + d_{2n}\,x_n & = & b_2^* \\
\dots\dots\dots\dots\dots\dots\dots\dots & & \\
d_{rr}\,x_r + \dots + d_{rn}\,x_n & = & b_r^* \\
0 & = & b_{r+1}^* \\
\dots & & \\
0 & = & b_k^* ,
\end{array}$$

wobei die $d_{11},\dots,d_{rr}$ alle $\neq 0$ sind, läßt sich besonders einfach lösen:

Das System ist unlösbar, wenn wenigstens eines der Elemente $b_{r+1}^*,\dots,b_k^*$ von Null verschieden ist.

Andernfalls setze man $x_{r+1} = \dots = x_n = 0$, bestimme x_r aus

$$d_{rr}x_r = b_r^* \quad \text{zu} \quad x_r = b_r^*/d_{rr} ,$$

danach x_{r-1} aus

$$d_{r-1,r-1} \cdot x_{r-1} = b_{r-1}^* - d_{rr} \cdot x_r ,$$

danach x_{r-2}, usw.

Sind alle b_r^* gleich Null (homogenes Gleichungssystem), erhält man auf diese Weise den Nullvektor als Lösung. Von Null verschiedene Lösungen erhält man, wenn man etwa

$$x_{r+1} = 1, \quad x_{r+2} = \dots = x_n = 0$$

setzt[1)].

---

1) Setzt man $(x_{r+1},\dots,x_n)$ der Reihe nach gleich $(1,0,\dots,0)$, dann $(0,1,0\dots0)$, ..., dann $(0,\dots0,1)$, so erhält man sogar n-r linear unabhängige Lösungsvektoren, die eine Basis des (n-r)-dimensionalen Vektorraums der Lösungen des homogenen Systems bilden.
Alle Lösungen $\mathfrak{x}$ des "inhomogenen Gleichungssystems" $\mathfrak{A}\cdot\mathfrak{x} = \mathfrak{b}$ mit $\mathfrak{b} \neq 0$ lassen sich darstellen als $\mathfrak{x} = \mathfrak{x}_0 + \mathfrak{y}$, wobei $\mathfrak{x}_0$ eine "spezielle Lösung" von $\mathfrak{A}\cdot\mathfrak{x} = \mathfrak{b}$ ist, d.h. $\mathfrak{A}\cdot\mathfrak{x}_0 = \mathfrak{b}$ erfüllt, und $\mathfrak{y}$ eine beliebige Lösung des homogenen Systems $\mathfrak{A}\cdot\mathfrak{y} = \mathfrak{o}$ ist.

Die Zahl r ist der Rang der Matrix $\mathcal{A}$, der definiert ist als die Maximalzahl linear unabhängiger Zeilenvektoren der Matrix $\mathcal{A}$.

Der beschriebene Algorithmus gibt also eine Möglichkeit, auch den Rang einer Matrix rasch zu bestimmen.

Das Gleichungssystem

$$\mathcal{A} \cdot \mathfrak{x} = \mathfrak{b}$$

ist genau dann lösbar, wenn der Rang $Rg(\mathcal{A})$ der Matrix $\mathcal{A}$ gleich dem Rang $Rg(\mathcal{A}_E)$ der "erweiterten" $k \times (n+1)$-Matrix

$$\mathcal{A}_E = \begin{pmatrix} a_{11} & \cdots & a_{1n} & b_1 \\ \cdot & \cdot & \cdot & \cdot \\ a_{k1} & \cdots & a_{kn} & b_k \end{pmatrix}$$

ist.

Zur Verdeutlichung ein <u>Beispiel</u>: Das System

$$\text{(LGS)} \qquad \begin{pmatrix} 3 & 2 & 1 & 2 \\ 2 & 4 & 2 & 2 \\ 1 & 1 & 0 & 1 \end{pmatrix} \cdot \begin{pmatrix} x_1 \\ x_2 \\ x_3 \\ x_4 \end{pmatrix} = \begin{pmatrix} 2 \\ 3 \\ 1 \end{pmatrix}$$

wird "elementar" umgeformt, wobei wir von der erweiterten Matrix ausgehen:

$$\begin{pmatrix} 3 & 2 & 1 & 2 & 2 \\ 2 & 4 & 2 & 2 & 3 \\ 1 & 1 & 0 & 1 & 1 \end{pmatrix} .$$

Vertauschung der Zeilen[1] $\mathfrak{z}_1$ und $\mathfrak{z}_3$ führt zu

$$\begin{pmatrix} 1 & 1 & 0 & 1 & 1 \\ 2 & 4 & 2 & 2 & 3 \\ 3 & 2 & 1 & 2 & 2 \end{pmatrix} ,$$

---

[1] Die Zeilen der Matrix $\mathcal{A}_E$ bezeichnen wir mit $\mathfrak{z}_1, \mathfrak{z}_2, \ldots, \mathfrak{z}_k$, also etwa $\mathfrak{z}_1 = (3,2,1,2,2)$.

Abziehen des 2- bzw. 3-fachen der 1. Zeile von $\mathfrak{z}_2$ bzw. $\mathfrak{z}_3$ (Kombination der Schritte 2) und 3)) führt zu

$$\begin{pmatrix} 1 & 1 & 0 & 1 & 1 \\ 0 & 2 & 2 & 0 & 1 \\ 0 & -1 & 1 & -1 & -1 \end{pmatrix} .$$

Addieren von $\frac{1}{2}\cdot\mathfrak{z}_2$ zu $\mathfrak{z}_3$ gibt die gewünschte Normalform

$$\begin{pmatrix} 1 & 1 & 0 & 1 & 1 \\ 0 & 2 & 2 & 0 & 1 \\ 0 & 0 & 2 & -1 & -\frac{1}{2} \end{pmatrix} .$$

Mit $x_4 = 0$ errechnet man schrittweise

$$x_3 = -\frac{1}{4}, \quad x_2 = \frac{3}{4}, \quad x_1 = 1 - x_2 - x_4 = \frac{1}{4} \quad .$$

Damit erhält man die spezielle Lösung

$$\mathfrak{x}_o = \left(\frac{1}{4}, \frac{3}{4}, -\frac{1}{4}, 0\right)$$

des inhomogenen Systems.

Für die rechte Seite $\begin{pmatrix} 0 \\ 0 \\ 0 \end{pmatrix}$ erhält man mit $x_4 = 1$ schrittweise

$x_3 = \frac{1}{2}, \quad x_2 = -\frac{1}{2}, \quad x_1 = -\frac{1}{2}$,

also die Lösung

$$\mathfrak{y}_o = (-\frac{1}{2}, -\frac{1}{2}, \frac{1}{2}, 1)$$

des homogenen Systems.

Sämtliche Lösungen des Systems (LGS) werden durch

$$\begin{aligned} \mathfrak{x} &= \mathfrak{x}_o + t\cdot\mathfrak{y}_o \\ &= (\frac{1}{4} - \frac{1}{2}t, \frac{3}{4} - \frac{1}{2}t, -\frac{1}{4} + \frac{1}{2}t, t) \end{aligned}$$

gegeben, wobei t ein beliebiger reeller Parameter ist.

Wenn man sich mit der Normalform (4) zufrieden geben muß, erfolgt die Lösung ebenfalls schrittweise: Ist z.B. die Normalform

$$\text{(LGS 2)} \qquad \begin{pmatrix} 2 & 3 & 2 & 1 & 1 & 2 \\ 0 & 0 & 4 & 0 & 1 & 1 \\ 0 & 0 & 0 & 0 & 1 & 2 \\ 0 & 0 & 0 & 0 & 0 & 1 \end{pmatrix} \cdot \begin{pmatrix} x_1 \\ \vdots \\ x_6 \end{pmatrix} = \begin{pmatrix} 1 \\ 2 \\ 3 \\ 4 \end{pmatrix}$$

erreicht, d.h.

$$\begin{aligned} 2x_1 + 3x_2 + 2x_3 + x_4 + x_5 + 2x_6 &= 1 \\ 4x_3 + x_5 + x_6 &= 2 \\ x_5 + 2x_6 &= 3 \\ x_6 &= 4 \quad , \end{aligned}$$

so ergibt die letzte Gleichung $x_6 = 4$, die vorletzte dann $x_5 = -5$. Die Größen x_4 und x_2 sind beliebig wählbar, etwa $x_4 = x_2 = 0$.

Dann erhält man

$$4x_3 = 2 - x_5 - x_6, \quad \text{also} \quad x_3 = \frac{3}{4} ,$$

und schließlich gibt die erste Gleichung $x_1 = -\frac{7}{4}$.

Somit ist

$$\mathfrak{x}_0 = (-\frac{7}{4}, 0, \frac{3}{4}, 0, -5, 4)$$

eine spezielle Lösung des inhomogenen Systems (LGS 2).

Hat die Koeffizientenmatrix die in (4) angedeutete Gestalt, so sind die x_i, die zu den durch Pfeile markierten "Nullspalten" gehören, frei wählbar, die übrigen x_j ergeben sich schrittweise, wie im Beispiel vorgeführt wurde.

Das Verfahren ermittelt auch den Rang einer Matrix als Anzahl der Zeilen $\neq$ Nullvektor in der Normalform (4).

Für quadratische Matrizen $\mathfrak{A}$ erhält man die Determinante

$$\det(\mathcal{A})$$

durch folgende Bemerkungen:

a) Vertauschen zweier Zeilen ändert das Vorzeichen der Determinante.

b) Addition des Vielfachen einer Zeile zu einer anderen ändert die Determinante nicht.

c) Die Determinante der Normalform

$$\mathcal{C} = \begin{pmatrix} c_{11} & \ldots\ldots & & c_{1n} \\ 0 & c_{22} & \ldots & c_{2n} \\ 0 & 0 & c_{33} & \ldots \\ . & . & . & \\ . & . & & . \\ . & . & & . \\ 0 & 0 & \ldots 0 & c_{nn} \end{pmatrix}$$

ist gleich dem Produkt der Elemente in der Hauptdiagonale,

$$\det(\mathcal{C}) = c_{11} \cdot c_{22} \cdots c_{nn} .$$

Somit ist

$$\det(\mathcal{A}) = (-1)^{v} \cdot \det(\mathcal{C}),$$

wobei v die Anzahl der vorgenommenen Zeilenvertauschungen ist.

Die inverse Matrix $\mathcal{A}^{-1}$ zu einer quadratischen Matrix $\mathcal{A}$, d.h. diejenige Matrix, die

$$\mathcal{A} \cdot \mathcal{A}^{-1} = \mathcal{A}^{-1} \cdot \mathcal{A} = \mathcal{E}$$

mit der Einheitsmatrix

$$\mathcal{E} = \begin{pmatrix} 1 & 0 & 0 & . & . & 0 \\ 0 & 1 & 0 & . & . & 0 \\ . & . & . & . & . & . \\ 0 & 0 & \ldots & & 0 & 1 \end{pmatrix}$$

(die also die Elemente

$$e_{ik} = \begin{cases} 1 & \text{für } i = k \\ 0 & \text{für } i \neq k \end{cases}$$

hat) erfüllt, erhält man auf folgende Weise:

Man führt $\mathcal{A}$ in Normalform über; die entsprechenden elementaren Umformungen wendet man auch auf die Einheitsmatrix an:

$$\begin{array}{c|c} \mathfrak{A} & \mathfrak{E} \\ \hline \begin{pmatrix} * & & & \\ & * & & \\ & & * & \\ 0 & & & * \end{pmatrix} & \mathfrak{E}^{*} \end{array}$$

Sodann erzeugt man links durch elementare Umformungen auch oberhalb der Hauptdiagonalen lauter Nullen und erhält

$$\left.\begin{pmatrix} * & & & 0 \\ & * & & \\ & & \ddots & \\ 0 & & & * \end{pmatrix}\right| \ \mathfrak{E}^{**} \quad .$$

Ist ein Hauptdiagonalelement gleich Null, so ist $\det(A) = 0$ und es gibt keine inverse Matrix. Sind alle Hauptdiagonalelemente $a_{ii} \neq 0$, so kann man durch Multiplikation mit a_{ii}^{-1} in der Hauptdiagonale Einsen erzeugen. Die entsprechenden Operationen führen $\mathfrak{E}^{**}$ in die inverse Matrix $\mathfrak{A}^{-1}$ über.

<u>Beispiel</u>.

$$\mathfrak{A} = \left.\begin{pmatrix} 1 & 2 & 3 \\ 2 & 2 & 1 \\ 4 & 1 & 1 \end{pmatrix}\right| \ \mathfrak{E} = \begin{pmatrix} 1 & 0 & 0 \\ 0 & 1 & 0 \\ 0 & 0 & 1 \end{pmatrix} .$$

Die Operationen $\mathfrak{z}_2 \mapsto \mathfrak{z}_2 - 2\cdot\mathfrak{z}_1$ und $\mathfrak{z}_3 \mapsto \mathfrak{z}_3 - 4\cdot\mathfrak{z}_1$ geben

$$\begin{array}{rrr|rrr} 1 & 2 & 3 & 1 & 0 & 0 \\ 0 & -2 & -5 & -2 & 1 & 0 \\ 0 & -7 & -11 & -4 & 0 & 1 \end{array}$$

Ersetzt man $\mathfrak{z}_3$ durch $\mathfrak{z}_3 - \frac{7}{2}\cdot\mathfrak{z}_2$, so erhält man

$$\begin{array}{rrr|rrr} 1 & 2 & 3 & 1 & 0 & 0 \\ 0 & -2 & -5 & -2 & 1 & 0 \\ 0 & 0 & \frac{13}{2} & 3 & -\frac{7}{2} & 1 \end{array} .$$

Ersetzt man $\mathfrak{z}_1$ durch $\mathfrak{z}_1 + \mathfrak{z}_2$, so erhält man weiter

$$\begin{array}{rrr|rrr} 1 & 0 & -2 & -1 & 1 & 0 \\ 0 & -2 & -5 & -2 & 1 & 0 \\ 0 & 0 & \frac{13}{2} & 3 & -\frac{7}{2} & 1 \end{array} .$$

Geeignete weitere Umformungen führen zu

$$\begin{array}{rrr|rrr} 1 & 0 & -2 & -1 & 1 & 0 \\ 0 & -2 & -5 & -2 & 1 & 0 \\ 0 & 0 & 1 & \frac{6}{13} & -\frac{7}{13} & \frac{2}{13} \\ \hline 1 & 0 & 0 & -\frac{1}{13} & -\frac{1}{13} & \frac{4}{13} \\ 0 & -2 & 0 & \frac{4}{13} & -\frac{22}{13} & \frac{10}{13} \\ 0 & 0 & 1 & \frac{6}{13} & -\frac{7}{13} & \frac{2}{13} \end{array}$$

und damit zu der inversen Matrix

$$\mathcal{A}^{-1} = \begin{pmatrix} -\frac{1}{13} & -\frac{1}{13} & \frac{4}{13} \\ -\frac{2}{13} & \frac{11}{13} & -\frac{5}{13} \\ \frac{6}{13} & -\frac{7}{13} & \frac{2}{13} \end{pmatrix} .$$

Durch das Verfahren der elementaren Umformungen kann man also den Rang einer Matrix und Lösungen eines linearen Gleichungssystems bestimmen, für quadratische Matrizen aber auch die Determinante und die inverse Matrix (falls diese existiert).

Wenn die dahinterliegende Mathematik, d.h. der Lösungsalgorithmus, verstanden ist, ist die Erstellung eines entsprechenden BASIC-Programms zwar mühsam, aber grundsätzlich einfach. Wir müssen uns nur ganz genau darüber im Klaren sein, was wir vom Computer verlangen.

Zerlegen wir unsere Aufgabe in Teilaufgaben, die sich leichter lösen lassen:

1) Eingabe der Koeffizienten-Matrix (Zeilenzahl ZZ, Spaltenzahl SZ, Elemente A(I,K)) und gegebenenfalls der rechten Seite des Gleichungssystems (B(K)).
Die Eingabe kann von Hand erfolgen, wir können den Computer aber auch - um mühselige Eingaben zu vermeiden - Zufallsmatrizen erzeugen lassen.
2) Eingabe der zu lösenden Aufgabenstellung (Gleichungssystem, Determinante, Rang, Inverse ?).
3) Eventuell Ausgabe der eingegebenen Daten auf Bildschirm (oder auch Drucker).
4) Durchführung der elementaren Umformungen, bis die Normalgestalt (4) erreicht ist. - Dies ist der kritische Schritt, zu dem später weitere Erläuterungen gegeben werden.
5) Zur Rangberechnung werden die von Null verschiedenen Zeilen in der Normalform abgezählt.
6) Die Berechnung der Determinante (einer quadratischen Matrix!) aus der Normalform erfolgt durch Bestimmung des Produkts der Hauptdiagonalglieder; um das Vorzeichen richtig angeben zu können, müssen zuvor in 4) die durchgeführten Zeilenvertauschungen gezählt werden (im Programm in der Variablen FS).
7) Ist die Determinante $\neq 0$, so werden zur Berechnung der Inversen weitere elementare Umformungen durchgeführt, die die Matrix $\mathcal{A}$ auf Diagonalgestalt bringen. Allerdings müssen schon vorher in 4) die dort durchgeführten Operationen auch auf die Einheitsmatrix angewandt werden.
Die inverse Matrix läßt sich dann wie im oben gegebenen Beispiel ermitteln.
8) Die schrittweise Berechnung einer Lösung $(x_1,...,x_n)$ des Gleichungssystems erfolgt wie im weiter oben gegebenen Beispiel.
9) Um den Einfluß von Rundungsfehlern deutlich zu machen, werden <u>Proben</u> ausgeführt: Bei einem linearen Gleichungssystem werden die erhaltenen x-Werte in die linke Seite eingesetzt und

mit der gegebenen rechten Seite verglichen. Im Falle der inversen Matrix wird das Matrizenprodukt $\mathcal{A}\cdot\mathcal{A}^{-1}$ berechnet, dieses sollte gleich der Einheitsmatrix sein.

Wir gehen noch etwas genauer auf die Schritte 4) und 8) ein.

Zu 4). Zunächst wird in der 1. Spalte ein möglichst großes Element durch Zeilenvertauschung an die Stelle 1,1 gebracht[1] - dadurch werden bei Divisionen die Rundungsfehler klein(er) gehalten. (Zeile 1513-1548).
Sodann werden in der 2. 3. ... Zeile die an erster Stelle stehenden Elemente durch Abziehen geeigneter Vielfache der 1. Zeile zu Null gemacht[1]. (Zeile 155o-157o). Dann wird zur 2. Spalte übergegangen, wobei die 1. Zeile und 1. Spalte der Matrix nicht mehr berücksichtigt werden, usw.

Als Besonderheit ist zu bemerken: Sind in einer Spalte nur Nullen, so wird zur nächsten Spalte übergegangen; die Anzahl NZ der Null-Spalten wird gezählt, außerdem wird deren Lage in der indizierten Variablen NS(I) gemerkt. (NS(I) wurde nicht dimensioniert. Wenn der Index größer als 9 werden müßte, tritt Fehlermeldung ein; dies wird jedoch bei praktischen Problemen nicht auftreten.)

Zu 8) Willkürlich gewählt werden dürfen die X(I), die zu "Nullspalten" gehören (also mit den Indizes NS(1), NS(2), ...) und diejenigen, die zu den Spalten nach dem letzten "ausgezeichneten" Element gehören; dieses steht in der Zeile RA, wobei RA den Rang bezeichnet, und hat die Spaltennummer SPN = (RA + NZ). Unbekannte X(I) mit I > SPN können somit willkürlich gewählt werden, etwa alle gleich 1 (um im homogenen Fall nicht die triviale Lösung (X(1),..., X(SZ)) = (0,0,...,0) zu erhalten); dies geschieht

---

1) Entsprechende Operationen werden mit der rechten Seite bzw. (zur Bestimmung der Inversen) mit der Einheitsmatrix ausgeführt.

in Zeile 2612 und 263o. Sodann werden die restlichen X(I) schrittweise, von hinten beginnend, berechnet.

Eine weiter ins Einzelne gehende Beschreibung wäre bei diesem langen Programm zu aufwendig.

```
 1 R=15:DIM G(R,R):DIM D(R,R):DIM A(R,R):DIM H(R,R)
 2 DIM B(R):DIM BB(R):DIM EE(R):DIM X(R):DIM C(R)
 10 PRINT"■"
 15 PRINT"■■■■■■■■■■LINEARE GLEICHUNGSSYSTEME"
 20 PRINT"■■■■■■------------------------"
[25 PRINT"■■■DIESES PROGRAMM GIBT DIE LOESUNGEN VON"    Erläuterung
{27 PRINT"LINEAREN GLEICHUNGSSYSTEMEN, GIBT"
{30 PRINT"ABER AUCH DETERMINANTEN, INVERSE MATRIX"
[31 PRINT"UND DEN RANG EINER MATRIX":GOSUB 1600
 35 PRINT"■■■■DARF ES WEITERGEHEN?J/N"
 40 I=1:GOSUB 1630: IF J$(1)="N"THEN END
[45 PRINT"■":PRINT"■■■■■■■■■■■■■U E B E R S I C H T"    Abfrage
{50 PRINT"■■RANG EINER MATRIX?■■■■■■■   R"
{52 PRINT"■■LINEARES GLEICHUNGSSYSTEM?  L"
{55 PRINT"■■DETERMINANTE?■■■■■■■■■■■■■■■D"
[58 PRINT"■■INVERSE MATRIX?■■■■■■■■■■■■■■I"
 60 GOSUB 1600:I=2:GOSUB 1630
 65 IF J$(2)="R"OR J$(2)="L"THEN 70
 68 IF J$(2)<>"D"AND J$(2)<>"I"THEN 45 <--     Eingabekontrolle
 70 PRINT"■GIB ZEILENZAHL ZZ UND SPALTENZAHL SZ "
 73 PRINT"DER MATRIX A(I,K) EIN" :GOSUB 1600
 77 INPUT "ZZ";ZZ
 80 IF ZZ<1 OR ZZ>R  THEN PRINT"NOCHMALS!":GOTO 77 <--
 83 IF J$(2)="I" OR J$(2)="D"  THEN SZ=ZZ:GOTO 100
 85 INPUT "SZ";SZ
 88 IF SZ<1 OR SZ>R THEN PRINT"NOCHMALS!":GOTO 85 <--
 100 GOSUB 1650:REM MATRIXEINGABE
[105 IF J$(2)="L"THEN GOSUB 1750
{110 IF J$(2)<>"L" THEN GOSUB 1700:REM MATRIX-AUSDRUCK
{120 IF J$(2)<>"L"THEN PRINT"■■■WEITER?J/N":I=1:GOSUB 1630:IFJ$(1)="N"THEN END
{130 IF J$(2)="I" THEN GOSUB 1850:REM EINHEITSMATRIX
{140 GOSUB 1875 :REM UMBENENNUNG              }
{150 GOSUB 1500: REM ELEMENTARE UMFORMUNGEN   }   Rechenprogramme
{160 GOSUB 1900:REM RANGBERECHNUNG            }
{170 IF J$(2)="L" THEN GOSUB 2600:REM PARTIKULAERLOESUNG
{180 IF J$(2)="D" OR J$(2)="I"THEN GOSUB 2800:REM DETERMINANTE
{190 IF J$(2)="I" THEN GOSUB 2000:REM INVERSE MATRIX
{200 IF J$(2)="I" THEN GOSUB 2204:REM PROBE
{220 IF J$(2)="I" THEN GOSUB 2262:REM AUSGANGSMATRIX     Entscheidung auf Grund
{230 IF J$(2)="I" THEN GOSUB 2290:REM INVERSE            des Ergebnisses der
{240 IF J$(2)="I" THEN GOSUB 2320:REM PROBE 2            Abfrage
[250 IF J$(2)="L" THEN GOSUB 3140:REM PROBE
 260 PRINT"WEITER? .... J/N?"
 262 POKE 198,0:WAIT 198,1:GET J$:IF J$="J" THEN 10
 270 END
[1000 REM MATRIX-ERZEUGUNG
{1001 FOR I=1 TO ZZ
{1010 FOR K=1 TO SZ
{1020 A(I,K)=INT(RND(TI)*99)-49:NEXT K      Zufallserzeugung
{1030 NEXT I
[1035 RETURN
 1500 REM ELEMENTARE UMFORMUNGEN
 1501 NZ=0:REM ZAEHLT NULL-SPALTEN
 1502 FS=0:REM ANZAHL DER ZEILENVERTAUSCHUNGEN
 1506 IF SZ<ZZ THEN SY=SZ:GOTO 1510
 1508 SY=ZZ:REM MINIMUM VON ZZ UND SZ
 1510 FOR K=1 TO SY
 1512 KN=K-NZ
 1513 MA =ABS(A(KN,K)):IN=KN
 1515 FOR I=KN TO ZZ
 1520 IF ABS(A(I,K))>MA THEN MA=ABS(A(I,K)):IN=I
 1525 NEXT I
```

```
1527 IF MA=0 THEN NZ=NZ+1:NS(NZ)=K:GOTO 1590
1530 FOR KK=1 TO SZ:C(KK)=A(IN,KK):NEXT KK
1531 B=B(IN)
1532 IF J$(2)<>"I"THEN 1537
1533 FOR KR=1 TO SZ:EE(KR)=H(IN,KR):NEXT KR
1534 FOR KK=1 TO SZ
1535 H(IN,KK)=H(K,KK):H(K,KK)=EE(KK)
1536 NEXT KK
1537 IF IN<>KN THEN FS=FS+1
1540 FOR KK=1 TO SZ:A(IN,KK)=A(KN,KK):NEXT KK
1541 B(IN)=B(KN)
1545 FOR KL=1 TO SZ:A(KN,KL)=C(KL):NEXT KL
1546 B(KN)=B:B=0
1548 IF KN=ZZ THEN RETURN
1550 FOR IJ=KN+1 TO ZZ
1555 AA=A(IJ,K)/A(KN,K)
1557 FOR KS= 1 TO SZ
1560 A(IJ,KS)=A(IJ,KS)-A(KN,KS)*AA
1562 IF J$(2)="I"THEN H(IJ,KS)=H(IJ,KS)-H(K,KS)*AA
1565 NEXT KS
1567 B(IJ)=B(IJ)-B(KN)*AA
1568 NEXT IJ
1570 GOSUB 1700:IF J$(2)="I"THEN GOSUB 1732
1590 NEXT K
1595 RETURN
1600 REM MUSIK
1601 SI=54272:F7=SI:F6=SI+1:W7=SI+4:A7=SI+5:H7=SI+6:L7=SI+24
1603 F8=IND(RND(TI)*3)+29:F9=INT(RND(TI)*5)+69
1605 POKE L7,15:POKE A7,25:POKE H7,77:POKE F6,F8:POKE F7,F9
1607 POKE W7,17
1608 FOR T7=1 TO 250:NEXT T7
1609 POKE W7,0:POKE H7,0:POKE A7,0
1610 RETURN
1630 REM ABFRAGE
1632 POKE 198,0:WAIT 198,1:GET J$(I)
1634 RETURN
1650 REM EINGABE DER MATRIX
1651 PRINT"♥EINGABE VON HAND ODER COMPUTER?H/C?"
1652 I=4:GOSUB 1630 :GOSUB 1600
1665 IF J$(4)="C" THEN GOSUB 1000
1668 IF J$(4)="C"THEN 1695
1670 FOR I=1 TO ZZ
1675 FOR K=1 TO SZ
1680 PRINT"I="I;"K="K;
1683 INPUT "A(I,K)";A(I,K):NEXT K
1690 NEXT I
1695 RETURN
1700 REM MATRIX-AUSDRUCK
1701 FOR LL=1 TO ZZ
1705 FOR LS=1 TO SZ
1708 PRINT INT(A(LL,LS)*10)/10;:NEXT LS
1716 IF J$(2)="L"THEN  PRINT"]]]]]]]]]"B(LL);
1720 PRINT: NEXT LL
1723 PRINT:GOSUB 1600
1726 PRINTCHR$(13)
1729 RETURN
1732 PRINT:GOSUB 1600
1735 FOR W1 = 1 TO ZZ
1740 FOR W2=1 TO ZZ
1742 PRINT INT(H(W1,W2)*100)/100;:NEXT W2
1745 PRINT:NEXT W1
1747 PRINT
1749 RETURN
```

Tonsignal (1600–1610)

Eingabe (1650–1695)

Ausgabe (1700)

Schleife (1670–1690)

Eingabe

```
1750 PRINT"■":PRINT"■■EINGABE DER RECHTEN SEITE"
1755 PRINT"DES GLEICHUNGSSYSTEMS"
1760 PRINT"■■VON HAND ODER COMPUTER?■■H/C?":I=5:GOSUB 1630
1765 IF J$(5)="C"THEN GOTO 1780
1768 FOR I=1 TO ZZ
1770 PRINT"I="I;
1772 INPUT "B(I)";B(I)
1775 NEXT I:GOTO 1800
1780 FOR I=1 TO ZZ
1783 B(I)=INT(RND(TI)*99)-48:NEXT I
1800 PRINT"AUSDRUCK DES GLEICHUNGSSYSTEMS?...J/N?":PRINT"■■"
1803 I=1:GOSUB 1630
1806 IF J$(1)="N"THEN RETURN
1810 FOR I=1 TO ZZ
1813 FOR K=1 TO SZ
1816 PRINTA(I,K);:NEXT K
1825 PRINT"■■■■■■";:PRINTB(I):NEXT I
1835 PRINT"■■■"
1845 RETURN
1850 REM EINHEITSMATRIX
1853 FOR UI=1 TO ZZ
1856 FOR VI=1 TO ZZ
1860 H(UI,VI)=0
1863 NEXT VI
1866 NEXT UI
1867 FOR UU=1 TO ZZ
1868 H(UU,UU)=1:NEXT UU
1870 RETURN
1875 REM UMBENENNUNG
1878 FOR I=1 TO ZZ
1880 FOR K=1 TO SZ
1884 D(I,K)=A(I,K):NEXT K
1890 BB(I)=B(I):NEXT I
1895 RETURN
1900 REM RANGBERECHNUNG
1905 RA=ZZ:II=ZZ
1910 SU=0
1913 FOR KQ=1 TO SZ
1916 SU=SU + ABS(A(II,KQ)):NEXT KQ
1925 IF SU=0 THEN RA=RA-1:II=II-1:GOTO 1910
1928 IF J$(2)<>"R" AND J$(2)<>"L"THEN 1940
1930 PRINT"■■■DER  R A N G  DER MATRIX IST"
1935 PRINT"■■■■■■■■"RA
1940 RE=ZZ:II=ZZ
1945 SW=0
1947 FOR KQ=1 TO SZ
1949 SW=SW+ABS(A(II,KQ)):NEXT KQ
1953 SW=SW+ABS(B(II))
1955 IF SW=0 THEN RE=RE-1:II=II-1:GOTO 1945
1960 IF J$(2)<>"L" THEN RETURN
1970 PRINT"■■DER RANG DER ERWEITERTEN MATRIX IST"RE
1973 IF RE>RA THEN PRINT"■■GLEICHUNGSSYSTEM UNLOESBAR":END
1975 PRINT"DIE RANGBEDINGUNG IST ERFUELLT;DAS "
1976 PRINT"■GLEICHUNGSSYSTEM IST  L O E S B A R":GOSUB 1600
1995 RETURN
2000 REM INVERSE MATRIX
2010 IF D=0 THEN PRINT"■■KEINE INVERSE MATRIX VORHANDEN" :GOTO 260
2020 REM WEITERE ELEMENTARE UMFORMUNGEN
2030 FOR K1=ZZ TO 2 STEP -1
2040 FOR L1=1 TO K1 - 1
2045 EE=A(L1,K1)/A(K1,K1)
2050 FOR M1=1 TO ZZ
2054 R=A(L1,M1)
2060 A(L1,M1)=R-A(K1,M1)*EE
2064 RR=H(L1,M1)
2070 H(L1,M1)=RR-H(K1,M1)*EE
2080 NEXT M1
2090 NEXT L1
2100 NEXT K1
2101 FOR L2=1 TO ZZ
2102 FOR L3=1 TO ZZ
2103 H(L2,L3)=H(L2,L3)/A(L2,L2)
2104 NEXT L3
2105 NEXT L2
```

```
2180 PRINT"■■DIE INVERSE MATRIX IST"     Ausgabe
2184 GOSUB 1600
2190 FOR U1=1 TO ZZ
2192 FOR U2=1 TO ZZ
2194 PRINTH(U1,U2);:NEXT U2
2196 PRINT
2198 NEXT U1
2200 PRINT"■■SCHOENERES BILD GEWUENSCHT?■J/N?"
2201 I=7:GOSUB 1630
2202 IF J$(7)="J"THEN GOSUB 2500
2203 RETURN
2204 PRINT"■WIRD PROBE GEWUENSCHT?■■J/N?":I=5:GOSUB 1630
2205 IF J$(5)="N"THEN END
2206 PRINT"■■■DAS PRODUKT DER URSPRUENGLICHEN MATRIX"
2210 PRINT"■UND IHRER INVERSEN GIBT GERUNDET"
2212 ET=100000
2213 E2=0
2220 FOR U1 = 1 TO ZZ
2225 FOR U2 = 1 TO ZZ
2227 FOR U3= 1 TO ZZ
2230 E2=E2+  D(U1,U3)*H(U3,U2):NEXT U3
2240 PRINTINT(E2*ET)/ET;
2242 G(U1,U2)=E2 :E2=0
2250 NEXT U2
2255 PRINT
2260 NEXT U1
2261 RETURN
2262 PRINT"■WIRD DIE AUSGANGSMATRIX NOCHMALS"
2263 PRINT"GEWUENSCHT?■■J/N?"
2264 I=5:GOSUB 1630
2265 IF J$(5)="N" THEN RETURN
2270 PRINT"■DIE URSPRUENGLICHE MATRIX WAR"
2275 FOR U1=1 TO ZZ
2277 FOR U2=1 TO ZZ
2280 PRINTD(U1,U2);:NEXT U2
2284 PRINT
2286 NEXT U1
2288 RETURN
2290 PRINT"■WIRD DIE INVERSE MATRIX AUF G STELLEN"
2291 PRINT"MIT 0 < G < 10 GEWUENSCHT?■J/N?"
2295 I=7:GOSUB 1630
2297 IF J$(7)="N"THEN RETURN
2298 INPUT "STELLENZAHL G";G
2299 IF G<0 OR G>10 THEN 2290
2300 EX=1: FOR V7=1 TO G
2301 EX=EX*10
2302 NEXT V7
2303 FOR V3=1 TO ZZ
2305 FOR V4=1 TO ZZ
2306 PRINTINT(H(V3,V4)*EX)/EX;
2308 NEXT V4
2310 PRINT:NEXT V3
2313 RETURN
2320 PRINT"■WIRD ERGEBNIS DER PROBE GENAUER GE-":PRINT"WUENSCHT?■■■J/N?"
2322 I=5:GOSUB 1630
2325 IF J$(5)="N" THEN END
2330 FOR U3 = 1 TO ZZ
2332 FOR U4= 1 TO ZZ
2334 PRINTG(U3,U4);
2336 NEXT U4
2338 PRINT
2339 NEXT U3
2340 RETURN
2500 PRINT"■GERUNDET SIEHT DIE INVERSE MATRIX SO AUS"
2505 FOR V1=1 TO ZZ
2510 FOR V2=1 TO ZZ
2515 PRINTINT(H(V1,V2)*100)/100;:NEXT V2
2530 PRINT: NEXT V1
2535 RETURN
```

```
2600 REM PARTIKULAERLOESUNG
2605 RC=RA
2610 V=RA+NZ:X(V)=B(RA)/A(RC,V)
2615 IF V+1>SZ THEN 2625
2625 IF NZ=0 THEN 2640
2630 FOR T=1 TO NZ:U=NS(T):X(U)=0:NEXT T
2640 RC=RC-1
2645 V=V-1
2650 IF A(RC,V)=0 THEN 2645
2655 SU=0
2660 FOR U=RC+1 TO SZ
2665 SU=SU+X(U)*A(RC,U)
2670 NEXT U
2680 X(RC)=(B(RC)-SU)/A(RC,V)
2690 IF RC>1 THEN 2640
2700 REM AUSDRUCK
2710 PRINT"EINE LOESUNG IST"
2720 FOR U=1 TO SZ:PRINTX(U):NEXT U
2790 RETURN
2800 REM DETERMINANTENBERECHNUNG
2805 D=1
2810 FOR K=1 TO ZZ:D=D*A(K,K):NEXT K
2825 IF FS-INT(FS/2)*2=0 THEN 2835
2830 D=-D
2835 PRINT"■■DIE DETERMINANTE DER MATRIX IST"
2840 GOSUB 1600
2850 PRINT"■■■■■■■■■■■"D
2860 RETURN
3140 PRINT"■■P R O B E"
3150 PRINT"■■RECHTE SEITE■■■■■■■■■■PROBE-ERGEBNIS"
3160 FOR H4=1 TO ZZ
3170 FOR H5=1 TO SZ
3180 RS=RS+D(H4,H5)*X(H5):NEXT H5
3210 PRINTBB(H4),,RS
3220 RS=0
3230 NEXT H4
3240 RETURN
```

<u>Kritische Bemerkungen</u> zum Programm.

A) Bei der Rangermittlung wird in Zeile 1925 (bzw. in 1955) gefragt, ob die Summe SU der Absolutbeträge einer Zeile gleich Null ist; wenn ja, wird diese Zeile bei der Rangberechnung nicht mitgezählt.
Durch Rundungsfehler kann man aber bei praktischen Problemen i.a. nicht die Summe SU = 0, sondern nur eine kleine Summe erwarten. Man sollte daher die genannten Abfragen besser durch

IF SU < 1oE-7 THEN ... ...

ersetzen.

B) Dieselbe Bemerkung gilt etwa auch für Zeile 265o.

C) Spaltenzahl 1 oder Zeilenzahl 1 ist nicht zulässig.

Einige Bemerkungen zum Programm:

a) Die "Felder" A(I,K), H(I,K), G(I,K) speichern die eingegebene Matrix, die Einheitsmatrix bzw. das Ergebnis der Probe. Das Feld D(I,K) "merkt" sich die eingegebene Matrix (denn die A(I,K) werden abgeändert).
Die inverse Matrix entsteht durch Abänderung der H(I,K).

b) Die Felder B(K), BB(K), X(K) speichern die rechte Seite bzw. den Lösungsvektor $\mathfrak{x}$.

c) Nach der "Titelei" (1o-35) ist das Hauptprogramm (45-27o) der Übersichtlichkeit halber so gestaltet, daß alle nötigen Rechnungen in Unterprogrammen ausgeführt werden.
Diese sind:

1) Erzeugung der Matrix durch Computer (1ooo-1o35)
2) Eingabe der Matrix (165o-1695)
3) Eingabe der rechten Seite des Gleichungssystems und Ausdruck (175o-1845
4) Tonsignale (16oo-161o)
5) Abfrageroutine (163o-1634)
6) Ausdruck der Matrix (17oo-1729)
7) Elementare Umformungen (15oo-1595)
8) Erzeugung der Einheitsmatrix (185o-187o)
9) Variablenumbenennung (1875-1895)
1o) Rangberechnung (19oo-1995)
11) Berechnung der Determinante (28oo-286o)
12) Weitere elementare Umformungen zur Bestimmung der Inversen sowie Ausgabe dieser Matrix (2ooo-2198)
- die Subroutine gibt allerdings noch die Inverse gerundet aus und führt die Probe durch (und geht dann bis Zeile 2288)
13) Eine spezielle Lösung des Gleichungssystems wird in 26oo-279o bestimmt.

d) Die Zeilen- und Spaltenzahl der Matrizen ist durch R = 15 begrenzt. R kann in Zeile 1 und Zeile 1o geändert werden - ein zu großes R führt aber zu einer Fehlermeldung ("out of memory error") - eine 1oo-reihige Matrix hat schon 1o ooo Elemente.

ÜBUNG

Das Programm ermittelt nur eine Lösung des homogenen Gleichungssystems. Man ändere das Programm so ab, daß eine Basis des Lösungsraumes dieser Gleichung bestimmt wird.

V. ANALYSIS (I)

Dieser Abschnitt befaßt sich mit Fragen, die in der Differential- und Integralrechnung einer Variablen im Unterricht der gymnasialen Oberstufe (zumindest in Leistungskursen) auftreten können.

Nullstellen reellwertiger Funktionen werden mit der auch als Beweismethode wichtigen Halbierungsmethode bestimmt, die näherungsweise Berechnung bestimmter Integrale erfolgt mit der Kepler'schen Faßregel.

§ 27 nimmt Zeichenarbeit ab, mehrere Funktionen können in hoher Auflösung (32o x 2oo Bildpunkte) auf dem Bildschirm "gezeichnet" werden - wobei der Rechner dem Benutzer noch Justierungsarbeit abnimmt.

Sodann werden verschiedene Methoden zur Berechnung der Zahl π diskutiert.

Die Berechnung der Werte des Integrallogarithmus

$$\text{li}x = \int_0^x (1/\log u)du \ ,$$

eines Integrals, das nicht durch elementare Funktionen darstellbar ist, wird in § 29 ausgeführt. Die Bedeutung des Integrallogarithmus beruht darauf, daß dieser eine sehr gute Approximation für die Anzahl $\pi(x)$ der Primzahlen unterhalb x darstellt. Zuletzt wird die Taylor'sche Formel und ihre Bedeutung für numerische Rechnungen ausführlich diskutiert.

Als Lehrbücher der Analysis nennen wir u.a. Barner-Flohr [5], Buck [13], Dombrowski [16], Endl-Luh [18], Erwe [21], Forster [24], Heuser [37], Jänich [41], Mangoldt-Knopp [67]und Rudin [98].

25. NULLSTELLEN STETIGER REELLWERTIGER FUNKTIONEN (HALBIERUNGSMETHODE)

Nach dem Zwischenwertsatz[1] hat eine stetige reellwertige Funktion $f\colon [A,B] \to \mathbb{R}$ eine Nullstelle zwischen A und B, wenn f in A und B Werte mit verschiedenen Vorzeichen annimmt.
Der Beweis des Zwischenwertsatzes erfolgt mit Hilfe der Halbierungsmethode, die wir auch zur numerischen Approximation der Nullstelle verwenden können: Ist etwa $f(A) < 0$, $f(B) > 0$, so bildet man die Intervall-Mitte

$$M = \frac{1}{2}\cdot(A + B) \quad .$$

Ist $f(M) > 0$, so darf man eine Nullstelle zwischen A und M erwarten, für $f(M) < 0$ eine Nullstelle zwischen M und B.

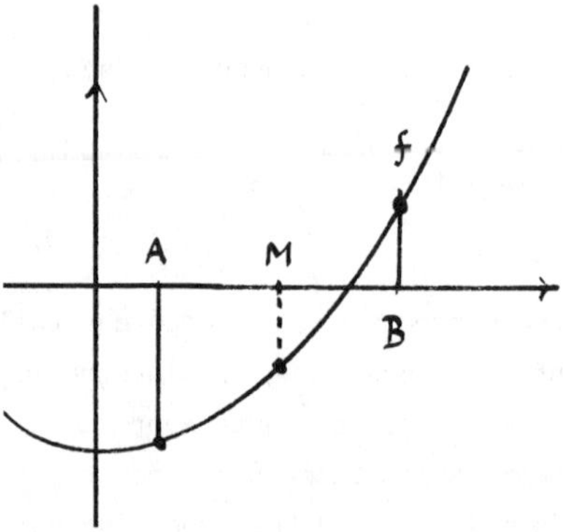

Durch fortgesetztes Halbieren kann man die Nullstelle immer genauer eingrenzen.

Zur Anwendung dieser Methode muß dem Rechner die Funktion f durch einen Rechenausdruck, den er behandeln kann, eingegeben werden, außerdem das Anfangsintervall, wobei wir annehmen, daß etwa auf Grund einer groben Skizze der Funk-

---

1) vgl. Forster [24].

tion f das Anfangsintervall [A,B] so gewählt wird, daß die Werte f(A), f(B) verschiedenes Vorzeichen haben.

Man bildet die Mitte M und untersucht das Vorzeichen von f(M); hat man in M zufällig eine Nullstelle gefunden, so ist die Aufgabe gelöst. Anderfalls prüft man, ob f(A) und f(M) verschiedenes Vorzeichen haben: Falls ja, ersetzt man das Intervall [A,B] durch [A,M] und beginnt das Verfahren erneut. Haben f(M) und f(B) verschiedenes Vorzeichen, so ersetzt man [A,B] durch [M,B].

Da man das gegebene Intervall nach 3 Schritten auf $\frac{1}{8}$ der Länge verkleinert hat, lohnt es sich wegen der beschränkten Genauigkeit des Rechnens nicht, mehr als etwa 3o bis 35 Iterationsschritte auszuführen.

Etwas detaillierter ist folgendes zu tun:

1) Gib die Funktion f und die Intervallenden A,B ein.
2) Berechne f(A), f(B).
3) Prüfe, ob f(A), f(B) verschiedenes Vorzeichen haben.
4) Bilde die Intervallmitte M.
5) Berechne f(M).
6) Ist f(M) = 0, so wird die Nullstelle M ausgegeben und das Programm gestoppt.
7) Haben f(A), f(M) verschiedenes Vorzeichen, d.h. ist f(A) · f(M) < 0, so ersetze man das Intervall [A,B] durch [A,M]. Anderfalls ersetze man [A,B] durch [M,B].
8) Springe nach Schritt 2) zurück.

Dieses Programm ist noch unvollständig; der Rücksprung in 8) soll nur 35-mal erfolgen - dies kann durch eine Schleife (K = 1 TO 35) bewirkt werden.

Weiterhin müssen (zumindest) am Programmende die Werte A,B ausgegeben werden, zwischen denen die Nullstelle liegt; von Interesse sind auch die Funktionswerte f(A), f(B).

Um den Prozeß der Nullstellenbestimmung deutlich werden zu lassen, wollen wir diese Werte aber nicht erst am Ende, sondern etwa nach jedem 5. Schritt ausgeben lassen.

```
10 PRINT"⌐  ▓▓NULLSTELLEN REELLWERTIGER FUNKTIONEN"
12 PRINT"▓"
14 PRINT"GIB DIE ZU UNTERSUCHENDE FUNKTION EIN"      Erläuterung
15 PRINT"HIERFUER STEHEN DIE ZEILEN 22-28"
16 PRINT"ZUR VERFUEGUNG":PRINT"NACH DEM LISTEN IST MIT"
17 PRINT"▶▶▶▶▶▶▶GOTO 20":PRINT"FORTZUSETZEN"
19 LIST 20-30
20 REM EINGABE DER FUNKTION
25 DEFFNA(X)=5*SIN(X)*EXP(-SQR(ABS(X)))
30 REM SETZE MIT GOTO 20 FORT
40 PRINT"GIB DIE INTERVALL-ENDEN A,B EIN"
45 INPUT "A";A:INPUT "B";B
50 FL=FNA(A):FR=FNA(B)                            Eingabekontrolle
60 IF FL=0 THEN M=A:GOTO 300
61 IF FR=0 THEN M=B:GOTO 300
65 IF FL*FR<0 THEN 80
70 PRINT"F(A) = "FL" UND F(B) = "FR
72 PRINT"HABEN GLEICHES VORZEICHEN."
74 PRINT"GIB NEUE WERTE FUER A,B EIN":GOTO 40
80 FOR K=1 TO 35
90 M=(A+B)/2:FM=FNA(M)
100 IF FM=0 THEN 300                    Schleife
110 IF FL*FM<0 THEN A=A:B=M:GOTO 140
120 A=M:B=B
140 IF K/5-INT(K/5)=0 THEN GOSUB 200
150 NEXT K
160 PRINT"DIE FUNKTIONSWERTE AN DEN INTERVALLENDEN"
165 PRINT"SIND "FNA(A)"UND "FNA(B)
170 END
200 REM ZWISCHENAUSDRUCK                          Ausgabe
220 PRINTA",";B
230 RETURN
300 PRINT"▓▓EINE NULLSTELLE IST "M
305 PRINT"FUNKTIONSWERT = "FNA(M)
310 END
```

Bemerkungen zum Programm:

1) Durch 19 werden Zeile 2o-3o ausgegeben. Die Funktion kann nun abgeändert werden:

25 DEF FNA (X) = ...

Nach dem Eintippen der Funktion drücke man die Return-Taste und setze mit

GOTO 2o (Return)

fort.

2) Programmaufbau:

Titelei: 1o, 12

Eingabe: 15-45

Sonderfälle nach Eingabe: 6o, 61

Prüfe, ob $f(A)$, $f(B)$ verschiedenes Vorzeichen haben; 65-74

Hauptprogramm: 8o-15o

Zwischenprogramm: Subroutine 2oo-23o

Endausdruck: 16o-17o.

Bemerkungen zur Nullstellenberechnung

Lehrbücher der numerischen Mathematik (z.B. Zurmühl [124], Hainer [3o] und viele andere) geben weitere numerische Verfahren zur (approximativen) Nullstellenberechnung.
Besonders bekannt dürfte das Newton'sche Näherungsverfahren[1) sein, das folgendermaßen beschrieben werden kann: Sei x_0 ein Näherungswert für die Nullstelle. Im Punkt $(x_0, f(x_0))$ lege man an die gegebene (differenzierbare) Funktion f eine Tangente; der Schnittpunkt x_1 dieser Tangente mit der x-Achse ist - wenn gewisse Voraussetzungen erfüllt sind - eine bessere Näherung für die Nullstelle.
Sodann wiederhole man das Verfahren mit x_1, erhält den Schnittpunkt x_2, usw.

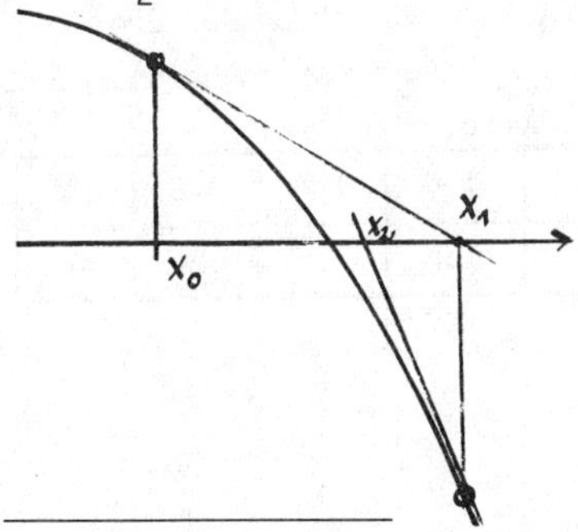

Formelmäßig ist

$$x_{n+1} = x_n - \frac{f(x_n)}{f'(x_n)} .$$

1) Man vgl. etwa O.Forster [24].

Das Newton'sche Verfahren konvergiert oft sehr schnell, aber es gibt auch viele Fälle, in denen keine Konvergenz vorliegt. Das zuvor beschriebene Halbierungsverfahren gibt jeweils eine untere und obere Abschätzung für die Nullstelle und damit auch eine Fehlerschranke (wenn man von Rundungsfehlern bei der Berechnung der Funktionswerte $f(x)$ absieht).

ÜBUNGEN

1) Man ändere das Programm so ab, daß nach Eingabe von Werten A,B, für die die Funktionswerte gleiches Vorzeichen haben, der Computer selbst neue Eingabewerte erzeugt.
2) Anwendungsbeispiel : Man bestimme die in $[1,2]$ gelegene Nullstelle der Funktion cos(x) (und berechnet damit $\frac{1}{2}\cdot\pi$).
3) Man ändere das Programm so ab, daß N-te Wurzeln berechnet werden können (Eingabe von N und $K > 0$, das Programm berechnet $\sqrt[N]{K}$ als Nullstelle des Polynoms $X^N - K$ in $[0,K]$; man berechne X^N als $X \cdot X \ldots \cdot X$, nicht als X↑N). Man vergleiche die so erhaltenen Ergebnisse mit dem Wert

$$\sqrt[N]{K} = \exp(\frac{1}{N} \log(K)).$$

4) Man programmiere das Newton'sche Näherungsverfahren und versuche, hiermit die Zahl π als Nullstelle der Funktion sin(x) zu bestimmen. Um die Gefahren des Newton-Verfahrens aufzuzeigen, prüfe man, daß die von diesem Verfahren für den Anfangswert x_0 produzierte Folge x_n gegen die in nachstehender Tabelle gegebenen Grenzwerte konvergiert:

x_0	1.2	1.3	1.4	1.5	1.6	1.7	1.8	1.9
	π	$-\pi$	π	-4π	$1o\pi$	3π	2π	4π

26. NUMERISCHE INTEGRATION

Bei vielen Integralen gelingt es trotz hartnäckiger Versuche nicht, diese durch elementare Funktionen (exp, cos, $\sqrt{\ }$,.. etc) auszudrücken, wie z.B. bei

$$\int_1^x \exp(u) \cdot \frac{du}{u} \quad ,$$

und bei vielen solchen Integrale kann man beweisen, daß dies nicht möglich ist.

Für die Berechnung solcher Integrale ist man daher auf Näherungsmethoden angewiesen. In der numerischen Mathematik sind viele solcher Methoden entwickelt worden (man vgl. etwa [124]).

Die naheliegendste Methode ist, das Integral durch Ober- und Untersummen einzuschließen, und die (äquidistante) Einteilung des Integrationsintervalls zu verfeinern; auf diese Weise kann man den Integralwert zwischen zwei Schranken einschließen.

Teilt man das Integrationsintervall äquidistant ein und ersetzt die gegebene Kurve durch einen Streckenzug, so kann man die Fläche unter dem Streckenzug als Näherung für den Integralwert betrachten; dies ist die der "Sehnentrapezregel" zugrundeliegende Idee.

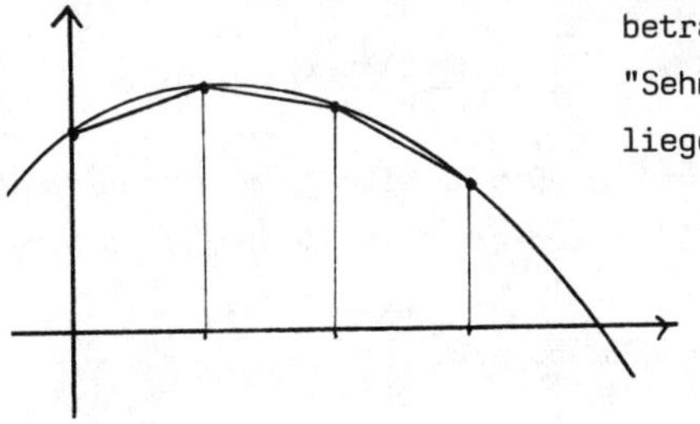

Die Kepler'sche Faßregel ersetzt eine gegebene Kurve durch einen Parabelbogen, dessen Werte an den Intervallenden und der Intervallmitte mit den Werten der gegebenen Funktion übereinstimmen.

Wir wollen uns hier nur mit der Kepler'schen Faßregel (bzw. der Simpson'schen Regel) befassen (man vgl. hierzu Heuser [37], § 100). Von entscheidender Wichtigkeit ist die Abschätzung des Fehlers, der durch Anwendung der Integrationsregel entsteht.

Sei $f(x)$ in $a \leq x \leq b$ gegeben und wenigstens 3-mal stetig differenzierbar. Das lineare Polynom

$$P_1(x) = f(a) + (x-a) \cdot \frac{f(b)-f(a)}{b - a}$$

stimmt für $x = a$ und $x = b$ mit $f(x)$ überein. Das quadratische Polynom

$$(1) \quad P_2(x) = P_1(x) + \frac{(x-a)(x-b)}{(m-a)(m-b)} \cdot \left\{ f(m)-f(a) - \frac{f(b)-f(a)}{b - a} \cdot (m-a) \right\}$$

stimmt nicht nur für $x = a$ und $x = b$, sondern auch noch für $x = m$ mit $f(x)$ überein; für m nehmen wir die Intervallmitte, $m = \frac{1}{2}(a+b)$.

Man berechnet leicht (wobei man oBdA für die Rechnung $a = 0$ wählen kann)

$$(2) \quad \int_a^b P_2(x)dx = \frac{b-a}{6} \cdot \left\{ f(a) + 4f(m) + f(b) \right\}.$$

Diesen Ausdruck darf man als Näherungswert für das Integral $\int_a^b f(x)dx$ betrachten.

Für festes $x \neq a,b,m$ besitzt die Funktion

$$t \mapsto D(t) = f(t) - P_2(t) - \frac{(t-a)(t-b)(t-m)}{(x-a)(x-b)(x-m)} \cdot \left(f(x) - P_2(x)\right)$$

die 4 Nullstellen a,m,b und x. Die Ableitung nach t hat damit wenigstens 3 Nullstellen[1], ..., die dritte Ableitung nach t

---

[1] Anwendung des Satzes von Rolle.

wenigstens eine Nullstelle τ zwischen a und b, d.h. es ist[1])

$$0 = D'''(\tau) = f'''(\tau) - \frac{3 \cdot 2}{(x-a)(x-b)(x-m)} \cdot \left(f(x) - P_2(x)\right) .$$

Somit ist[2])

$$(3) \qquad |f(x) - P_2(x)| \leq \frac{(x-a)(x-m)(x-b)}{6} \cdot \sup_{\tau \in [a,b]} |f'''(\tau)| .$$

Der Fehler

$$\Delta = \int_a^b f(x)dx - \frac{b-a}{6} \cdot \left\{ f(a) + 4f\left(\frac{a+b}{2}\right) + f(b) \right\}$$

erfüllt also, wenn M_3 das Maximum von $|f'''(x)|$ in $a \leq x \leq b$ bezeichnet, die Abschätzung

$$|\Delta| \leq \frac{1}{6} M_3 \cdot \frac{2}{3\sqrt{3}} \cdot \frac{(b-a)^4}{8} < \frac{1}{120} \cdot M_3 \cdot (b-a)^4 ,$$

denn[3]) das Maximum von $\left|(x-a)(x-\frac{a+b}{2})(x-b)\right|$ für $a \leq x \leq b$ liegt bei $a + \frac{(b-a)}{2} \cdot \left\{ 1 \pm \frac{1}{\sqrt{3}} \right\}$ und ist gleich $\frac{2}{3\sqrt{3}} \cdot \frac{(b-a)^3}{2^3}$.

Teilt man das Integrationsintervall zuvor in n Teilintervalle und wendet auf jedes einzelne Teilintervall die Faßregel an, so erhält man mit den Punkten

$x_o = a, \quad x_1 = a + \frac{b-a}{2 \cdot n}, \quad \ldots, \quad x_r = a + r \cdot \frac{b-a}{2n}, \quad \ldots$ die Beziehung

$$(4) \qquad \int_a^b f(x)dx = \frac{b-a}{6 \cdot n} \cdot \left\{ f(x_o) + 4f(x_1) + 2f(x_2) + \ldots + 2f(x_{2n-2}) + 4f(x_{2n-1}) + f(x_{2n}) \right\} + \Delta^* ,$$

---

1) Die dritte Ableitung von t^3 ist 3!, die von $P_2(t)$ gleich Null.

2) Zunächst für $x \neq a,b,m$; für die drei ausgeschlossenen Werte gilt das Ergebnis aber trivialerweise.

3) Dem Leser sei angeraten, die übergangenen Zwischenrechnungen selbst auszuführen, wobei man wieder oBdA $a = 0$ wählen sollte.

wobei der Fehler Δ^*

$$(5) \qquad |\Delta^*| \leq \frac{1}{12o} \cdot \sup_{x \in [a,b]} |f'''(x)| \cdot \frac{(b-a)^4}{n^3}$$

ist.

Diese Formel läßt sich gut für ein Programm zur numerischen Integration benützen. Folgende Schritte sind auszuführen:

1) Einzugeben sind eine Fehlerschranke, die Funktion f und ihre dritte Ableitung und die Intervallenden a,b.
2) Falls bekannt, ist $\sup |f'''(x)|$ einzugeben; wenn dieses Maximum nicht bekannt ist, errechnen wir $|f'''(x)|$ an z.B. 1o Stellen und bilden das Maximum dieser zehn Werte.
3) Der Rechner ermittelt aus der Fehlerabschätzung (5) das erforderliche n.
4) Der Rechner berechnet aus Formel (4) den Integralwert und gibt diesen aus.

<u>Kritische Anmerkung</u>

Ist M_3 nicht bekannt, so garantiert das in Schritt 2) angewandte Verfahren nur dann die gewünschte Fehlerschranke, wenn die dritte Ableitung monoton ist.

Erläuterung (Zeilen 20–24)

Ausgabe (Zeilen 140–180)

```
10 PRINT"NUMERISCHE INTEGRATION"
15 PRINT"MIT KEPLER'S FASSREGEL"
20 PRINT"DER RECHNER HAT FOLGENDE FUNKTION UND"
22 PRINT"IHRE DRITTE ABLEITUNG GESPEICHERT."
23 PRINT"NACH DEM AUFLISTEN MUSS DAS PROGRAMM"
24 PRINT"MIT   GOTO 30   FORTGESETZT WERDEN."
25 LIST 30-50
30 DEFFNA(X)=1/(1+X*X)
40 DEFFNB(X)=24*(X-X*X*X)/((1+X*X)↑4)
55 INPUT"GIB FEHLERSCHRANKE FS EIN";FS
60 PRINT"GIB DAS INTEGRATIONSINTERVALL A,B EIN"
65 INPUT "A";A:INPUT "B";B
80 PRINT"IST DAS MAXIMUM VON |F'''(X)| BEKANNT?":PRINT".......J/N?"
85 POKE 198,0:WAIT198,1:GET J$
90 IF J$="J" THEN INPUT "MAXIMUM MA";MA:GOTO 100
95 GOSUB 300
100 RS=MA*((B-A)↑4)/FS:RS=RS/100
120 N=INT(RS↑(1/3))+1
130 GOSUB 200 REM INTEGRALWERT
140 PRINT"INTEGRALWERT = "IN" (GENAEHERT!)":PRINT" BEI FEHLERSCHRANKE "FS
145 IF ZZ>0 THEN END
150 PRINT"RECHNUNG MIT HALBER SCHRITTWEITE":PRINT"GEWUENSCHT? ..... J/N
155 POKE 198,0:WAIT198,1:GET J$
160 IF J$="N"THEN 180
170 N=2*N:GOSUB 200
175 ZZ=1:GOTO 140
180 END
```

```
200 REM INTEGRALWERT
205 M=2*N:SU=0:H=(B-A)/M
210 SU=FNA(A)+FNA(B)
215 FOR R=1 TO M-1
220 IF R-2*INT(R/2)>0 THEN F=4:GOTO 230
225 F=2
230 X=A+R*H
240 SU=SU+F*FNA(X)
245 NEXT R
250 IN=SU*H/3
260 RETURN
300 REM MAXIMUM
310 D=(B-A)/9:M1=0:M2=0
320 FOR I=0 TO 9
330 X=A+I*D:G=FNB(X)
340 IF G<M1 THEN M1=G
345 IF G>M2 THEN M2=G
350 NEXT I
360 M1=ABS(M1):M2=ABS(M2)
370 MA=M1
380 IF MA<M2 THEN MA=M2
390 RETURN
```

ÜBUNGEN

1) Man entwickle ein Programm, das den Integralwert durch Benützung von Ober- und Untersummen in Schranken einschließt.

2) Man ermittle für $x > 1$ einige Funktionswerte des Logarithmus aus der Darstellung

$$\log(x) = \int_1^x u^{-1}\,du .$$

3) Das Integral

$$\int_0^1 \sqrt{1-x^2}\;dx$$

stellt die Fläche eines Viertelkreises vom Radius 1 dar und ist damit gleich $\frac{1}{4}\cdot\pi$. Man benütze numerische Integration, um auf diese Weise π zu bestimmen.

4) Mit Hilfe des Integrals

$$\int_0^1 \frac{dx}{1+x^2} = \operatorname{arc\,tg}(x)\Big|_0^1 = \frac{1}{4}\pi .$$

bestimme man π .

27. DARSTELLUNG VON FUNKTIONEN IN HOCHAUFLÖSENDER GRAPHIK

A. Vorbemerkungen zur hochauflösenden Graphik

Für die Darstellung von Funktionen, z.B. der Exponentialfunktion, stehen auf dem Bildschirm 1ooo Bildpunkte, in 25 Zeilen und 4o Spalten angeordnet, zur Verfügung. Der Koordinatenursprung liegt in der linken oberen Ecke, das Zeichen "•" etwa wird in Zeile Y $(0 \leq Y \leq 24)$ und Spalte X $(0 \leq X \leq 39)$ durch

POKE 1o24 + 4o * Y + X, 81

gesetzt, wobei die Farbe (etwa "0" für Schwarz) durch

POKE 55 296 + 4o * Y + X, 0

in der korrespondierenden Speicherzelle des Farbspeichers gesetzt werden muß.

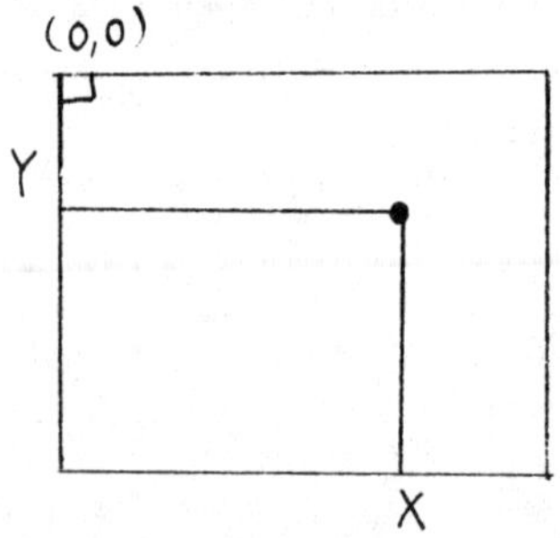

Versucht man nun den Computer etwa f(x) = sin(x) zeichnen zu lassen, so wird die Sinuskurve wegen des groben Bildschirmrasters nur sehr ungenau abgebildet werden.

Der Versuch, die Viertelzeichen , , , ... etc. zu benützen, führt bei sehr beachtlichem Aufwand beim

Programmieren nur zu mäßig besseren Ergebnissen (immerhin stehen jetzt 5o x 8o = 4ooo Bildpunkte zur Verfügung).

Glücklicherweise verfügt der Commodore VC 64 über die sogenannte "hochauflösende Graphik", die durch

POKE 53 265,59: POKE 53 272,25

eingeschaltet und durch

POKE 53 265,27: POKE 53 272,21

wieder ausgeschaltet werden kann.

Das dem Commodore beigegebene Handbuch schweigt sich freilich (abgesehen vom Kapitel über "Sprites") über die graphischen Möglichkeiten des Rechners aus.

Der Verfasser möchte hier auf die beiden Bücher A.Plenge [85] und C.Lorenz [64] hinweisen, aus denen man alles Nötige (und noch viel mehr) über die hochauflösende Graphik erfahren kann.

Der Bildschirm wird nun in 2oo Zeilen und 32o Spalten, also in 2oo x 32o = 64 ooo einzeln ansprechbare Bildpunkte unterteilt. Mit den oben angegebenen Befehlen wird der für den "hochauflösenden" Bildschirm zuständige Speicherbereich in die Zellen

8192 - 16 191

gelegt.

Es ist möglich, den Bildschirmspeicher auch in andere Speicherbereiche zu bringen. Dies kann nützlich sein, da BASIC-Programme ab Speicher 2o48 abgelegt werden und ein zu langes BASIC-Programm dann bereits in die Speicherzellen 8192 ff reichen kann und dann auf dem Bildschirm "sichtbar" wird.

Teilt man den Bildschirm in 25 x 4o "Blöcke" zu je 8 x 8 = 64 Bildpunkten, so sind für jeden dieser "Blöcke" acht aufeinander folgende Speicherzellen zuständig, für den "Block" mit Zeilennummer b $(0 \leq b \leq 24)$ und Spaltennummer a $(0 \leq a \leq 39)$ die acht

Speicherzellen mit Nummer

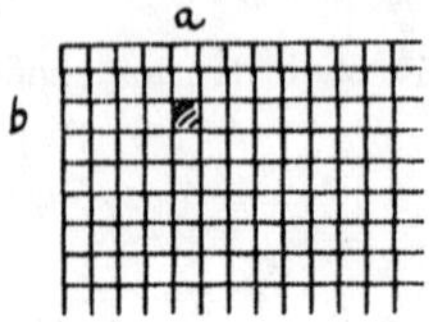

$$S_j = 8192 + 4o \cdot 8 \cdot b + 8 \cdot a + j \ ,$$

$$(j = 0,1,\ldots,7) \ .$$

Der Block (a,b) umfaßt $8 \times 8 = 64$ Bildpunkte. Die Speicherzelle S_j ist für die acht Bildpunkte in der j-ten Zeile "verantwortlich":

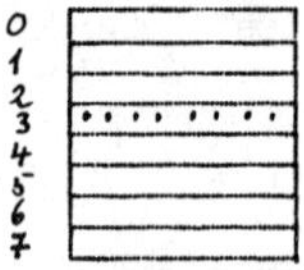

Der Speicherinhalt von S_j ist eine ganze Zahl g, die $0 \leq g \leq 255$ erfüllt.

Die Binaerdarstellung

$$g = g_o + 2 \cdot g_1 + 2^2 \cdot g + \ldots + 2^7 \cdot g_7 \ ,$$

wobei jedes g_i gleich 0 oder 1 ist, bestimmt die gesetzten Bildpunkte; ist $g_i = 1$, so ist der Bildpunkt gesetzt, für $g_i = 0$ gelöscht.

Das höchste "Bit" g_7 ist für den ganz linken, ... das niedrigste Bit g_o für den ganz rechten Bildpunkt verantwortlich.

Ist also

$$g = g_7 \, g_6 \cdots g_1 \, g_o$$

etwa gleich

$$117 = o111o1o1 \ ,$$

so erzeugt POKE S_j, g in der j-ten Zeile das Bildpunktmuster

 .

Soll nun ein Bildpunkt in Spalte x, Zeile y gesetzt werden ($0 \leq x \leq 319$, $0 \leq y \leq 199$), so ist folgendes zu tun:

1) Auswahl des richtigen Blocks[1] (a,b): Nach den vorstehenden Ausführungen ist

$$a = \text{INT}[x/8], \quad b = \text{INT}[y/8].$$

2) Auswahl der richtigen Zeile[2] j innerhalb dieses Blocks: Diese hängt nur von der y-Koordinate ab,

$$j \equiv y \bmod 8, \quad \text{d.h.} \quad j = (y/8) - \text{INT}(y/8).$$

Damit ist die zuständige Speicherzelle mit der Nummer

$$SP = 8192 + 320 \cdot \text{INT}(y/8) + 8 \cdot \text{INT}(x/8) + j$$
$$(\text{mit } j = (y/8) - \text{INT}(y/8))$$

bestimmt, und es verbleibt

3) Setzen des Bildpunktes: Innerhalb der Bildpunkte, für die die Speicherzelle SP zuständig ist, muß - von links gezählt - der Punkt an die k-te Stelle, wobei $k \equiv x \bmod 8$, $0 \leq k \leq 7$, also

$$k = (x/8) - \text{INT}(x/8)$$

ist, gesetzt werden.

Für diese Stelle ist das (7-k)-te Bit zuständig; ein POKE-Befehl, der 2^{7-k} in die Speicherzelle SP schreibt, wird also genau an die k-te Stelle einen Punkt setzen, also folgendes Muster erzeugen:

---

[1] $0 \leq a \leq 39$, $0 \leq b \leq 24$.

[2] $0 \leq j \leq 7$.

Unglücklicherweise werden aber Bildpunkte, die vielleicht vorher schon gesetzt waren, durch diesen Befehl gelöscht; z.B. aus dem Muster

erzeugt obiger Befehl das Bild

.

Das Setzen eines Bildpunktes kann also nicht in der eben beschriebenen Weise erfolgen, wir müssen die schon existierenden Bildpunkte "retten".

Bevor wir dies tun können, müssen wir zwei Befehle, die logischen Verknüpfungen AND und OR behandeln, die der VC 64 sowohl in Maschinensprache wie auch in BASIC zur Verfügung hat.

B. Die logischen Verknüpfungen AND und OR.

Sind zwei ganze nichtnegative Zahlen g und h zwischen 0 und 255 gegeben, mit den Binaerdarstellungen

$$g = g_o + 2g_1 + 2^2 \cdot g_2 + \ldots + 2^7 \cdot g_7,$$

$$h = h_o + 2h_1 + 2^2 \cdot h_2 + \ldots + 2^7 \cdot h_7$$

(alle g_i, h_i gleich Null oder Eins), so erzeugt der Befehl

g AND h

die Zahl

$$d = d_o + 2 \cdot d_1 + \ldots + 2^7 \cdot d_7 \quad ,$$

wobei für $i = 0,1,\ldots,7$ jeweils

$$d_i = \begin{cases} 1, & \text{wenn } g_i = 1 \ \underline{\text{und}} \ h_i = 1, \\ 0, & \text{sonst} . \end{cases}$$

Z.B. ist

$$57 \quad \text{AND} \quad 117 \quad = \quad 49$$

denn

$$57 = 1 + 2\cdot 0 + 2^2\cdot 0 + 2^3\cdot 1 + 2^4\cdot 1 + 2^5\cdot 1 \ ,$$

$$117 = 1 + \qquad 2^2\cdot 1 + \qquad 2^4\cdot 1 + 2^5\cdot 1 + 2^6\cdot 1 \ ,$$

und

$$d = 1 + \qquad + 2^4\cdot 1 + 2^5\cdot 1 = 49 \ .$$

Der Befehl

$$g \quad \text{OR} \quad h$$

erzeugt die Zahl

$$d' = d'_o + \ldots + 2^7\cdot d'_7 \ ,$$

wobei jeweils[1)]

$$d'_i = \begin{cases} 1, & \text{wenn } g_i = 1 \text{ oder } h_i = 1 \\ 0, & \text{wenn } g_i \neq 1 \text{ und } h_i \neq 1 \ . \end{cases}$$

Z.B. ist

$$57 \quad \text{OR} \quad 117 = 1 + 2^2\cdot 1 + 2^3\cdot 1 + 2^3\cdot 1 + 2^4\cdot 1 + 2^5\cdot 1 + 2^6\cdot 1$$
$$= 125 \ .$$

Diese Funktionen erlauben unmittelbar, den Kongrenzwert einer ganzen, nichtnegativen Zahl g modulo Zweierpotenzen zu ermitteln:

$$g \quad \text{AND} \quad 7$$

---

1) In der Mathematik wird bekanntlich "Oder" im nicht-ausschliessenden Sinne verwendet. Die Aussage "α oder β" ist richtig,

1) wenn α zutrifft,
2) wenn β zutrifft,
3) wenn α und β zutreffen.

gibt den Rest, der bei Division von g durch 8 bleibt[1].

Ist $0 \leq g \leq 255$, $g = \sum_{i=0}^{7} g_i \cdot 2^i$, und ist $h = 2^k (0 \leq k \leq 7)$, so erzeugt der Befehl

g OR h

die Zahl $\sum_{\substack{i=0 \\ i \neq k}}^{7} g_i \cdot 2^i + 2^k$, also eine Binärzahl, die mit Ausnahme der k-ten Stelle die Binärziffern von g hat, an der k-ten Stelle aber eine 1.

Das ist nun genau die Funktion, die wir für das Setzen eines Punkts brauchen: An die K-te Stelle wird jedenfalls eine 1 geschrieben, d.h. ein Punkt gesetzt, alle anderen Binärstellen (d.h. die anderen 7 Bildpunkte) bleiben unverändert.

C. Setzen eines Bildpunkts.

Nach den unter A. und B. gegebenen Erläuterungen ist die Aufgabe, in der hochauflösenden Graphik einen Bildpunkt zu setzen, dessen Koordinaten X,Y ($0 \leq X \leq 319$, $0 \leq Y \leq 199$, X,Y ganz) gegeben sind, ohne vorhandene Bildpunkte zu stören, nicht mehr schwer.

---

1) Hat $g = g' + 8 \cdot g''$, $0 \leq g' \leq 7$, die Binärdarstellung $g = g_o + 2g_1 + 4 \cdot g_2 + \ldots$, so ist wegen $7 = 1 + 2 \cdot 1 + 2^2 \cdot 1$

g AND 7 gleich $g_o + 2g_1 + 4g_2 = g'$

Entsprechend gibt g AND 31 den Rest bei Division von g durch 32.

Wir formulieren das Programm als Subroutine[1]:

```
45o  REM  ZEICHNEN
455  XB = INT(X/8) : YB = INT(Y/8) : X8 = X AND 7 : Y8 = AND 7
46o  SP = 8192 + 32o * YB + 8 * XB + Y8
47o  W1 = 2 ↑(7-X8) : W2 = PEEK (SP) : W = W1 OR W2
48o  POKE  SP,W
499  RETURN
```

Ein Bildpunkt mit den Koordinaten X, Y wird <u>gelöscht</u>, wenn das für diesen Punkt zuständige Bit nicht, wie eben, gleich 1, sondern gleich Null gesetzt wird.

Dies kann erreicht werden, indem man Zeile 47o durch

```
W1 = 255 - 2 ↑(7-X8) : W 2 = PEEK(SP) : W=W1 AND W2
```

ersetzt.

D. Zeichnen von Funktionen.

Um nun eine reellwertige Funktion

$$\eta = f(\xi)$$

zu zeichnen, lassen wir ξ variieren, berechnen η und zeichnen den Punkt (ξ, η). Hier treten weitere mathematische Probleme auf:

1) Die ξ-Koordinaten müssen in Werte X, $2 \leq X \leq 318$ umgerechnet werden[2]: Läuft ξ zwischen[3] ξ_1 und ξ_2, so berechnen

---

[1] Die bisherigen Bezeichnungen müssen freilich computer-gerecht abgeändert werden, z.B. hat der 8x8-Block, derzu (X,Y) gehört, die Koordinaten XB,YB, die Reste bei Division durch 8 von X bzw. Y werden mit X8 bzw Y8 bezeichnet, etc.

[2] Wir lassen am linken und rechten Bildschirmrand etwas Platz frei.

[3] Im später gegebenen Programm wird ξ_1, ξ_2 mit X_3,X_4 bezeichnet

wir

(1) $$\xi_X = \xi_1 + X \cdot \frac{\xi_2 - \xi_1}{316}$$

für X = 2, 3, . . , 316, und die zugehörigen Funktionswerte

(2) $$\eta_X = f(\xi_X) .$$

2a) Die durch $\eta = f(\xi)$ definierte Kurve soll einigermaßen in den Bildschirm passen, d.h. nicht zu flach werden, aber auch nicht über den Bildschirm herausragen.
Hierzu berechnen wir (wenigstens näherungsweise)

(3) $$MA = \sup_{\xi \in I} f(\xi), \quad MI = \inf_{\xi \in I} f(\xi)$$

für das Intervall $I = [\xi_1, \xi_2]$

und justieren die Funktionswerte passend ein, d.h. wir setzen, wenn $\eta = f(\xi)$ ist,

(4) $$Y = 2o + (\eta - MI) \cdot \frac{16o}{MA-MI} .$$

Ist $\eta = MI$, so wird Y = 2o, für $\eta = MA$ wird Y = 18o (wir bleiben also vorsichtshalber noch etwas von den Bildschirmrändern entfernt).

2b) Leider wird, weil der Koordinatenanfang des Bildschirms links oben liegt, die Funktion nach unten gezeichnet. Die Exponentialfunktion exp(X) sähe dann so aus:

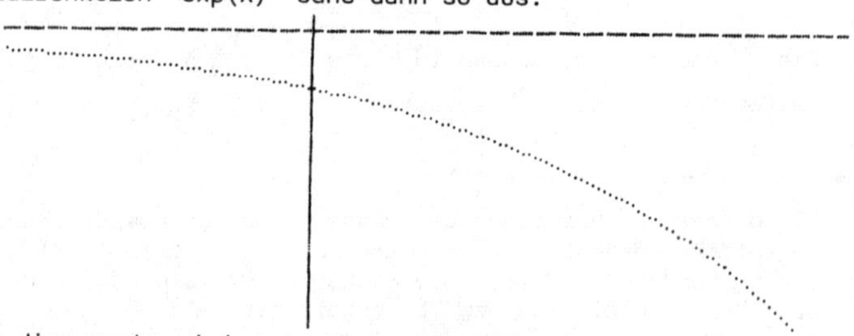

Um dies zu korrigieren, müssen wir (4) ersetzen durch

(4*) $$Y = 2o + (MA - \eta) \cdot \frac{16o}{MA - MI} .$$

3) Schließlich sollte auch die X-Achse und Y-Achse eingezeichnet werden:

a) Die Y-Achse hat die Bildschirmkoordinaten

$$(C1,\ S),\quad \text{mit}\quad 1 \leq S \leq 199\ .$$

C1 muß aus den eingegebenen Werten $\xi_1 < \xi_2$ errechnet werden.
Für $\xi_1 > 0$ oder $\xi_2 < 0$ können wir keine Y-Achse zeichnen, da diese außerhalb des Bilds fiele.
Ist $\xi_1 \leq 0 \leq \xi_2$, so errechnet sich für C1 der Wert

$$C1 = 2 - \xi_1 \cdot \frac{316}{\xi_2 - \xi_1}\ .$$

b) Die Lage der X-Achse wird durch die für das Maximum MA und Minimum MI errechneten Werte bestimmt. Man erhält die Bildschirmkoordinaten

$$(S,\ C2),\quad 1 \leq S \leq 319\ ,$$

wobei

$$C2 = 2o + MA \cdot \frac{16o}{MA-MI}$$

ist, falls $MA > 0$ und $MI < 0$ ist; andernfalls kann keine X-Achse gezeichnet werden.

4) Nach Einschalten der hochauflösenden Graphik muß der Bildschirm zunächst gelöscht werden (d.h. alle Speicherzellen von 8192 bis 16 191 müssen auf 0 gesetzt werden), und der Farbspeicher (1o24-2o23) muß passend "eingefärbt" werden, z.B. durch

```
POKE I, 7
```

für I von 1o24 bis 2o23.

5) Das Ausschalten der Graphik erfolgt durch

```
POKE 53 265,27 : POKE 53 272,21 .
```

Dadurch erhalten wir die gewohnte Bildschirmanzeige zurück.

6) Die Funktion f, die gezeichnet werden soll, ist Bestandteil des Programms. Durch Abänderung der entsprechenden Programmzeile kann das Programm für andere Funktionen nutzbar gemacht werden.
   Die mögliche Abänderung wird dadurch leicht gemacht, daß im Laufe des Programms die eingegebene(n) Funktion(en) gelistet werden. Das Programm muß danach allerdings mit GOTO 13o von Hand fortgesetzt werden.

Nach dieser Aufteilung der Schwierigkeit in leichtere Einzelprobleme ist die Erstellung des Programms "straightforward". Um die Approximation einer Funktion durch die Taylor-Polynome oder die ersten Terme der Fourier-Entwicklung[1] gleichzeitig darstellen zu können, wird das Programm so gestaltet, daß statt einer bis zu 9 Funktionen gleichzeitig auf dem Bildschirm dargestellt werden können[2].

Der Aufbau des Programms kann folgendermaßen kurz beschrieben werden:

1) Titelei: 1oo-115.
2) Eingabe der Funktionen: 115-127.
   Die 9 Funktionen werden durch DEFFNA(X), DEFFNB(X),... in Zeile 3oo-339 gegeben.
3) Weitere Eingaben: Anzahl der zu zeichnenden Funktionen, Argumentbereich: 141-165.
4) Aus dem Argumentbereich wird die Lage der Y-Achse berechnet: 17o-173.

---

[1] Man kann sogar versuchen, das GIBBSsche Phänomen deutlich zu machen; man vgl. [17] ,1o.8.

[2] Mehr als 9 Funktionen wären grundsätzlich möglich - das Bild könnte allerdings recht unübersichtlich werden. Außerdem müßten dann die im Programm verwendeten Variablen F(I), M(J), N(J) zunächst dimensioniert werden.

5) Die Subroutine "Automatische Justierung" (Zeile 9oo-999), die zusätzlich die Subroutine "Maximum, Minimum" (Zeile 1o6o-1o72) benützt, berechnet für 1o gleichmäßig verteilte Argumente die Funktionswerte und bestimmt Maximum MA und Minimum MI all dieser Funktionswerte.

5a) Kenntnis von MA und MI ermöglicht in Zeile 993 die Berechnung der Lage der X-Achse.

6) Das Unterprogramm "Einschalten der Graphik" stellt den Rechner auf hochauflösende Graphik um, löscht den Bildschirmspeicher (Speicherzellen 8192-16191) und gibt Farbwerte in den Farbspeicher (Zellen 1o24-2o43).

7) Das Unterprogramm "Koordinatensystem" (Zeile 5oo-57o) zeichnet die Abszisse und Ordinate, wobei die Subroutine "Zeichnen" (Zeile 45o-499), d.h. Setzen eines Bildpunktes, verwendet wird.

8) Das Unterprogramm "Zeichnen der Funktionen" (wobei wiederum auf die Subroutine 45o-499 zurückgegriffen wird) in Zeile 7oo-8oo erledigt den wichtigsten Teil des Programms: Es errechnet die Funktionswerte, formt die Punkte (ξ, f(ξ)) in die für den Bildschirm zutreffenden Koordinaten (X,Y) um und zeichnet die jeweiligen Bildpunkte.

9) Nach dem Zeichnen der Funktion wird in die Endroutine gesprungen. Das Bild bleibt solange bestehen, bis eine beliebige Taste gedrückt wird.

Das Programmlisting sieht folgendermaßen aus:

```
100 REM LOS GEHTS
101 PRINT"J"
105 FOR T=1 TO 5 :PRINT"Q":NEXT T
106 PRINT"       DARSTELLUNG VON FUNKTIONEN"
107 PRINT"QQ":PRINT"       IN HOCHAUFLOESENDER GRAPHIK"
108 FOR T=1 TO3000:NEXT
115 PRINT"J"
120 PRINT"QQIM VC 64 SIND DIE NACHSTEHEND GEGEBENEN"
122 PRINT"FUNKTIONEN GESPEICHERT"
125 PRINT"NACH EVENTUELLER ABAENDERUNG SETZE MAN":PRINT"MIT GOTO 130 FORT"
128 LIST 300-339
130 GOSUB 300
```

```
140 REM ABSZISSE
141 PRINT"▮▮▮▮▮▮▮▮▮▮WIEVIELE FUNKTIONEN?"
142 PRINT"DEREN ANZAHL DARF HOECHSTENS 9 SEIN"
143 PRINT"▮":INPUT "ANZAHL";FF
144 IF FF<1 OR FF>9 THEN GOTO 141
145 PRINT"J"
150 PRINT"▮▮▮GIB DEN ARGUMENTBEREICH X3,X4 EIN"
155 INPUT "X3";X3
160 INPUT "X4";X4
165 IF X3>=X4 THEN GOTO 150        Eingabekontrolle
170 D=X4-X3
172 C1=2-X3*316/D
173 C1=INT(C1)
175 X1=2:X2=318
180 GOSUB 900  )
188 GOSUB 1270 )      Rechenprogramme
190 GOSUB 500  )
195 GOSUB 700  )
200 GOTO 2300   Rem: Endroutine.
300 REM DEF DER FUNKTIONEN
331 DEFFNA(X)=(SIN(X)+2*COS(3*X)/3-SIN(7*X)/7 +COS (11*X)/9)*5
332 DEFFNB(X)=X
333 DEFFNC(X)=(SQR(ABS(X))/(X*X+1) )*10
334 DEFFND(X)=(EXP(X)-X*X*X)/5
335 DEFFNE(X)=6*SIN(X)+COS(3*X)+SIN(6*X)/2
336 DEFFNF(X)=4.2
337 DEFFNK(X)=-4
338 DEFFNL(X)=-X
339 DEFFNM(X)=1/(X*X+1)
340 RETURN
450 REM ZEICHNEN
455 XB=INT(X/8):YB=INT(Y/8):X8=XAND7:Y8=Y AND 7
460 SP = 8192+320*YB+8*XB+Y8
470 W1=2↑(7-X8):W2=PEEK(SP):W=W1 OR W2
480 POKE SP,W
499 RETURN
500 REM KOORDINATENSYSTEM
503 IF C2<3 OR C2>197 THEN GOTO 540
510 FOR S=1 TO 319
520 X=S:Y=C2
525 GOSUB 450
535 NEXT S
540 IF C1<3 OR C1>317 THEN GOTO 570
545 FOR S=1 TO 199
550 X=C1:Y=S
555 GOSUB 450
560 NEXT S
570 RETURN
700 REM ZEICHNEN DER FUNKTIONEN
710 FOR J=1 TO FF
720 ON J GOTO 721,722,723,724,725,726,727,728,729
721 DEFFNG(X)=FNA(X):GOTO  730
722 DEFFNG(X)=FNB(X):GOTO  730
723 DEFFNG(X)=FNC(X):GOTO  730
724 DEFFNG(X)=FND(X):GOTO  730
725 DEFFNG(X)=FNE(X):GOTO  730
726 DEFFNG(X)=FNF(X):GOTO  730
727 DEFFNG(X)=FNK(X):GOTO  730
728 DEFFNG(X)=FNL(X):GOTO  730
729 DEFFNG(X)=FNM(X):GOTO  730
730 X1=2:X2=318
735 FOR S=2 TO 318
740 Z=X3+(S-2)*D/316
745 YY=FNG(Z)
750 X=S:Y=20 + (MA-FNG(Z))*160/DD
751 Y=INT(Y)
755 IF Y<5 OR Y>195 THEN GOTO 780
760 GOSUB 450
780 NEXT S
790 NEXT J
800 RETURN
```

```
900 REM AUTOMATISCHE JUSTIERUNG
905 FOR J=1 TO FF
910 ON J GOTO 921,922,923,924,925,926,927,928,929
921 DEFFNG(X)=FNA(X):GOTO 930
922 DEFFNG(X)=FNB(X):GOTO 930
923 DEFFNG(X)=FNC(X):GOTO 930
924 DEFFNG(X)=FND(X):GOTO 930
925 DEFFNG(X)=FNE(X):GOTO 930
926 DEFFNG(X)=FNF(X):GOTO 930
927 DEFFNG(X)=FNK(X):GOTO 930
928 DEFFNG(X)=FNL(X):GOTO 930
929 DEFFNG(X)=FNM(X):GOTO 930
930 I=0
932 FOR X=X3 TO X4 STEP D/9
935 F(I)=FNG(X)
940 I=I+1:NEXT X
945 GOSUB 1060
950 NEXT J
952 GOTO 980
980 MA=M(1):MI=N(1)
982 FOR J=2 TO FF
984 IF M(J)>MA THEN MA=M(J)
986 IF N(J)<MI THEN MI=N(J)
988 NEXT J
990 DD=MA-MI
992 IF DD=0 THEN DD=1:C2=100:GOTO 999
993 C2=20 + MA*160/DD
999 RETURN
1060 REM MAX,MIN
1062 M(J)=F(0):N(J)=F(0)
1064 FOR I=1 TO 9
1066 IF F(I)>M(J) THEN M(J)=F(I)
1068 IF F(I)<N(J) THEN N(J)=F(I)
1070 NEXT I
1072 RETURN
1260 GET J$:IF J$=""THEN GOTO 1260
1264 RETURN
1270 REM EINSCHALTEN DER GRAPHIK
1272 POKE 53265,59:POKE53272,25
1274 FOR V=1024 TO 2023:POKE V,7:NEXT V
1276 FOR T=8192 TO 16383:POKE T,0:NEXT T
1280 RETURN
2300 REM ENDROUTINE
2310 POKE 198,0:WAIT 198,1
2321 POKE 53265,27:POKE 53272,21
2336 END
2337 PRINTCHR$(16)
2340 POKE 53265,59:POKE 53272,25
2345 GOTO 2310
```

Bemerkungen.

1) Mit dem Listen der Zeilen 3oo-339 durch Zeile 128 bleibt das Programm stehen und muß durch GOTO 13o erneut gestartet werden . Dies ermöglicht ein Abändern der eingegebenen Funktionen während des Programmlaufs.
   Der Verfasser hatte keine Idee, wie sich dies besser verwirklichen läßt.
2) Wenn durch ein unglückliches Ereignis (z.B. Division durch Null) das Programm mit eingeschalteter hochauflösender Graphik stehenbleibt, kann man durch GOTO 2321 ("blind" eintippen) den "normalen" Bildschirm zurückgewinnen.
3) Das Beschriften der Koordinatenachsen ist eine heikle Sache, da der Zeichensatz nicht zur Verfügung steht.
4) Man wird feststellen, daß die Ausführung des Programms eine erhebliche Zeit beansprucht. Zur Beschleunigung ist es fast zwingend erforderlich, wenigstens für einige Programmteile (Löschen des Bildschirmspeichers und die Subroutine "Zeichnen, die Hunderte von Malen benutzt wird) Maschinensprache zu benutzen. Das entsprechend abgeänderte Programm wird im Anhang zu diesem Paragraphen gegeben. Die Koordinaten X,Y werden dem Maschinenprogramm "Zeichnen" über die Speicherzellen 78o, 781, 782 mitgeteilt, die beim SYS-Aufruf in den Akku, das X- und Y-Register des Prozessors übertragen werden.

Anwendungsbeispiele

1) Man gebe eine Funktion (etwa $f(x) = X*X$) ein und wähle das Intervall (x_3, x_4); die weiteren Funktionen seien die Geraden, die für $n = 1,2,\ldots,8$ die Punkte

$$(x_3, f(x_3)) \quad \text{und} \quad (y, f(y))$$

verbinden, wobei $y = x_3 + \frac{1}{n}\cdot(x_4 - x_3)$ ist, d.h. die Funktionen

$$f_n(x) = f(x_3) + \frac{x - x_3}{\frac{1}{n}\cdot(x_4 - x_3)} \cdot \left\{ f\left(x_3 + \frac{1}{n}\cdot(x_4 - x_3)\right) - f(x_3) \right\} .$$

Die graphische Darstellung sollte dann veranschaulichen, wie sich diese Sekanten der Tangente nähern.

2) Man sehe, wie die Partialsummen der Fourierreihe

$$\frac{\sin(x)}{1} + \frac{\sin(2x)}{2} + \frac{\sin(3x)}{3} + \ldots$$

die Funktion $g(x)$ annähern, wobei

$$g(x) = \frac{1}{2}(\pi - x) \quad \text{in} \quad 0 < x < 2\pi$$

ist und dann periodisch mit der Periode 2π fortgesetzt wird (Sägezahnkurve):

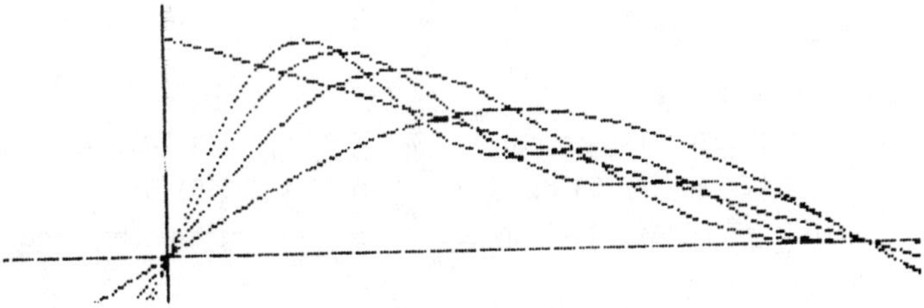

3) Der Beweis des Weierstraßschen Approximationssatzes beruht darauf, daß man die Funktion ABS(x) durch Polynome approximieren kann. Man untersuche am Bildschirm, daß die Polynome

$$P_k(x) = \sum_{k=1}^{n} b_{kn}\, x^{2k}$$

die Funktion ABS(x) im Intervall [-1,+1] approximieren; es gilt genauer (M.v.Golitschek)

$$\left| |x| - P_k(x) \right| \leq \frac{1}{\sqrt{n}} \quad \text{für} \quad -1 \leq x \leq 1 \quad .$$

Hierbei sind die Polynome $P_k(x)$ definiert durch

$$P_o(x) = 0$$
$$P_1(x) = + x^2$$
$$P_2(x) = \frac{3}{2} \cdot x^2 - \frac{1}{2} x^4$$
$$\ldots\ldots\ldots$$
$$P_n(x) = x - (2n-1)\, x^{2n} \int_x^1 t^{-1-2n} \left(t - P_{n-1}(t)\right) dt$$

(für $0 < x \leq 1$) .

Nachstehend wird das Programm "Darstellung von Funktionen in hochauflösender Graphik" nochmals gegeben, wobei die Subroutinen "Einschalten der Graphik" (Zeile 127o-128o)
und "Zeichnen" (Zeile 45o-499)
in Maschinensprache gegeben werden.

Die Befehle GOSUB 127o bzw. GOSUB 45o werden durch SYS 5o176 bzw. SYS 5o263 ersetzt.

Einige Bemerkungen:

1) Vor SYS 5o263 müssen durch POKE 782, Y, POKE 781, X and 255 und POKE 78o, X/256 die Werte X ($0 \leq X \leq 319$) und Y ($0 \leq Y \leq 199$) erst an das Maschinenprogramm übergeben werden.
2) Das Maschinenprogramm wird nach RUN durch die Zeilen 3 bis 1o aus den Datazeilen 5o-76 in die Speicherzellen 5o176 bis 5o441 gelesen. Wer einen Assembler besitzt, kann aus den Zeilen 3ooo ff direkt das Maschinenprogramm erzeugen (durch

Assemble 3ooo- und Assemble 35oo-).

3) Nach Einlesen des Maschinenprogramms kann das Programm "Darstellung von Kurven" durch GOTO 1oo gestartet werden.
4) Das Maschinenprogramm SYS 5o263 ließe sich noch verbessern (man vgl. die in [2o] und [85] gegebenen Maschinenprogramme).
5) Zur weiteren Abkürzung der Laufzeit des Programms braucht man nicht jeden Kurvenpunkt zu zeichnen; man könnte etwa in 167-169 eine Abfrage nach der Schrittweite SC (= 1,2,... oder 9) einbauen und Zeile 735 ersetzen durch

   ```
   735  FOR  S = 2 TO  318  STEP SC .
   ```

   Dann wird nur jeder SC-te Kurvenpunkt gezeichnet, was den Programmablauf erheblich beschleunigt, die Darstellung der Kurven aber nur wenig beeinträchtigt.
6) Das gegebene Programm ist bereits zu lange und erstreckt sich über die Speicherzelle 8192 hinaus, erscheint also als wirre Punktfolge links oben im Graphik-Bildschirm.
   Da wegen der Zeilen 3-76 das Assembler-Listing ab Zeile 3ooo völlig überflüssig ist, erhält man durch Streichen der Zeilen 3ooo-342o ein Programm, für dessen Speicherung die Speicherzellen 2o48-8191 des Rechners ausreichen[1].

Für diejenigen, die etwa in dem Buch [2o] oder einer anderen Einführung in Maschinensprache gelesen haben, einige kurze Anmerkungen zum Assembler-Programm:

3o12-3o4o ersetzen POKE 53 265,59 und POKE 53 272,25.

3o5o-318o ersetzt den Befehl in Zeile 1274

323o-336o ersetzen den Befehl 1276. Dabei wird die indirekt indizierte Addressierung verwendet mit den Speicherzellen $ 7o, $ 71 in der Zero-page. Vorsichtshalber wird deren Inhalt zu-

---

[1] Auch die Zeilen 45o-499 und 127o-128o werden in diesem Programm nicht angesprochen und könnten daher ausgemerzt werden.

vor in Zelle 2o45, 2o46 zwischengespeichert und am Ende wieder zurückgerufen (Zeile 319o-322o, Zeile 337o-34oo).

Die Programmzeilen 35oo-435o ersetzen die Zeile 45o-499. Die Hauptaufgabe ist die Berechnung der Addressen

SP = 8192 + 32o * YB + 8 * XB + Y8

mit YB = INT(Y/8), XB = INT(X/8), Y8 = Rest von Y bei Division durch 8.

351o-353o (bzw. 354o-356o) bilden X mod 8 (bzw. Y mod 8) und speichern dies in Zelle 2o24 (bzw. 2o25).

357o-361o bildet durch Rechtsverschieben (LSR) den Wert INT(Y/8) und speichert diesen in 2o27. Entsprechend wird in 362o-37oo INT(X/8) berechnet und in 2o26 gespeichert; hier tritt eine Komplikation auf, daß eventuell das Hi-Byte von X (wenn X > 255 ist) - das in 78o gespeichert ist, mit berücksichtigt werden muß.

371o-381o berechnen 2↑(7-X8) und speichern diesen Wert in 2o29.

382o-385o und 43oo-433o entsprechen den Zeilen 319o-322o, 337o-34oo.

In 386o-427o wird schließlich der Wert

8192 + 32o * YB + 8 * XB

ermittelt, dessen Hi-Byte in $ 71 und dessen Low-Byte in $ 7o abgespeichert sind. Die Multiplikation mit 32o erfolgt in der Gestalt 256 * YB + 64 * YB; 64 * YB wird durch fortgesetzte Verdoppelung erzeugt (Befehl ASL), wobei eventuelle Überträge im Carry-Flag berücksichtigt werden müssen. Wir verzichten auf eine nähere Beschreibung dieses Programmteils.

```
3 FOR X=50176 TO 50441
4 READ Q
5 POKE X,Q
10 NEXT
50 DATA 169, 59, 141, 17, 208, 169, 25, 141, 24, 208
51 DATA 162, 0, 169, 7, 157, 0, 4, 232, 208, 250
52 DATA 157, 0, 5, 232, 208, 250, 157, 0, 6, 232
53 DATA 208, 250, 157, 236, 6, 232, 208, 250, 165, 112
54 DATA 141, 253, 7, 165, 113, 141, 254, 7, 169, 0
55 DATA 133, 112, 169, 32, 133, 113, 162, 0, 169, 0
```

```
56 DATA 160, 0, 145, 112, 200, 208, 251, 230, 113, 232
57 DATA 224, 32, 144, 242, 173, 253, 7, 133, 112, 173
58 DATA 254, 7, 133, 113, 96, 0, 0, 138, 41, 7
59 DATA 141, 232, 7, 152, 41, 7, 141, 233, 7, 173
60 DATA 14, 3, 74, 74, 74, 141, 235, 7, 173, 13
61 DATA 3, 74, 74, 74, 174, 12, 3, 240, 3, 24
62 DATA 105, 32, 141, 234, 7, 169, 7, 56, 237, 232
63 DATA 7, 168, 169, 1, 140, 239, 7, 240, 5, 10
64 DATA 136, 76, 134, 196, 141, 237, 7, 165, 112, 141
65 DATA 253, 7, 165, 113, 141, 254, 7, 169, 0, 133
66 DATA 112, 169, 32, 24, 109, 235, 7, 133, 113, 173
67 DATA 234, 7, 10, 10, 10, 144, 2, 230, 113, 24
68 DATA 101, 112, 144, 2, 230, 113, 133, 112, 173, 235
69 DATA 7, 10, 10, 10, 162, 0, 142, 248, 7, 10
70 DATA 144, 5, 162, 1, 142, 248, 7, 234, 14, 248
71 DATA 7, 10, 144, 3, 238, 248, 7, 234, 14, 248
72 DATA 7, 10, 144, 3, 238, 248, 7, 24, 101, 112
73 DATA 144, 2, 230, 113, 133, 112, 173, 248, 7, 24
74 DATA 101, 113, 133, 113, 172, 233, 7, 177, 112, 13
75 DATA 237, 7, 145, 112, 173, 253, 7, 133, 112, 173
76 DATA 254, 7, 133, 113, 96, 191
100 REM LOS GEHTS
101 PRINT"⊐"
105 FOR T=1 TO 5 :PRINT"⊠":NEXT T
106 PRINT"       DARSTELLUNG VON FUNKTIONEN"
107 PRINT"⊠⊠":PRINT"     IN HOCHAUFLOESENDER GRAPHIK"
108 FOR T=1 TO 2000:NEXT
115 PRINT"⊐"
120 PRINT"⊠⊠IM VC 64 SIND DIE NACHSTEHEND GEGEBENEN"
122 PRINT"FUNKTIONEN GESPEICHERT"
125 PRINT"NACH EVENTUELLER ABAENDERUNG SETZE MAN":PRINT"MIT GOTO 130 FORT"
128 LIST 300-339
130 GOSUB 300
140 REM ABSZISSE
141 PRINT"⊠⊠⊠WIEVIELE FUNKTIONEN?"
142 PRINT"DEREN ANZAHL DARF HOECHSTENS 9 SEIN"
143 PRINT"⊠":INPUT "ANZAHL";FF
144 IF FF<1 OR FF>9 THEN GOTO 141
145 PRINT"⊐"
150 PRINT"⊠GIB DEN ARGUMENTBEREICH X3,X4 EIN"
155 INPUT "X3";X3
160 INPUT "X4";X4
165 IF X3>=X4 THEN GOTO 150
166 PRINT"GIB SCHRITTWEITE EIN...1,2,...5"
167 POKE 198,0:WAIT 198,1:GET SC
170 D=X4-X3
172 C1=2-X3*316/D
173 C1=INT(C1)
175 X1=2:X2=318
180 GOSUB 900
188 SYS 50176
190 GOSUB 500
195 GOSUB 700
200 GOTO 2300
300 REM DEF DER FUNKTIONEN
331 DEFFNA(X)=(π-X)/2
332 DEFFNB(X)=SIN(X)
333 DEFFNC(X)=SIN(X)+SIN(2*X)/2
334 DEFFND(X)=SIN(X)+(SIN(3*X)/3)+SIN(2*X)/2
335 DEFFNE(X)=FND(X)+(SIN(4*X))/4
336 DEFFNF(X)=FNE(X)+SIN(5*X)/5
337 DEFFNK(X)=-4
338 DEFFNL(X)=-X
339 DEFFNM(X)=1/(X*X+1)
340 RETURN
450 REM ZEICHNEN
455 XB=INT(X/8):YB=INT(Y/8):X8=XAND7:Y8=Y AND 7
460 SP = 8192+320*YB+8*XB+Y8
470 W1=2↑(7-X8):W2=PEEK(SP):W=W1 OR W2
480 POKE SP,W
499 RETURN
```

```
500 REM KOORDINATENSYSTEM
503 IF C2<3 OR C2>197 THEN GOTO 540
510 FOR S=1 TO 319
520 X=S:Y=C2
525 POKE 782,Y:POKE 781,X AND 255:POKE 780,0:IF X>255 THEN POKE 780,1
526 SYS 50263
535 NEXT S
540 IF C1<3 OR C1>317 THEN GOTO 570
545 FOR S=1 TO 199
550 X=C1:Y=S
555 POKE 782,Y:POKE 781,X AND 255:POKE 780,0:IF X>255 THEN POKE 780,1
556 SYS 50263
560 NEXT S
570 RETURN
700 REM ZEICHNEN DER FUNKTIONEN
710 FOR J=1 TO FF
720 ON J GOTO 721,722,723,724,725,726,727,728,729
721 DEFFNG(X)=FNA(X):GOTO  730
722 DEFFNG(X)=FNB(X):GOTO  730
723 DEFFNG(X)=FNC(X):GOTO  730
724 DEFFNG(X)=FND(X):GOTO  730
725 DEFFNG(X)=FNE(X):GOTO  730
726 DEFFNG(X)=FNF(X):GOTO  730
727 DEFFNG(X)=FNK(X):GOTO  730
728 DEFFNG(X)=FNL(X):GOTO  730
729 DEFFNG(X)=FNM(X):GOTO  730
730 X1=2:X2=318
735 FOR S=2 TO 318 STEP SC
740 Z=X3+(S-2)*D/316
745 YY=FNG(Z)
750 X=S:Y=20 + (MA-FNG(Z))*160/DD
751 Y=INT(Y)
755 IF Y<5 OR Y>195 THEN GOTO 780
760 POKE 782,Y:POKE 781,X AND 255:POKE 780,0:IF X>255 THEN POKE 780,1
761 SYS 50263
780 NEXT S
790 NEXT J
800 RETURN
900 REM AUTOMATISCHE JUSTIERUNG
905 FOR J=1 TO FF
910 ON J GOTO 921,922,923,924,925,926,927,928,929
921 DEFFNG(X)=FNA(X):GOTO 930
922 DEFFNG(X)=FNB(X):GOTO 930
923 DEFFNG(X)=FNC(X):GOTO 930
924 DEFFNG(X)=FND(X):GOTO 930
925 DEFFNG(X)=FNE(X):GOTO 930
926 DEFFNG(X)=FNF(X):GOTO 930
927 DEFFNG(X)=FNK(X):GOTO 930
928 DEFFNG(X)=FNL(X):GOTO 930
929 DEFFNG(X)=FNM(X):GOTO 930
930 I=0
932 FOR X=X3 TO X4 STEP D/9
935 F(I)=FNG(X)
940 I=I+1:NEXT X
945 GOSUB 1060
950 NEXT J
952 GOTO 980
980 MA=M(1):MI=N(1)
982 FOR J=2 TO FF
984 IF M(J)>MA THEN MA=M(J)
986 IF N(J)<MI THEN MI=N(J)
988 NEXT J
990 DD=MA-MI
992 IF DD=0 THEN DD=1:C2=100:GOTO 999
993 C2=20 + MA*160/DD
999 RETURN
1060 REM MAX,MIN
1062 M(J)=F(0):N(J)=F(0)
1064 FOR I=1 TO 9
1066 IF F(I)>M(J) THEN M(J)=F(I)
1068 IF F(I)<N(J) THEN N(J)=F(I)
1070 NEXT I
1072 RETURN
```

```
1260 GET J$:IF J$=""THEN GOTO 1260
1264 RETURN
1270 REM EINSCHALTEN DER GRAPHIK
1272 POKE 53265,59:POKE53272,25
1274 FOR V=1024 TO 2023:POKE V,7:NEXT V
1276 FOR T=8192 TO 16383:POKE T,0:NEXT T
1280 RETURN
2300 REM ENDROUTINE
2310 POKE 198,0:WAIT 198,1
2321 POKE 53265,27:POKE 53272,21
2330 PRINT"J"
2336 END
3500 *= $C457
3510 TXA
3520 AND #7
3530 STA 2024
3540 TYA
3550 AND #7
3560 STA 2025
3570 LDA 782
3580 LSR A
3590 LSR A
3600 LSR A
3610 STA 2027
3620 LDA 781
3630 LSR A
3640 LSR A
3650 LSR A
3660 LDX 780
3670 BEQ GUT
3680 CLC
3690 ADC #32
3700 GUT STA 2026
3710 LDA #7
3720 SEC
3730 SBC 2024
3740 TAY
3750 LDA #1
3760 VORN STY 2031
3770 BEQ GUT2
3780 ASL A
3790 DEY
3800 JMP VORN
3810 GUT2 STA 2029
3820 LDA $70
3830 STA 2045
3840 LDA $71
3850 STA 2046
3860 LDA #<8192
3870 STA $70
3880 LDA #>8192
3890 CLC
3895 ADC 2027
3900 STA $71
3910 LDA 2026
3920 ASL A
3930 ASL A
3940 ASL A
3950 BCC OHNE
3960 INC $71
3970 OHNE CLC
3980 ADC $70
3990 BCC UHNE
4000 INC $71
4010 UHNE STA $70
4020 LDA 2027
4030 ASL A
4040 ASL A
4050 ASL A
4055 LDX #0
4057 STX 2040
4060 ASL A
4072 BCC HUTAA
4080 LDX #1
4085 STX 2040
4092 HUTAA NOP
4095 ASL 2040
4100 ASL A
4110 BCC GUTB2
4120 INC 2040
4130 GUTB2 NOP
4132 ASL 2040
4140 ASL A
4150 BCC GUTC3
4160 INC 2040
4170 GUTC3 CLC
4180 ADC $70
4190 BCC GUTD4
4200 INC $71
4210 GUTD4 STA $70
4220 LDA 2040
4230 CLC
4240 ADC $71
4250 STA $71
4260 LDY 2025
4270 LDA ($70),Y
4280 ORA 2029
4290 STA ($70),Y
4300 LDA 2045
4310 STA $70
4320 LDA 2046
4330 STA $71
4340 RTS
4350 END
```

Beispiel zum GIBBS'schen Phänomen: Approximation von $(\pi-X)/2$ durch $\sum_{1}^{K}$ sin(kX)/k für K = 5 bzw. K = 10.

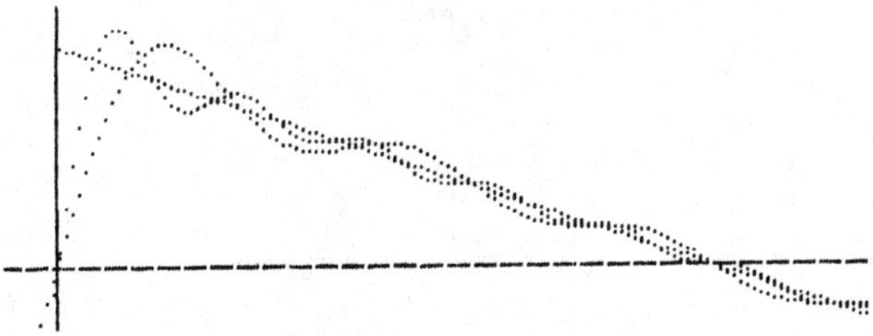

Der Ausdruck des Inhaltes des Bildschirmspeichers mit einem Commodore Matrix-Drucker MPS 801 erfolgt mit dem untenstehend ohne Kommentar gegebenen Programm; dieses hat auch die folgende gedämpfte Schwingung $f(x) = \sin x \cdot \exp(-\sqrt{x})$ gezeichnet.

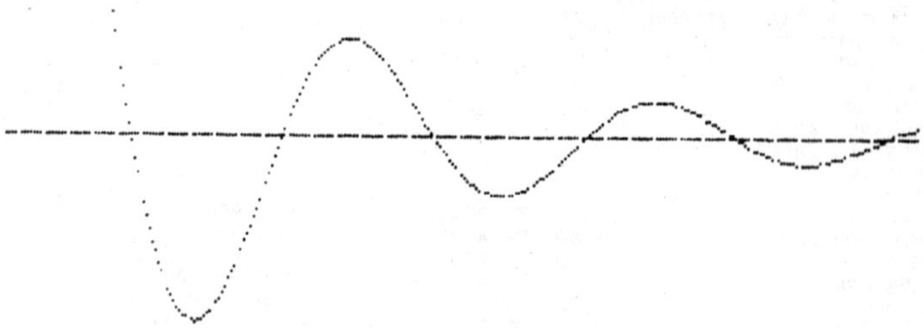

```
5 OPEN3,4
10 PRINT#3,CHR$(8)
20 FOR ZE=0 TO 27
30 FOR SE=0 TO 11
32 A$="":B$="":C$="":D$=""
35 FOR J=1 TO 6
40 GOSUB 400
55 NEXT J
60 PRINT#3,A$B$C$D$;
70 NEXT SE
80 SE=12:A$="":B$="":C$="":D$=""
85 FOR J=1 TO 6
90 GOSUB 400
95 NEXT J
100 PRINT#3,A$B$C$D$
120 NEXT ZE
150 PRINT#3,CHR$(15)
180 CLOSE 3,4
200 END
```

```
400 REM
415 R1=0:R2=0:R3=0:R4=0
420 FOR ZI= 7*ZE+2 TO 7*ZE+8
422 K=ZI-7*ZE-2:KK=2↑K
425 SP=8192+INT(ZI/8)*320+24*SE+(ZI AND 7)
430 R=PEEK(SP)AND(2↑(8-J))
440 IF R>0 THEN R=KK
450 R1=R1+R
520 IF J<3 THEN R=PEEK(SP)AND(2↑(2-J))
530 IF J>2 THEN R=PEEK(SP+8)AND(2↑(10-J))
540 IF R>0 THEN R=KK
550 R2=R2+R
620 IF J<5 THEN R=PEEK(SP+8)AND(2↑(4-J))
630 IF J>4 THEN R=PEEK(SP+16)AND(2↑(12-J))
640 IF R>0 THEN R=KK
650 R3=R3+R
720 R=PEEK(SP+16)AND(2↑(6-J))
740 IF R>0 THEN R=KK
750 R4=R4+R
760 NEXT ZI
761 R1=R1+128
762 A$=A$+CHR$(R1)
763 R2=R2+128
764 B$=B$+CHR$(R2)
765 R3=R3+128
766 C$=C$+CHR$(R3)
768 R4=R4+128
770 D$=D$+CHR$(R4)
800 RETURN
```

28. BERECHNUNG DER ZAHL π

Die Berechnung von $\pi = 3.14159\ 26535\ 89793\ 23846 \ldots$ ist mit vielen verschiedenen Verfahren möglich; einige wurden hier schon zumindest erwähnt, z.B. kann π berechnet werden

- als Nullstelle von $\sin(x)$ zwischen 3 und 4
- als Integralwert $4 \cdot \int_0^1 (1+x^2)^{-1} dx$
- als Integralwert $4 \cdot \int_0^1 \sqrt{1-x^2}\ dx$
- aus $\pi^4 = 90 \cdot \sum_{n=1}^{\infty} n^{-4}$ oder aus $\pi^6 = 945 \cdot \sum_{n=1}^{\infty} n^{-6}$.

Eine weitere Möglichkeit bietet die für $|x| \leq 1$ konvergente Arcus-Tangens-Reihe[1)]

$$\text{arctg } x = x - \frac{x^3}{3} + \frac{x^5}{5} - + \ldots \tag{1}$$

$$= \sum_{n=0}^{\infty} (-1)^n \cdot \frac{x^{2n+1}}{2n+1} ,$$

die man aus der Taylorschen Formel oder noch einfacher durch gliedweise Integration von

$$(1 + x^2)^{-1} = 1 - x^2 + x^4 - x^6 + - \ldots$$

erhält. Nun ist zwar $\text{arctg } 1 = \frac{\pi}{4}$, die Reihe (1) ist jedoch für $x = 1$ viel zu langsam konvergent[2)].

---

1) Man sehe hierzu Mangoldt-Knopp [67] .

2) Man erhält die sogenannte Leibniz'sche Reihe

$$\frac{\pi}{4} = 1 - \frac{1}{3} + \frac{1}{5} - \frac{1}{7} + - \ldots .$$

Dies läßt sich umgehen, wenn man das Additionstheorem der Funktion arctg heranzieht:

(2) $$\operatorname{arctg} x + \operatorname{arctg} y = \operatorname{arctg} \left(\frac{x + y}{1 - xy}\right) .$$

Mit $x = \frac{1}{2}$, $y = \frac{1}{3}$ erhält man

(3) $$\frac{\pi}{4} = \operatorname{arctg} \frac{1}{2} + \operatorname{arctg} \frac{1}{3}$$

und damit schon zwei recht gut konvergente Reihen.

Da für $0 < x < 1$ die Reihe (1) "alternierend" ist, ist der Fehler F_N bei Abbruch nach dem N-ten Term höchstens gleich dem nächsten vernachlässigtem Term, d.h.

$$F_N = \left| \operatorname{arctg} x - \sum_{n=o}^{N} (-1)^n \cdot \frac{x^{2n+1}}{2n+1} \right| \leq \frac{x^{2N+3}}{2N+3} .$$

Bei $x = \frac{1}{2}$ ist also $|F_N| \leq 1o^{-K}$ bereits für $N > K \cdot \frac{\log 1o}{2 \log 2}$ verwirklicht.

Das Verfahren läßt sich iterieren:

mit $x = \frac{1}{7}$, $y = \frac{1}{3}$ wird $\frac{x+y}{1-xy} = \frac{1}{2}$, also

(4) $$\frac{\pi}{4} = 2 \cdot \operatorname{arctg} \frac{1}{3} + \operatorname{arctg} \frac{1}{7} .$$

Weiter fortgesetzt folgt

(5) $$\frac{\pi}{4} = 2 \cdot \operatorname{arctg} \frac{2}{11} + 3 \cdot \operatorname{arctg} \frac{1}{7} .$$

Ein Programm, das $\frac{\pi}{4}$ gemäß Formel (4) berechnet, ist am Ende dieses Paragraphen aufgeschrieben.

Mit einer sehr raschen Methode von E.Salamin [99] wurden von Y.Tamura und Y.Kanada 2^{23} Dezimalstellen von π berechnet.

J.M.Borwein und P.B.Borwein [9] schlagen folgendes Verfahren vor:

Mit $\pi_o = 2 + \sqrt{2}$, $x_o = \sqrt{2}$, $y_1 = \sqrt[4]{2}$

berechne man

$$x_{n+1} = \frac{1}{2}\left(\sqrt{x_n} + \frac{1}{\sqrt{x_n}}\right) \qquad (n \geq 0) \;,$$

$$y_{n+1} = \left(y_n \cdot \sqrt{x_n} + \frac{1}{\sqrt{x_n}}\right) \Big/ (y_n + 1) \qquad (\;\geq 1) \;,$$

und

$$\pi_n = \left\{ (x_n+1) \;/\; (y_n+1) \right\} \cdot \pi_{n-1} \qquad (n \geq 1) \;.$$

Dann fällt π_n monoton gegen π, und es gilt die Fehlerabschätzung

$$\left| \pi_n - \pi \right| \leq 10^{-2^{n+1}} \quad .$$

Um diesen Algorithmus ausnützen zu können, muß man freilich mit hoher Stellenzahl (nicht nur mit 8 oder 9 Dezimalstellen) rechnen können.

```
5 PRINT"ZUR BERECHNUNG VON PI"
7 PRINT"METHODE 1: ARCUSTANGENS-REIHE"
10 X=1/3:SU=0:GOSUB 200
20 E=SU
25 X=1/7:SU=0:GOSUB 200
30 PI=8*E+4*SU
40 PRINTPI
50 PRINT"METHODE 2 (BORWEIN)"
60 X=SQR(2):Y=SQR(X):P=2+X:Z=0:PRINTP
70 X=(SQR(X)+1/SQR(X))/2:P=P*(X+1)/(Y+1):Z=Z+1
80 PRINT Z;X;Y:PRINTP
90 Y=(Y*SQR(X)+1/SQR(X))/(Y+1)
100 IF Z<5 THEN 70
110 END
200 REM ARCTG-REIHE
210 R=X:K=1
220 SU=SU+R:K=K+2
230 B=R*X*X:R=B*(K-2)/K:R=-R
240 IF ABS(R)<1E-13 THEN 280
260 GOTO 220
280 RETURN
```

```
zur berechnung von pi
methode 1: arcustangens-reihe
 3.14159266
METHODE 2 (BORWEIN)
 1  1.01505177  1.18920712
 3.14260675
 2  1.0000279  1.0006735
 3.14159266
 3  1  1.00000001
 3.14159266
 4  1  1
 3.14159266
```

ÜBUNGEN

1) Man ändere das Programm so ab, daß π mit Formel (3) bzw. mit Formel (5) berechnet wird.
2) Man benütze doppelt-genaue Multiplikation, (die in § 5 behandelt wurde) und eine Abänderung des Divisionsverfahrens, um π mit Formel (4) auf 16 Nachkommastellen zu berechnen.

29. ZUR BERECHNUNG DES INTEGRALLOGARITHMUS

C.F.Gauß hat vermutet, daß die Anzahl $\pi(x)$ der Primzahlen $\leq x$ asymptotisch gleich dem durch folgendes Integral

(1) $$\mathrm{li}\, x = \mathrm{li}\, e + \int_{e}^{x} \frac{dt}{\log t}$$

definierten Integrallogarithmus ist; dabei ist

(2) $$\mathrm{li}\, e = \lim_{\varepsilon \to 0} \int_{0}^{1-\varepsilon} \frac{dt}{\log t} + \int_{1+\varepsilon}^{e} \frac{dt}{\log t}$$
$$= 1.895\ 117\ 816\ 355 \ldots \ldots .$$

Der Primzahlsatz[1] besagt, daß

(3) $$\pi(x) = \mathrm{li} x + R(x)$$

ist, wobei der Fehlerterm $R(x)$ nicht zu groß wird; z.B. gibt es eine Konstante C, so daß stets

$$|R(x)| \leq C \cdot x \cdot \exp\left(-\frac{1}{200}\sqrt{\log x}\right)$$

ist.

Nachdem wir mit dem Sieb des Eratosthenes ein Verfahren in der Hand haben, $\pi(x)$ zu bestimmen, sollte man auch die approximierende Funktion lix bestimmen. Das Integral in (1) ist jedoch

---

[1] Erstmalig wurde dieser von de la Vallée-Poussin und Hadamard im Jahre 1896 bewiesen. Man vgl. etwa [90], [106] oder [107].

nicht durch die geläufigen elementaren Funktionen (wie exp, sin, etc.) ausdrückbar. Auch geläufige Methoden der numerischen Integration (Kepler'sche Faßregel etc.) führen für große x zu erheblichem Rechenaufwand.

Eine für $x > e$ brauchbare Methode benützt - nach geeigneter Substitution[1] - die Reihenentwicklung des Integranden:

$$\int_e^x \frac{dt}{\log t} = \int_1^{\log x} e^v \cdot \frac{dv}{v} = \int_1^{\log x} \sum_{k=0}^{\infty} \frac{1}{k!} \cdot v^k \cdot \frac{dv}{v} .$$

Wegen der gleichmäßigen Konvergenz der Reihe unter dem Integralzeichen (in $1 \leq v \leq \log x$) ist gliedweise Integration erlaubt, und man erhält

$$\int_e^x \frac{dt}{\log t} = \log\log x + \sum_{k=1}^{\infty} \int_1^{\log x} \frac{v^{k-1}}{k!}\, dv$$

$$= \log\log x + \sum_{k=1}^{\infty} \frac{(\log x)^k - 1}{k \cdot k!} .$$

Somit wird

(4) $$\mathrm{li}\, x = \mathcal{C} + \log\log x + \sum_{k=1}^{\infty} \frac{(\log x)^k}{k\, k!}$$

mit der Konstanten[2]

(5) $$\mathcal{C} = \mathrm{li}\, e - \sum_{k=1}^{\infty} \frac{1}{k \cdot k!} = 0.577\,215\,664\,9o. \ldots$$

---

[1] Setze $v = \log t$. Mit $e = \exp(1)$ wird die Zahl $e = 2.718\,28. \ldots$ bezeichnet. log bezeichnet stets den Logarithmus zur Basis e.

[2] Euler's Konstante $\mathcal{C}$ wird in [47] auf 1271 Dezimalstellen gegeben. Man vgl. auch [113] .

Wegen

$$\int_0^1 (e^v-1)\frac{dv}{v} = \sum_{k=1}^{\infty} \frac{1}{k\cdot k!}$$

ist leicht nachzuprüfen, daß

$$\mathcal{C} = \int_{-\infty}^{-1} e^v \cdot \frac{dv}{v} + \int_{-1}^{0} (e^v-1)\cdot\frac{dv}{v} = \int_0^1 (1-e^{-t})\frac{dt}{t} - \int_1^{\infty} e^{-t}\cdot\frac{dt}{t}$$

ist. Wir nehmen den Wert der Euler'schen Konstanten hier als gegeben an und berechnen lix mit Hilfe von Formel (4); § 41 wird sich mit der Berechnung von $\mathcal{C}$ befassen.

Die Reihe muß soweit aufsummiert werden, bis der Reihenrest

$$R_K = \sum_{k=K}^{\infty} \frac{(\log x)^k}{k\cdot k!}$$

genügend klein ist. Zur Abschätzung von R_K gehen wir so vor: Offenbar ist

$$R_K \le \frac{(\log x)^K}{K\cdot K!}\cdot\left\{1 + \frac{\log x}{K} + \frac{(\log x)^2}{K^2} + \ldots\right\},$$

denn der Summationsindex k ist stets $\ge K$: Die geometrische Reihe in $\{\ldots\}$ wird aufsummiert, und man erhält

$$(6) \qquad R_K \le \frac{(\log x)^K}{K\cdot K!}\cdot\frac{1}{1-(\log x/K)} \le 5\cdot\frac{(\log x)^K}{K\cdot K!},$$

wenn

$$(7) \qquad \log x \le \frac{4}{5}\cdot K$$

ist. Der Fehler, der durch Weglassen des Reihenrestes $\sum_{k=K}^{\infty}\ldots$ entsteht, ist also höchstens 5 mal dem ersten nicht berücksichtigten Term, wenn die Bedingung (7) erfüllt ist.

Um li(x) zu berechnen, verwenden wir Formel (4) und stoppen die Rechnung, wenn der nächste Term der unendlichen Reihe kleiner als 10^{-5} ist; in dem uns interessierenden Bereich $(10 \le x \le 10^{12})$

ist dann auch (7) erfüllt (vgl. Übungsaufgabe 1).

Die Berechnung erfolgt, indem wir jeweils aus einem Reihenterm

$$B_k = \frac{1}{k} \cdot \frac{1}{k!} \cdot (\log x)^k$$

den nächsten (hier mit B_{k+1} bezeichnet, im Programm mit B) durch

$$(8) \qquad B_{k+1} = \frac{1}{k+1} \cdot k \cdot \frac{1}{k+1} \cdot \log x \cdot B_k$$

berechnen und zur bisherigen Summe S hinzuaddieren.

Das fertige Programm kann dann folgendermaßen aussehen:

```
1 PRINT"▯▩▩▩▶▶▶▶▶▶▶▶INTEGRALLOGARITHMUS":PRINT"▩"
2 PRINT"DIE WERTE VON LI WERDEN IM ABSTAND VON"
3 PRINT"JE 100 VON AN*100▶▯BIS N*100"
4 PRINT"BERECHNET.":PRINT"▩▩"
5 INPUT "ANFANGSINDEX AN";AN
6 INPUT "SCHRANKE N";N:PRINT
10 FOR Y=AN TO N
20 C=0.57721:X=100*Y:A=LOG(X)
25 S=C+A+LOG(A)
27 B=A
30 FOR K=2 TO 100
35 D=A*B/K
40 B=D*(K-1)/K
45 S=S+B
50 IF B<0.00001 THEN 100
60 NEXT K
100 S=INT(S*100)/100
105 PRINT"LI("X")="S
200 NEXT Y
```

Bemerkung 1.

Dieses Programm berechnet viele Werte von li(X), nämlich nach Eingabe von AN und N für

$$X = 100 \cdot AN, \quad 100 \cdot (AN+1), \quad 100 \cdot (AN+2), \ \ldots \ \text{bis} \ 100 \cdot N .$$

Bemerkung 2.

Die Ausgabe von S wird durch Zeile 1o auf 2 Nachkomma-Stellen abgeschnitten.

Bemerkung 3.

Das Programm arbeitet ungeschickt. Um Rundungsfehler klein zu halten, sollte die Summation mit den kleinsten Termen begonnen werden; es wäre allerdings aufwendig, diese Bemerkung im Programm für die Berechnung von li(x) auszunützen.

ÜBUNGEN

1) Man baue in das Programm eine Abfrage ein, die prüft, ob Bedingung (7) erfüllt ist.
2) Man versuche, die angeführte Bemerkung im Programm zu verwirklichen. Die Terme $(\log x)^k/(k \cdot k!)$ der unendlichen Reihe sind ungefähr bei $k \sim \log x$ maximal.

3o. DIE TAYLOR'SCHE FORMEL

Für Funktionen f, die im betrachteten Intervall genügend oft stetig differenzierbar sind, gilt die Taylor'sche Formel[1)2)]

(1) $$f(x) = \sum_{n=0}^{N} \frac{1}{n!} \cdot f^{(n)}(x_o) \cdot (x-x_o)^n + R_N ,$$

wobei das Restglied R_N in verschiedener Form gegeben werden kann; z.B. ist (Lagrange'sches Restglied)

(2) $$R_N = \frac{1}{(N+1)!} \cdot f^{(N+1)}(\xi) \cdot (x-x_o)^{N+1}$$

für ein geeignetes ξ zwischen x_o und x (d.h. es ist $\xi = x_o + \theta(x-x_o)$ mit einem θ zwischen 0 und 1). Eine andere Form des Restglieds ist

(3) $$R_N = \frac{1}{N!} \cdot \int_{x_o}^{x} f^{(N+1)}(t) \cdot (x-t)^N \, dt .$$

Die Taylor'sche Formel kann durch N+1 partielle Integrationen, vom Restglied in der Gestalt (3) ausgehend, bewiesen werden. Eine zweite Beweismöglichkeit gründet sich auf die Tatsache, daß die Taylor'sche Formel eine Verallgemeinerung des Mittelwertsatzes

---

1) Man sehe z.B. Forster [24] , Heuser [37] , Erwe [21] , Barner-Flohr [5] oder andere Lehrbücher der Differential- und Integralrechung.

2) $$f^{(o)}(x) = f(x), \quad f^{(1)}(x) = f'(x), \ldots \text{ etc.}$$

der Differentialrechnung ist.

Die Wichtigkeit der Taylor'schen Formel beruht darauf, daß (komplizierte) Funktionen f durch ein Polynom N-ten Grades approximiert werden können; der dabei entstehende Fehler R_N kann mit Hilfe von (2) oder (3) oft gut abgeschätzt werden. Damit haben wir die Möglichkeit, gegebene Funktionen numerisch auf eine vorgegebene Anzahl von Dezimalstellen berechnen zu können.

Wir geben - ohne diese Einzelheiten auszuführen - Beispiele, die die Anwendungsmöglichkeiten der Taylor'schen Formel illustrieren.

A. Zur Berechnung von π

Die harmonischen Reihen $S_{2k} = \sum_{n=1}^{\infty} n^{-2k}$ kann der Rechner in der Gestalt $S_{2k} = 1 + S_{2k}'$ recht genau liefern; die Ausführung der Addition der 1 zu S_{2k}' reduziert die Genauigkeit. z.B. ist (vgl. § 4o)

$$S_8 = 1 + 0.004\,077\,356\,18 \ .$$

Die Zahl π errechnet sich aus

$$\pi = \left(\frac{315}{|B_8|} \cdot S_8\right)^{1/8} = (9450 \cdot S_8)^{1/8} \ .$$

Um die Genauigkeit bei der Berechnung von S_8 zu retten, schreiben wir

$$\pi = \left(1o^4 \cdot \left(1 - \frac{55o}{1o^4}\right) \cdot (1 + S_8')\right)^{1/8}$$

$$= \sqrt{1o} \cdot (1 - o.o55)^{1/8} \cdot (1 + S_8')^{1/8} \ .$$

Zur Berechnung der 8-ten Wurzeln verwenden wir die Taylorentwicklung von $f(x) = (1+x)^{1/8}$ an der Stelle $x_o = 0$. Die (n+1)-te Ableitung dieser Funktion läßt sich leicht berechnen:

$$f^{(n+1)}(x) = \frac{1}{8} \cdot \left(-\frac{7}{8}\right) \cdot \left(-\frac{15}{8}\right) \dots \left(\frac{1-8n}{8}\right) \cdot (1+x)^{(-7-8n)/8} \ .$$

Somit ist für $x \geq 0$ und $n \geq 1$

$$\left| f^{(n+1)}(x) \right| \leq \frac{1}{8} \cdot n! ,$$

und das Restglied (in der Gestalt (2)) wird

$$\text{(4)} \qquad |R_N| \leq \frac{1}{8 \cdot (N+1)} \cdot x^{N+1} .$$

Für $|X| < 1o^{-2}$ genügt also $N = 5$, um eine Genauigkeit $< 1o^{-13}$ zu erreichen, für $X < o.o6$ braucht man für dieselbe Genauigkeitsschranke höchstens $N = 8$ Terme der Taylorentwicklung. $\sqrt{1o}$ kann als $3 \cdot \sqrt{1 + \frac{1}{9}}$ ebenfalls mit Hilfe der Taylorentwicklung recht genau bestimmt werden.

Schließlich müssen die erhaltenen Ergebnisse mit Hilfe des Programms aus § 5 miteinander multipliziert werden.

B. Berechnung von Integralen.

Sei das Integral

$$I = \int_{o}^{B} \sqrt{x} \cdot e^{x} \, dx ,$$

wobei $B > 0$ gegeben ist, vorgelegt. Dieses Integral ließe sich bei gegebenem B mit Hilfe der Kepler'schen Faßregel numerisch berechnen. Eine andere Möglichkeit gibt die Taylorentwicklung für die Exponentialfunktion

$$I = \int_{o}^{B} \sqrt{x} \cdot \left(\sum_{n=0}^{N} \frac{1}{n!} \cdot x^{n} + R_N \right) dx$$

$$\text{(5)} \qquad = \sum_{n=0}^{N} \frac{1}{n!} \int_{o}^{B} x^{n+\frac{1}{2}} \, dx + \text{Rest}$$

$$= \sum_{n=0}^{N} \frac{1}{n!} \cdot \frac{1}{n + \frac{3}{2}} \cdot B^{n+\frac{3}{2}} + \text{Rest} ,$$

wobei der Rest (mit Formel (2))

$$|\text{Rest}| \leq \int_o^B \sqrt{x} \cdot \frac{1}{(N+1)!} \cdot e^B \cdot x^{N+1}\, dx$$

ist (wir haben hierbei e^{ξ} durch den maximal möglichen Wert e^B abgeschätzt). Somit wird

$$|\text{Rest}| \leq \frac{1}{(N+1)\cdot(N+1)!} \cdot B^{N+1+3/2} \cdot e^B \quad ,$$

und bei gegebener Fehlerschranke und gegebenem B können wir den Rechner veranlassen, ein N zu bestimmen, für welches der Rest kleiner als diese Fehlerschranke wird.

Das Integral kann dann aus (5) ermittelt werden.

ÜBUNGEN

1) Man bestimme

$$\int_o^x e^{-t^2}\, dt \qquad \text{für einige Werte von } x.$$

2) Man bestimme $\sqrt{2}$ auf "viele" Dezimalen auf folgendem Wege:
Man schreibe

$$\sqrt{2} = \sqrt{2.25 - o.25} = \frac{3}{2} \cdot \left(1 - \frac{1}{9}\right)^{1/2}$$

und verwende die Taylorentwicklung von $(1-x)^{1/2}$.

VI. ZAHLENTHEORIE (II)

In diesem Abschnitt werden gewisse Vorkenntnisse aus der elementaren Zahlentheorie vorausgesetzt. Eventuelle Lücken auf diesem Gebiet können bei Bedarf mit Hilfe von [3], [33], [34], [4o], [55], [1o3], [1o9] oder [121] geschlossen werden.

Dieser Abschnitt befaßt sich mit Fragestellungen, die durch das Codierungsverfahren von Rivest, Adleman und Shamir aktuell geworden sind: Wie kann man erkennen, ob eine (große) Zahl eine Primzahl ist oder nicht, wie kann man große Zahlen faktorisieren.

Weiterhin wird in diesem Abschnitt das Rechnen in Restklassenringen und die Bestimmung primitiver Kongruenzwurzeln behandelt.

Viele interessante Fragestellungen der Zahlentheorie finden sich (auf verschiedenem Niveau) in Guy [28], Malm [66] und in Schroeder [1o4].

31. RECHNEN IM RESTKLASSENRING MODULO N

Ist eine natürliche Zahl N gegeben, so heißen zwei ganze Zahlen a, b kongruent modulo N,

$$a \equiv b \bmod N$$

wenn a - b durch N teilbar ist. Faßt man die zu a kongruenten Zahlen in einer "Restklasse"

$$\bar{a} = \{ b \in Z, \quad b \equiv a \bmod N \}$$

zusammen, so läßt sich mit Restklassen rechnen:

Summe (Differenz, Produkt) zweier Restklassen $\bar{a}, \bar{b}$ erhält man so:

Man wählt aus $\bar{a}$ einen "Repräsentanten" α (d.h. eine ganze Zahl α, die in $\bar{a}$ liegt), ebenso aus $\bar{b}$ einen Repräsentanten β, und bildet die Restklasse von $\alpha + \beta$ (bzw. $\alpha - \beta$ bzw. $\alpha \cdot \beta$):

$$\bar{a} + \bar{b} = (\alpha + \beta)^-,$$

$$\bar{a} - \bar{b} = (\alpha - \beta)^-, \quad (1)$$

$$\bar{a} \cdot \bar{b} = (\alpha \cdot \beta)^- .$$

Man kann (und muß) beweisen, daß diese Definition von Addition, Subtraktion, Multiplikation von der Auswahl des Repräsentanten unabhängig ist, und man kann zeigen, daß die Restklassen mit der in (1) erklärten Addition und Multiplikation einen kommutativen Ring mit Einselement bilden, den sogenannten Restklassenring **Z/NZ**. Die Division ist nicht immer ausführbar: $\bar{b}/\bar{a}$ wird erklärt als diejenige Restklasse $\bar{x}$, die die Gleichung

$$\bar{a} \cdot \bar{x} = \bar{b} \quad (2)$$

erfüllt; ist ξ ein Repräsentant der Restklasse $\bar{x}$, so muß also

$$\alpha \cdot \xi \text{ in } b \text{ liegen,}$$

d.h.

$$\alpha \cdot \xi \equiv b \bmod N \tag{3}$$

sein. Die Lösung der Kongruenz (3) wurde schon behandelt (§ 18).

Um im Restklassenring **Z/NZ** zu rechnen, repräsentieren wir jede Restklasse $\bar{a}$ durch das kleinste nichtnegative Element dieser Restklasse; die Restklassen entsprechen dann eineindeutig den ganzen Zahlen

$$R, \quad 0 \leq R < N ,$$

und mit den Restklassen wird wie mit diesen ganzen Zahlen (modulo N) gerechnet.

Somit ergeben sich bei der Programmierung keine besonderen Schwierigkeiten: Einzugeben sind der Modul N und die beiden Zahlen A,B, die zwei Restklassen modulo N repräsentieren. Wir setzen voraus, daß alle diese Zahlen höchstens 8-stellige Zahlen sind. Weiterhin muß eine Rechenoperative gewählt werden (Addition, Subtraktion, Multiplikation, Division); als fünfte Möglichkeit bieten wir noch die Exponentiation ↑ an, d.h. wir lassen den Rechner (A hoch B) modulo N bestimmen.

Die Subroutinen für Addition (2oo-21o) und Subtraktion (22o-23o) sind selbstverständlich: Man berechnet $S = A \pm B$ und "reduziert das Ergebnis modulo N", d.h. man bestimmt den Rest E, den S bei Division durch N läßt; es ist

$$E = S - N * INT(N/S) .$$

Bei der Multiplikation gibt es etwas Probleme. Da A,B bis zu 8-stellige Zahlen sein dürfen, könnte A*B 16-stellig werden, wodurch dann wegen der Rundungsfehler definitiv falsche Ergebnisse erzielt würden.

Somit muß die Multiplikation mit doppelter Genauigkeit ausgeführt werden: A bzw. B werden als

$$A = 1o^4 \cdot A_1 + A_2, \qquad B = 1o^4 \cdot B_1 + B_2$$

mit höchstens vierstelligen Zahlen A_i, B_i (i = 1,2) geschrieben. Das Produkt $A \cdot B$ ergibt sich dann zu

$$A \cdot B = 1o^8 \cdot A_1 B_1 + 1o^4 \cdot (A_1 B_2 + A_2 B_1) + A_2 \cdot B_2 .$$

Die Produkte $A_i \cdot B_j$ lassen sich genau ausrechnen und werden in einer Subroutine (Zeile 23o-24o) modulo N reduziert. Die Verknüpfung mit der nötigen Zehnerpotenz ($1o^4$ oder $1o^8$) erfolgt nach folgendem Schema:

Multipliziere $A_i \cdot B_j$ mit 1o, reduziere mod N (Gosub 23o), multipliziere mit 1o, reduziere, usw. Schließlich verbleibt die Addition der entstehenden Produkte und die Reduktion des Ergebnisses modulo N.

Die Division (Zeile 4oo-588) erfolgt mit Hilfe des Euklidischen Algorithmus und wurde schon in § 18 vorgeführt. Diese Aufgabe braucht hier nicht mehr besprochen zu werden.

Die Exponentiation A^B mod N (Zeile 6oo ff) hingegen muß ausführlicher behandelt werden. Man könnte in einer Schleife nacheinander

$$A, \quad A \cdot A, \quad A \cdot A \cdot A, \quad \ldots\ldots , \quad \underbrace{A \cdot A \ldots . A}_{B\text{-mal}}$$

ausrechnen lassen (nach jeder Multiplikation erfolgt Reduktion modulo N). Dies würde freilich B Multiplikationen erfordern und den Rechner bei hinreichend großem B sehr lange beschäftigen. Glücklicherweise läßt sich diese Schwierigkeit umgehen. B wird zur Basis 2 ausgedrückt als

$$B = b_o + 2 \cdot b_1 + 2^2 \cdot b_2 + \ldots + 2^r \cdot b_r ,$$

wobei die b_i nur 0 oder 1 sein können. Dann aber ist

$$A^B = A^{b_o+2b_1+2^2\cdot b_2+\ldots} = A^{b_o}\cdot(A^2)^{b_1}\cdot(A^2)^{2\cdot b_2} \ldots$$

Damit läßt sich A^B durch fortgesetztes Quadrieren und wenige Multiplikationen, jeweils gefolgt von Reduktion modulo N, berechnen.[1)]

Wir bestimmen zunächst in einem Unterprogramm (Zeile 25o-295) die Koeffizienten $b_o, b_1, b_2, \ldots,$ die wir zu einem String B$ mit der Länge LR zusammenfassen[2)]. Die einzelnen b_i werden aus B$ mit Hilfe der Funktion MID$ herausgegriffen. Da auf das Multiplikationsprogramm als Unterprogramm zurückgegriffen werden muß, führen wir die neue Variable C = A ein.

Zunächst wird $A^{b_o} = C^{b_o}$ berechnet und mit P bezeichnet.

Sodann wird C quadriert (setze A = C, B = C und springe in das Multiplikationsunterprogramm; das mod N reduzierte Ergebnis ist E, das in 67o wiederum mit C bezeichnet wird), C^{b_1} berechnet und mit P multipliziert, wodurch man

$$A^{b_o}\cdot(A^2)^{b_1} \text{ erhält.}$$

Dieser Schritt wird so oft wiederholt, bis alle Ziffern $b_2, b_3, \ldots, b_r$ abgearbeitet sind.

Das fertige Programm sieht dann folgendermaßen aus:

---

1) Es muß r-mal quadriert und höchstens (r+1)-mal multipliziert werden. Wegen $B \geq 2^r$ (falls b_r als $\neq 0$ vorausgesetzt wird) ist $r \leq \log B/\log 2$, d.h. $r \leq 3o$ für eine höchstens 8-stellige Zahl B.

2) d.h. wir bestimmen die Binärdarstellung von B, die wir allerdings in "falscher" Reihenfolge (revers) aufschreiben.

```
5 PRINT"♫":PRINT"▓▓▓▓    RECHNEN IN RESTKLASSENRINGEN"
10 PRINT"▓GIB DEN MODUL N EIN,HOECHSTENS 7-STELLIG"
20 INPUT "N";N
32 PRINT"GIB DIE RESTKLASSEN A,B EIN"
40 INPUT "A";A:AV=A
50 INPUT "B";B:BV=B
80 PRINT"WAEHLE DIE RECHENOPERATION ... +,-,*,/,↑"
90 POKE 198,0:WAIT 198,1:GET J$
100 IF J$="+" THEN GOSUB 200
110 IF J$="-" THEN GOSUB 220
120 IF J$="*" THEN GOSUB 300
130 IF J$="/" THEN GOSUB 400
140 IF J$="↑" THEN GOSUB 600
150 IF J$<>"EN"THEN PRINT"▓▓"AV;J$;BV" = "E" MODULO "N
160 PRINT"WEITER? ...... J/N?"
170 POKE 198,0:WAIT 198,1:GET J1$
180 IF J1$="J" THEN 32
190 END
200 REM ADDITION
205 S=A+B:E=S-N*INT(S/N)
210 RETURN
220 REM SUBTRAKTION
223 S=A-B:E=S-N*INT(S/N)
225 RETURN
230 REM REDUKTION MOD N
232 M1=INT(M/N)
235 M2=M-N*M1
240 RETURN
250 REM BINAER REVERS
255 BB=B:B$=""
260 R=BB-2*INT(BB/2):R$=STR$(R)
262 R$=MID$(R$,2,1)
265 B$=B$+R$
270 BB=INT(BB/2)
275 IF BB>0 THEN 260
295 RETURN
300 REM MULTIPLIKATION
305 ZE=10*10*10*10
310 A1=INT(A/ZE):A2=A-ZE*A1
315 B1=INT(B/ZE):B2=B-ZE*B1
320 M=A2*B2
325 GOSUB 230:E1=M2
330 M=A1*B2+A2*B1:GOSUB 230
335 FOR I=1 TO 4
340 M=10*M2:GOSUB 230
342 NEXT I
345 E2=M2
350 M=A1*B1:GOSUB 230
355 FOR I=1 TO 8
360 M=10*M2:GOSUB 230
365 NEXT I
370 E3=M2
380 M=E1+E2+E3:GOSUB 230
385 E=M2
390 RETURN
```

Entscheidung auf Grund des Ergebnisses der Abfrage (zu Zeilen 100–140)

Anmerkung: Um im Falle eines nicht existierenden Quotienten A/B eine ungute Ausgabe zu vermeiden, sollte Zeile 150 mit IF J$<>"£" THEN ... beginnen; in Zeile 410 muß dann vor GOTO 560 noch J$="£" : eingefügt werden.

```
400 REM DIVISION
410 IF B=0 AND A<>0 THEN PRINT"QUOTIENT A/B EXISTIERT NICHT":GOTO 560
420 IF B=0 AND A=0 THEN PRINT"QUOTIENT A/B KANN JEDE RESTKLASSE SEIN":GOTO 560
430 A0=B:A1=N:D1=1:D2=0:D3=0:D4=1
440 K=A0:L=A1
450 Q=INT(K/L):R=K-Q*L
460 Q1=0:Q2=1:Q3=1:Q4=-Q
470 IF R=0 THEN 490
480 GOSUB 580
485 K=L:L=R:GOTO 450
490 GG=L
500 IF A-INT(A/GG)*GG>0 THEN PRINT"QUOTIENT A/B EXIST.NICHT.":J$="EN":GOTO 560
510 IF GG>1 THEN PRINT"LOESUNG IST  NICHT EINDEUTIG!"
520 B1=A/GG:U=D3:V=D4
530 M=B1*U
540 GOSUB 230: REM REDUKTION MOD N
550 PRINT" X = "M2" LOEST "B" * X KONGR. "A" MOD "N
555 E=M2
560 RETURN
580 REM MATRIZENPRODUKT
582 E1=Q1*D1+Q2*D3:E2=Q1*D2+Q2*D4
584 E3=Q3*D1+Q4*D3:E4=Q3*D2+Q4*D4
586 D1=E1:D2=E2:D3=E3:D4=E4
588 RETURN
600 REM EXPONENTIATION A↑B MOD N
610 GOSUB 250 :REM BINAER REVERS
620 LR=LEN(B$):C=A
630 IF MID$(B$,1,1)="0" THEN P=1
635 IF MID$(B$,1,1)="1" THEN P=C
640 FOR T=2 TO LR
650 A=C:B=C
660 GOSUB 300
670 C=E
680 IF MID$(B$,T,1)="0" THEN B=1
685 IF MID$(B$,T,1)="1" THEN B=C
690 A=P
700 GOSUB 300
710 P=E
720 NEXT T
730 E=P
740 RETURN
```

Beispiele.

```
POTENZEN VON  3  MODULO  89
 3   9   27   81   65   17   51   64   14   42   37   22   66   20
 60  2   6    18   54   73   41   34   13   39   28   84   74   44
 43  40   31   4    12   36   19   57   82   68   26   78   56   79
 59  88   86   80   62   8    24   72   38   25   75   47   52   67
 23  69   29   87   83   71   35   16   48   55   76   50   61   5
 15  45   46   49   58   85   77   53   70   32   7    21   63   11
 33  10   30
POTENZEN VON  10  MODULO  47
 10  6   13   36   31   28   45   27   35   21   22   32   38   4
 40  24   5   3    30   18   39   14   46   37   41   34   11   16
 19  2   20   12   26   25   15   9    43   7    23   42   44   17
 29  8   33
```

Um das Programm zu testen, kann der Kleine Satz von Fermat herangezogen werden: Ist A zu N teilerfremd, so ist $A^{\varphi(N)} \equiv 1$ mod N.

Hierbei bezeichnet $\varphi(N)$ die Euler'sche φ-Funktion, die für $N = p_1^{v_1} \cdots p_r^{v_r}$ (kanonische Primzerlegung von N) durch

$$\varphi(N) = \prod_{\rho=1}^{r} p_\rho^{v_\rho - 1} \cdot (p_\rho - 1)$$

definiert werden kann.

Eine weitere Testmöglichkeit bietet folgender Satz([33] ,Thm.83). Ist A zur ungeraden Primzahl P teilerfremd, so ist

$$A^{\frac{1}{2}(P-1)} \equiv \left(\frac{A}{P}\right) \bmod P \;;$$

hierbei bezeichnet $\left(\frac{A}{P}\right)$ das Legendre-Symbol, das = 1 ist, falls die Kongruenz $X^2 \equiv A \bmod P$ lösbar ist; andernfalls ist $\left(\frac{A}{P}\right) = -1$.

Die Lösbarkeit der Kongruenz $X^2 \equiv A \bmod P$ kann durch Versuche (lasse X von 1 bis P-1 laufen) oder - schneller - mit dem quadratischen Reziprozitätsgesetz geprüft werden.

ÜBUNG

Man bestimme Primzahlen p, die die Eigenschaft

$$2^{p-1} \equiv 1 \bmod p^2$$

haben. Zum Beispiel ist p = 1o93 eine solche Primzahl.

Bemerkung

Für B = 1 gibt das Programm bei Exponentiation ein fehlerhaftes Ergebnis. Zur ÜBUNG suche man den gemachten Fehler (in der Subroutine 6oo - 74o) und korrigiere diesen.

32. PRIMITIVE KONGRUENZWURZELN

Sei eine ungerade Primzahl p gegeben. Die ganze Zahl g heißt primitive Kongruenzwurzel modulo p, wenn die Potenzen

g^k modulo p für k = 1,2,...,p-1 alle Reste modulo p

(außer p selbst) darstellen.

Da nach dem kleinen Satz von FERMAT

(1) $$g^{p-1} \equiv 1 \mod p$$

ist, wenn p nicht in g aufgeht, kann g höchstens dann eine primitive Kongruenzwurzel sein, wenn

(2) $$g^{\frac{1}{2}(p-1)} \equiv -1 \quad (\equiv p-1) \mod p$$

ist.

Dieses Kriterium kann verwendet werden, um zu zeigen, daß gewisse g mit Sicherheit keine primitiven Kongruenzwurzeln sind.

Um systematisch nach primitiven Kongruenzwurzeln zu suchen, führen wir zunächst für zu p teilerfremde ganze Zahlen g den Begriff "Ordnung von g mod p" ein:

$$\text{ord}\,(g,p)$$

ist die kleinste ganze Zahl $K \geq 1$, für die

$$g^K \equiv 1 \mod p$$

gilt. Wegen (1) ist $\text{ord}(g,p) \leq p - 1$. Die Zahl g ist genau dann eine primitive Kongruenzwurzel modulo p, wenn

$$\text{ord}\,(g,p) = p - 1$$

ist[1].

Stets ist ord(g,p) ein Teiler von (p-1).

Eine primitive Kongruenzwurzel mod p ist also genau dadurch charakterisiert, daß

(3) $$g^T \not\equiv 1 \mod p$$

ist für alle Teiler T von (p-1), die $1 \leq T \leq \frac{1}{2}(p-1)$ erfüllen.

Um systematisch nach primitiven Kongruenzwurzeln zu suchen, gehen wir folgendermaßen vor:

1) Gib eine ungerade Primzahl p ein.

1a) Prüfe, ob $p > 2$ und wirklich Primzahl ist.

2) Setze G = 2.

3) Prüfe, ob $G^{\frac{1}{2}(p-1)} \equiv p-1 \mod p$ ist (mit Hilfe des Programms "Rechnen in Restklassen").

4) Falls "nein", ist G keine primitive Kongruenzwurzel. Ersetze G durch G + 1 und führe wiederum Schritt 3) aus.

5) Falls 3) erfüllt ist, könnte G primitive Kongruenzwurzel sein: Man prüft dies mit Beziehung (3) in Schritt 6) - 7).

6) Erzeuge alle Teiler t von (p-1) in $2 \leq t < \frac{1}{2}\cdot(p-1)$. Der Teiler $t = \frac{1}{2}(p-1)$ braucht nicht mehr überprüft zu werden.

7) Für jeden dieser Teiler berechnet man

$$G^t \equiv 1 \mod p :$$

a) Ist $G^t \equiv 1$ für ein solches t, so ist G keine primitive Kongruenzwurzel.

b) Ist $G^t \not\equiv 1 \mod p$ für jedes solches t, so ist G primitive Kongruenzwurzel.

8) Man gebe das Ergebnis aus.

---

1) vgl. Apostol [3], Chap.1o.1,1o.2. Die Ordnung von g mod p wird dort mit "exponent of g mod p" bezeichnet.

Unser Programm "Rechnen in Restklassen" ist demnach folgendermaßen abzuändern[1]:

a) Die Zeilen 23o bis 39o (Subroutine Reduktion mod N, Subroutine Multiplikation) und 6oo-74o (Subroutine Exponentiation) werden unverändert übernommen. Alle anderen Zeilen entfallen.

b) In einer Subroutine (Zeile 8oo-92o) wird geprüft, ob die eingegebene Zahl prim ist.

c) Der Programmanfang enthält die Titelei, Eingabe von N und Eingabe von AE.

d) Sodann wird geprüft, ob $(AE)^{(N-1)/2} \equiv N - 1 \bmod N$ ist. Wenn nicht, ist AE keine primitive Kongruenzwurzel; AE wird durch AE +1 ersetzt und Schritt d) erneut ausgeführt.

e) Wenn der Test in d) erfolgreich war, werden die Teiler TE von N-1, nach wachsender Größe geordnet, erzeugt; für jeden Teiler TE wird der Kongruenzwert

$$(AE)^{TE} \bmod N$$

berechnet.

f_1) Ist dieser gleich 1 für eines dieser TE, so ist AE keine Primitivwurzel. Dies wird ausgegeben, AE durch AE + 1 ersetzt, und dann wird Schritt d) ausgeführt.

f_2) Ist der Kongruenzwert $(AE)^{TE} \bmod N$ für jedes TE stets $\neq 1$, so ist AE primitive Kongruenzwurzel. Dies wird ausgegeben und das Programm endet.

ÜBUNGEN

1) Wenn 1o primitive Kongruenzwurzel mod p ist, dann hat die Periode des Dezimalbruches für $\frac{1}{p}$ die höchstmögliche Länge p - 1, z.B. für p = 7, p = 17, p = 19, p = 23, p = 29, ..., p = 313, ... usw.

Man überprüfe diese Aussagen mit dem in § 9 gegebenen Programm "Dezimalbruchentwicklung".

---

[1] Man beachte, daß die Primzahl p mit N, die primitive Kongruenzwurzel mit AE und die Teiler von p-1 mit TE bezeichnet werden.

2) Man ändere den Anfang des Programms ab, indem man zufällig gewählte ganze Zahlen A, $2 \leq A < N$, testet.
3) Man variiere auch die Primzahl N und drucke eine Tafel der kleinsten Primitivwurzeln mod N aus.
4) Man prüfe, für welche Primzahlen 2 eine primitive Kongruenzwurzel ist. Die ARTINsche Vermutung besagt, daß es unendlich viele solche Primzahlen gibt; man vergleiche hierzu etwa [109].
5) Man prüfe die in nachstehender Tabelle gegebenen Werte.

p	41	47	71	191	311	4o9
pr.KW	22	44	35	189	3o9	198

6) Man überprüfe folgende Tabelle. Die kleinste primitive Wurzel g(p) mod p ist

g(p) =	5	2	3	2	6	3	5	2	2	2	2
für p =	23	29	31	37	41	43	47	53	59	61	67

7) Zu jeder Primzahl p gibt es $\varphi(p-1)$ primitive Kongruenzwurzeln. Man überprüfe diese Aussage für "kleine" p.

Bemerkung.

Nach D.Burgess (Proc.London Math.Soc.(3)12 (1962),179-192) gibt es zu jedem $\varepsilon > 0$ eine Konstante $c(\varepsilon)$, so daß die kleinste Primitivwurzel g(p) modulo p die Abschätzung

$$g(p) \leq c(\varepsilon) \cdot p^{\frac{1}{4}+\varepsilon}$$

erfüllt. Eine numerische explizite Schranke findet sich bei E.Grosswald (Amer.J.Math.1o3 (1981),1171-1183): Die Anzahl N(p,H) der primitiven Wurzeln modulo p in einem gegebenen Intervall der Länge H ist

$$N(p,H > 0.537 \cdot (p-1)^{0.498} ,$$

falls $H \geq p^{0.499}$ und

$$\log\log(p-1) \geq 24 .$$

Anmerkung.

Die gegebene Schranke $p > \exp(\exp(24))$ ist leider unrealistisch groß. Es ist bekannt (man vgl. z.B. M.Abramowitz and I.A. Stegun Handbook of Mathematical Functions, Dover Publ. New York, 1965), daß alle Primzahlen p in $29 \le p < 10\,000$ eine Primitivwurzel

$$g(p) < \sqrt{p} - 2$$

besitzen außer für $p = 41, 47, 71, 191, 311$ und 409.

```
5 PRINT"□":PRINT"□□PRIMITIVE KONGRUENZWURZEL"
10 PRINT"□GIB EINE UNGERADE PRIMZAHL EIN"
20 INPUT N
25 GOSUB 800
27 PRINT"AE=10?...J/N?":POKE 198,0:WAIT 198,1:GET J2$
28 IF J2$="J" THEN AE=10:BE=(N-1)/2:GOTO 40
30 AE=2:BE=(N-1)/2
40 PRINTAE" ";:A=AE:B=BE: GOSUB 600
45 PRINTE
50 IF E<>N-1 THEN PRINTAE" IST KEINE PRIMITIVE WURZEL":AE=AE+1:GOTO 40
60 IF E=N-1 THEN GOTO 1000
70 PRINTAE" IST PRIMITIVE WURZEL"
160 PRINT"WEITER? ...... J/N?"
170 POKE 198,0:WAIT 198,1:GET J1$
180 IF J1$="J" THEN 10
190 END
230 REM REDUKTION MOD N
232 M1=INT(M/N)
235 M2=M-N*M1
240 RETURN
250 REM BINAER REVERS
255 BB=B:B$=""
260 R=BB-2*INT(BB/2):R$=STR$(R)
262 R$=MID$(R$,2,1)
265 B$=B$+R$
270 BB=INT(BB/2)
275 IF BB>0 THEN 260
295 RETURN
300 REM MULTIPLIKATION
305 ZE=10*10*10*10
310 A1=INT(A/ZE):A2=A-ZE*A1
315 B1=INT(B/ZE):B2=B-ZE*B1
320 M=A2*B2
325 GOSUB 230:E1=M2
330 M=A1*B2+A2*B1:GOSUB 230
335 FOR I=1 TO 4
340 M=10*M2:GOSUB 230
342 NEXT I
345 E2=M2
350 M=A1*B1:GOSUB 230
355 FOR I=1 TO 8
360 M=10*M2:GOSUB 230
365 NEXT I
370 E3=M2
380 M=E1+E2+E3:GOSUB 230
385 E=M2
390 RETURN
```

```
600 REM EXPONENTIATION A↑B MOD N
610 GOSUB 250 :REM BINAER REVERS
620 LR=LEN(B$):C=A
630 IF MID$(B$,1,1)="0" THEN P=1
635 IF MID$(B$,1,1)="1" THEN P=C
640 FOR T=2 TO LR
650 A=C:B=C
660 GOSUB 300
670 C=E
680 IF MID$(B$,T,1)="0" THEN B=1
685 IF MID$(B$,T,1)="1" THEN B=C
690 A=P
700 GOSUB 300
710 P=E
720 NEXT T
730 E=P
740 RETURN
800 REM PRIMZAHLTEST
810 T=2:GOSUB 900
815 SQ=SQR(N):FOR T=3 TO INT(SQ) STEP 2
820 GOSUB 900
830 NEXT T
880 PRINT"PRIMZAHLTEST ERFOLGREICH"
890 RETURN
900 TT=N/T-INT(N/T)
910 IF TT=0 THEN PRINT"KEINE PRIMZAHL! NEUEINGABE ERFORDERLICH!":RUN 10
920 RETURN
1000 REM TEILER VON N-1
1010 TE=1
1020 IF TE>=(N-1)/2 THEN 70
1030 A=AE:B=TE:GOSUB 600
1040 IF E=1 THEN PRINTAE" IST KEINE PRIM.WURZEL":AE=AE+1:GOTO 40
1050 TE=TE+1
1060 IF (N-1)/TE-INT((N-1)/TE)>0 THEN 1050
1070 GOTO 1020
```

Rechenbeispiele

```
11 PRIM.KONGRUENZW: 2 6 7 8
19 PRIM.KONGRUENZW: 2 3 10 13 14 15
23 PRIM.KONGRUENZW: 5 7 10 11 14 15 17 19 20 21
31 PRIM.KONGRUENZW: 3 11 12 13 17 21 22 24

11 PRIM.KONGRUENZW: 2
13 PRIM.KONGRUENZW: 2 6
17 PRIM.KONGRUENZW: 3 5 6 7
19 PRIM.KONGRUENZW: 2 3
23 PRIM.KONGRUENZW: 5 7 10 11
29 PRIM.KONGRUENZW: 2 3 8 10 11 14
31 PRIM.KONGRUENZW: 3 11 12 13
37 PRIM.KONGRUENZW: 2 5 13 15 17 18
41 PRIM.KONGRUENZW: 6 7 11 12 13 15 17 19
43 PRIM.KONGRUENZW: 3 5 12 18 19 20
47 PRIM.KONGRUENZW: 5 10 11 13 15 19 20 22 23
53 PRIM.KONGRUENZW: 2 3 5 8 12 14 18 19 20 21 22 26
59 PRIM.KONGRUENZW: 2 6 8 10 11 13 14 18 23 24
61 PRIM.KONGRUENZW: 2 6 7 10 17 18 26 30
67 PRIM.KONGRUENZW: 2 7 11 12 13 18 20 28 31 32
71 PRIM.KONGRUENZW: 7 11 13 21 22 28 31 33 35
73 PRIM.KONGRUENZW: 5 11 13 14 15 20 26 28 29 31 33 34
79 PRIM.KONGRUENZW: 3 6 7 28 29 30 34 35 37 39
83 PRIM.KONGRUENZW: 2 5 6 8 13 14 15 18 19 20 22 24 32 34 35 39
89 PRIM.KONGRUENZW: 3 6 7 13 14 15 19 23 24 26 27 28 29 30 31 33 35 38 41 43
97 PRIM.KONGRUENZW: 5 7 10 13 14 15 17 21 23 26 29 37 38 39 40 41
```

33. EIN NICHT-PRIMZAHLTEST

Im folgenden werden zwei Tests beschrieben, die zu einer eingegebenen ganzen Zahl möglicherweise die Aussage machen können, daß N zusammengesetzt ist, ohne daß ein Faktor angegeben werden kann. Der eine Test gründet sich auf den

Satz von Fermat[1]: Ist p prim und kein Teiler von A, so ist

(1) $$A^{p-1} \equiv 1 \mod p \quad .$$

Ist also für ein A, das zu N teilerfremd ist, $A^{N-1} \not\equiv 1 \mod N$, so kann N keine Primzahl sein.

Ein Flußdiagramm für diesen Test sieht so aus[2]:

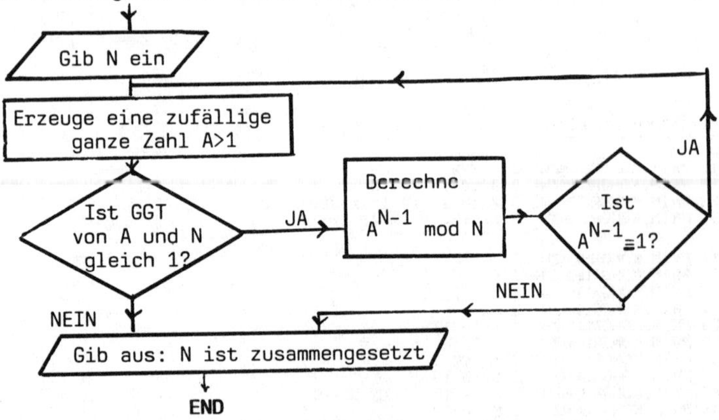

1) Man sehe etwa Hardy-Wright [33] .

2) Wie man A^{N-1} mod N berechnet, wurde früher erläutert (§ 31). In das Flußdiagramm müßte noch eine Abfrage eingebaut werden, die den Test etwa nach 10 erfolglosen Versuchen beendet.

Der Test kann zum Mißerfolg führen, da es zusammengesetzte ganze Zahlen C gibt (z.B. 561 = 3 x 11 x 17), für die für jedes zu C teilerfremde A

$$A^{C-1} \equiv 1 \mod C$$

ist (Carmichael'sche Zahlen).

Ein besserer Test gründet sich auf Euler's Kriterium: Ist p eine Primzahl, so gilt für jedes zu p teilerfremde ganze A

$$(2) \qquad A^{\frac{1}{2}(p-1)} \equiv \left(\frac{A}{p}\right) \mod p ,$$

wobei $\left(\frac{A}{p}\right)$ das Legendre-Symbol[1] bezeichnet.

Ist also bei gegebenem N und zu N teilerfremdem A

$$A^{\frac{1}{2}(N-1)} \not\equiv \left(\frac{A}{N}\right) \mod N ,$$

so kann N keine Primzahl sein. Hierbei bezeichnet $\left(\frac{A}{N}\right)$ das Jacobi-Symbol, das Legendre's Symbol auf zusammengesetzte Zahlen erweitert.

Gegenüber dem vorigen Kriterium besteht nun die Komplikation, daß wir zunächst das Symbol $\left(\frac{A}{N}\right)$ ermitteln müssen. Dies ist möglich mit Hilfe der folgenden Eigenschaften dieses Symbols (hierbei sind N,M ungerade ganze Zahlen):

(1) Periodizität: $\left(\frac{A \pm N}{N}\right) = \left(\frac{A}{N}\right)$

(2) Multiplikativität: $\left(\frac{A}{N}\right) \cdot \left(\frac{B}{N}\right) = \left(\frac{AB}{N}\right)$,

$$\left(\frac{A}{N}\right) \cdot \left(\frac{A}{M}\right) = \left(\frac{A}{N \cdot M}\right) .$$

(3) $\left(\frac{A^2 B}{N}\right) = \left(\frac{B}{N}\right)$, falls (A,N) = 1 .

---

[1] Das Legendre-Symbol ist nur für $p \nmid A$ erklärt. Dann ist

$$\left(\frac{A}{p}\right) = \begin{cases} 1, & \text{falls } x^2 \equiv A \mod p \text{ lösbar ist,} \\ -1 & \text{sonst.} \end{cases}$$

(4) $\left(\frac{-1}{N}\right) = (-1)^{\frac{1}{2}(N-1)}$, $\left(\frac{1}{N}\right) = 1$.

$\left(\frac{2}{N}\right) = (-1)^{(N^2-1)/8}$.

(5) Quadratisches Reziprozitätsgesetz: Sind A und N ungerade, so ist

$$\left(\frac{A}{N}\right) \cdot \left(\frac{N}{A}\right) = (-1)^{\frac{1}{4}(A-1)\cdot(N-1)} .$$

Wir überlegen nun die Schritte, die $\left(\frac{A}{N}\right)$ bestimmen:

(a) Reduziere A mod N; ist $A \equiv A' \bmod N$ und $0 \leq A' < N$, so ist nach (1) $\left(\frac{A}{N}\right) = \left(\frac{A'}{N}\right)$.

(b) Ist $A' = 1$, so ist $\left(\frac{A'}{N}\right) = 1$. Andernfalls

(c) Verwende (5), um $\left(\frac{A'}{N}\right)$ durch $\pm \left(\frac{N}{A'}\right)$ zu ersetzen.

(d) Reduziere N mod A', d.h. es kann $\left(\frac{N}{A'}\right) = \left(\frac{N'}{A'}\right)$ mit $0 < N' < A'$ erreicht werden.

(e) Eventuelle Faktoren 2 im "Zähler" werden mit Hilfe von (4) und (3) entfernt.

(f) Verwende (5), um $\left(\frac{N'}{A'}\right)$ durch $\pm \left(\frac{A'}{N'}\right)$ zu ersetzen, usw.

Auf die Angabe eines Flußdiagramms wird verzichtet, da dieses ganz ähnlich dem im nächsten Paragraphen gegebenen Diagramm aussähe.

Beispiel:

$$\left(\frac{175}{279}\right) = (-1)^{\frac{1}{4}\cdot 278\cdot 174} \cdot \left(\frac{279}{175}\right) = -\left(\frac{104}{175}\right) = -\left(\frac{2}{175}\right)^3 \cdot \left(\frac{13}{175}\right)$$

$$= (-1)^{\frac{1}{8}(175^2-1)} \cdot (-1)^{\frac{1}{4}\cdot 12\cdot 175} \cdot \left(\frac{175}{13}\right) = \left(\frac{175}{13}\right) = \left(\frac{6}{13}\right)$$

$$= \left(\frac{2}{13}\right) \cdot \left(\frac{3}{13}\right) = (-1)^{\frac{1}{8}(13^2-1)} \cdot (-1)^{\frac{1}{4}\cdot 2\cdot 12} \cdot \left(\frac{13}{3}\right)$$

$$= -\left(\frac{1}{3}\right) = -1 .$$

Unser Programm bauen wir mit dem früher gegebenen Programm "Rechnen in Restklassenringen" zusammen, ersetzen die Zeilen 5 und 1o durch

```
 5 ? "Primzahltest"
1o ? "Gib die zu testende Zahl N ein"
```

und springen nach der Eingabe von N sofort nach 1ooo. Als weiteres Unterprogramm führen wir in 8oo-99o die Berechnung des Jacobi-Symbols durch, in 75o-79o den Euklidischen Algorithmus.

Wir bemerken, daß eine positive Version des zweiten Tests, eine Version also, die Primzahlen sicher erkennen läßt, von G.L. Miller [72], [73] beschrieben wurde. Test 2 wurde von R.Solovay und V.Straßen [111] vorgeschlagen.

Zu Primzahltests vgl. man die Übersichtsartikel von J.Wolfart [122] und C.Pomerance [88], [89] und die Arbeiten [58] und [59] von H.W.Lenstra.

ÜBUNG

G.Miller's Primzahltest läßt sich folgendermaßen beschreiben: Sei die zu testende Zahl n ungerade; zerlege $n - 1$ in $n - 1 = 2^K \cdot u$, u ungerade. Dann ist n prim, wenn n keine s-te Potenz ($s \geq 2$) ist und wenn für alle ganzen a in $1 < a < f(n)$ gilt:

(1) a geht nicht in n auf.

(2) $a^{n-1} \equiv 1 \bmod n$, und

(3) für alle k in $1 \leq k \leq K$ gilt:
Der größte gemeinsame Teiler von
$(a^{(n-1)/2^k} \bmod n)-1)$ und n ist gleich 1 oder gleich n.

Ist eine dieser Bedingungen verletzt, so ist n zusammengesetzt. Dabei ist f(n) eine Funktion, die näher beschrieben werden kann.

Mit $f(n) = 7o \cdot \log^2 n$ schreibe man ein BASIC-Programm, das den Miller'schen Primzahltest ausführt.

```
5 PRINT"J":PRINT"ЖЖ          PRIMZAHLTEST 2"
10 PRINT"ЖGIB DIE ZU TESTENDE,UNGERADE, HOECHSTENS":PRINT"7-STELLIGE ZAHL N EIN"
20 INPUT "N";N
25 GOTO 1000
1000 PRINT"ЖЖTEST 1 ODER TEST 2? .... 1/2"
1010 POKE 198,0:WAIT 198,1:GET J$
1020 IF J$="2" THEN 1200
1025 ZA=0
1030 A=INT(RND(TI)*N):IF A=0 OR A=N THEN 1030
1040 PRINTA;:GOSUB 750 REM EUKLID
1050 IF L>1 THEN PRINTN" IST NICHT PRIM, EIN TEILER IST "GGT:END
1070 B=N-1:GOSUB 600 REM POTENZIEREN
1080 IF E<>1 THEN PRINT "DIE ZAHL "N" IST NICHT PRIM":END
1090 ZA=ZA+1:IF ZA=10 THEN PRINT:PRINT"KEINE ENTSCHEIDUNG BETREFFS "N:END
1095 GOTO 1030
1200 REM TEST 2
1225 ZA=0
1230 IF ZA<10 THEN READ A
1235 IF ZA>9 THEN A=INT(RND(TI)*N/2)
1237 GOSUB 800:PRINTA," JACOBI (A/N) = "SI
1240 GOSUB 750 REM EUKLID
1250 IF L>1 THEN PRINTN" IST NICHT PRIM. EIN TEILER IST "GGT:END
1270 B=(N-1)/2:GOSUB 600
1275 IF E=N-1 THEN E=-1
1280 IF E<>SI THEN PRINTN" IST NICHT PRIM":END
1290 ZA=ZA+1:IF ZA=15 THEN PRINT"KEINE ENTSCHEIDUNG."N" IST VERMUTLICH PRIM":END
1295 GOTO 1230
1400 DATA 2,3,5,7,11,13,17,19,23,29
```

```
600 REM EXPONENTIATION A↑B MOD N
610 GOSUB 250  :REM BINAER REVERS
620 LR=LEN(B$):C=A
630 IF MID$(B$,1,1)="0" THEN P=1
635 IF MID$(B$,1,1)="1" THEN P=C
640 FOR T=2 TO LR
650 A=C:B=C
660 GOSUB 300
670 C=E
680 IF MID$(B$,T,1)="0" THEN B=1
685 IF MID$(B$,T,1)="1" THEN B=C
690 A=P
700 GOSUB 300
710 P=E
720 NEXT T
730 E=P
740 RETURN
750 REM EUKLID
760 K=A:L=N
765 Q=INT(K/L):R=K-Q*L
770 IF R=0 THEN 780
775 K=L:L=R:GOTO 765
780 GGT=L:RETURN
800 SI=1:REM JACOBI-SYMBOL
810 GOSUB 750
820 IF GGT>1 THEN 1250
825 AA=A:NN=N
830 IF AA-2*INT(AA/2)>0 THEN 850
832 AA=AA/2:N8=NN-8*INT(NN/8):N7=(N8*N8-1)/16
840 IF N7-INT(N7)=0 THEN 845
842 SI=-SI
845 GOTO 830
850 IF AA=1 THEN 900
855 AB=AA:AA=NN:NN=AB
860 A4=AA-4*INT(AA/4):N4=NN-4*INT(NN/4):E4=(A4-1)*(N4-1)/8
865 IF E4-INT(E4)=0 THEN 875
870 SI=-SI
875 AN=AA-NN*INT(AA/NN)
880 AA=AN
890 GOTO 830
900 RETURN
```

```
230 REM REDUKTION MOD N
232 M1=INT(M/N)
235 M2=M-N*M1
240 RETURN
250 REM BINAER REVERS
255 BB=B:B$=""
260 R=BB-2*INT(BB/2):R$=STR$(R)
262 R$=MID$(R$,2,1)
265 B$=B$+R$
270 BB=INT(BB/2)
275 IF BB>0 THEN 260
295 RETURN
300 REM MULTIPLIKATION
305 ZE=10*10*10*10
310 A1=INT(A/ZE):A2=A-ZE*A1
315 B1=INT(B/ZE):B2=B-ZE*B1
320 M=A2*B2
325 GOSUB 230:E1=M2
330 M=A1*B2+A2*B1:GOSUB 230
335 FOR I=1 TO 4
340 M=10*M2:GOSUB 230
342 NEXT I
345 E2=M2
350 M=A1*B1:GOSUB 230
355 FOR I=1 TO 8
360 M=10*M2:GOSUB 230
365 NEXT I
370 E3=M2
380 M=E1+E2+E3:GOSUB 230
385 E=M2
390 RETURN
```

34. ZUM QUADRATISCHEN REZIPROZITÄTSGESETZ

Für ungerade Primzahlen p und ganze, zu p teilerfremde Zahlen a ist das Legendre Symbol $(\frac{a}{p})$ definiert durch

$$(\frac{a}{p}) = \begin{cases} 1, & \text{wenn } a \text{ quadratischer Rest mod } p, \\ -1, & \text{wenn } a \text{ kein quadratischer Rest mod } p \text{ .} \end{cases}$$

Hierbei heißt a quadratischer Rest modulo p, wenn die Kongruenz

(1) $$x^2 \equiv a \mod p$$

lösbar ist.

Um das Symbol $(\frac{a}{p})$ zu bestimmen, könnte man den Rechner die Kongruenz (1) durchtesten lassen (x = 1,2,...,p-1), was aber für großes p sehr viel Zeit in Anspruch nimmt.

Eine viel elegantere (und viel viel schnellere) Lösung gibt das berühmte Gauß'sche Reziprozitätsgesetz[1] mit den beiden Ergänzungssätzen.

Sind p,q ungerade Primzahlen, so ist

(2) $$(\frac{p}{q}) \cdot (\frac{q}{p}) = (-1)^{\frac{1}{4}(p-1)\cdot(q-1)} \quad ,$$

und

(3) $$\begin{cases} (-\frac{1}{p}) = (-1)^{(p-1)/2} \quad , \\ (\frac{2}{p}) = (-1)^{(p^2-1)/8} \quad . \end{cases}$$

---

[1] Man vgl. hierzu Lehrbücher der elementaren Zahlentheorie, z.B. Schwarz [1o9], Hardy-Wright [33], Apostol [3] u.a.

Ein Flußdiagramm für die Bestimmung von $(\frac{p}{q})$ ist nachstehend gegeben, ein ausgeführtes Programm zur Bestimmung des Jacobi-Symbols, das das Legendre-Symbol verallgemeinert, findet sich als Subroutine 800-900 im Programm "Primzahltest 2". Im Flußdiagramm wird das Legendre-Symbol $(\frac{p}{q})$ mit SI bezeichnet.

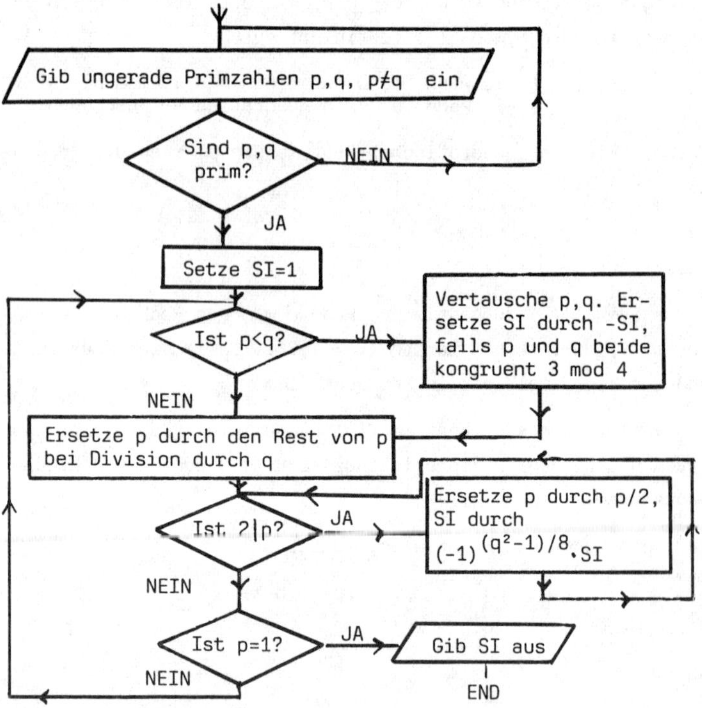

35. FAKTORISIERUNG NATÜRLICHER ZAHLEN (2)

Die Faktorisierung großer Zahlen N ist ein heikles Problem, da das Verfahren der Probedivision (man teste alle Zahlen $\leq$ SQR(N), ob sie in N aufgehen) zu lange dauert.

Folgendes Verfahren kann manchmal nützlich sein (dauert aber bei kleinen Zahlen auch lange): Sei N gegeben. Man wähle

$$x_o = 2 ,$$

berechne, wenn x_i bekannt ist,

$$x_{i+1} = x_i^2 - 1 \text{ modulo } N$$

und bilde

$$Q_i = \prod_{j=1}^{i} (x_{2j} - x_j) \text{ modulo } N.$$

Nach jedem k-ten Schritt berechne man den größten gemeinsamen Teiler von Q_i und N. Ist dieser von 1 verschieden, so hat man einen Faktor von N entdeckt.

Das nachstehend gegebene Programm verwendet das angegebene Verfahren. Nach Eingabe von N werden $x_o, x_1, x_2, \ldots$ nach obenstehender Formel berechnet, wobei als Unterprogramm erforderlich sind

a) eine Multiplikationsroutine (5oo-54o), die zu zwei gegebenen Zahlen U,V, jeweils höchstens 8-stellig, das Produkt in der Form P_1, P_2 (dies sollte man sich als $1o^8 * P_1 + P_2$ vorstellen) ermittelt.

b) ein Reduktionsprogramm, das zu einer eingegebenen höchstens 16-stelligen Zahl

$$P = 1o^8 * P_1 + P_2$$

den Rest von P bei Division durch N exakt ermittelt (55o-59o).

Die Berechnung von Q_i mod N in erfolgt in Zeile 9o-12o mit Benützung der beiden angeführten Unterprogramme.

Nach jedem 5. Schritt wird der Euklidische Algorithmus (6oo-69o) aufgerufen, um einen eventuellen Faktor zu finden. Im Erfolgsfall wird dieser ausgegeben (zusammen mit der verbrauchten Zeit).

Um zu sehen, daß der Rechner etwas tut, wird der gerade abgearbeitete Index i ausgedruckt. Ist bis $i = 252$ kein Faktor gefunden worden, so endet das Programm.

Kritisch ist anzumerken, daß dieses Programm zwar Faktoren von N entdecken kann, daß man aber nie sicher sein kann, daß N prim ist, wenn nach längerer Zeit kein Faktor gefunden worden ist.

Bemerkung.
Auf das tiefliegende Problem der "einigermaßen raschen" Faktorisierung natürlicher Zahlen kann hier nicht eingegangen werden, da die benötigten zahlentheoretischen Vorkenntnisse beachtlich sind. Wir verweisen auf Lehmann [56], Miller [71], Morrison und Brillhart [78] und Schnorr [1o1]. Weiterhin verweisen wir auf das Buch "Computational Methods in Number Theory", Math. Centrum Amsterdam 1981, Editors R.Tijdeman und H.Lenstra, insbesondere auf den Artikel "Analysis and comparison of some integer factoring algorithms" von C.Pomerance in diesem Buch.

Weiterhin wird der Übersichtsartikel "Factorization and primality tests" von J.D.Dixon in Amer.Math.Monthly 91 (1984), 333-352, zur Lektüre empfohlen.

Für Interessierte verweisen wir schließlich auf das Buch "Factorizations of $b^n \pm 1$, b= 2,3,5,6,7,1o,11,12 up to high powers" von J.Brillhart, D.H.Lehmer, J.L.Selfridge, B.Tuckerman and S.S.Wagstaff, American Math.Society Providence (R.I.) 1983.

```
3 PRINT"♥":DIMX(510):Z4=10000
6 PRINT"GIB GANZE,HOECHSTENS 8-STELLIGE ZAHL EIN"
10 INPUT "N";N
14 X(0)=2:X(1)=3:X(2)=8:Q=5
17 J$=""
18 ZA=TI
20 I=2
30 FOR J=I+1 TO 2*I
35 U=X(J-1):V=U:GOSUB 500
50 B1=P1:B2=P2
60 GOSUB 550
70 X(J)=R-1
75 IF X(J)<0THEN X(J)=-X(J)
80 NEXT J
90 REM Q BERECHNEN
95 U=Q:V=X(2*I)-X(I)
100 GOSUB 500
105 B1=P1:B2=P2
110 GOSUB 550
120 Q=R
130 IF INT(I/5)-I/5=0THEN GOSUB 600
135 IF J$="J"THEN GOTO 10
138 IF I>252 THEN PRINT"KEIN FAKTOR GEFUNDEN":END
140 I=I+1:PRINTI;:GOTO 30
500 U1=INT(U/Z4):U2=U-Z4*U1
502 V1=INT(V/Z4):V2=V-Z4*V1
510 CC=U2*V2:CB=U1*V2+U2*V1:CA=U1*V1
520 REM[CB=10000*C1+C2]
525 C1=INT(CB/Z4):C2=CB-Z4*C1
530 P1=CA+C1:P2=Z4*C2+CC
540 RETURN
550 REM SUBROUTINE REST MOD N
551 B=Z4*Z4*B1+B2
552 U=INT(B/N)
560 V=N
565 GOSUB 500
570 IF P1<>B1 THEN GOSUB 700
575 B=B2-P2:R=B-N*INT(B/N)
590 RETURN
600 REM EUKLID BESTIMMT GGT
602 QQ=Q:NN=N
603 IFQQ=0THEN GG=NN:GOTO 650
605 R=NN-QQ*INT(NN/QQ)
610 IF R=0THEN GG=QQ:GOTO 650
615 NN=QQ:QQ=R:GOTO 605
650 IF GG=1 THEN 690
655 PRINT
660 PRINT N" BESITZT DEN FAKTOR"GG
662 PRINT"◘"N" = "GG" * "N/GG
665 ZE=TI:ZT=INT((ZE-ZA)/60)
666 PRINT"ZEITAUFWAND:"ZT" SEK"
670 PRINT"◘WEITER?J/N?"
675 POKE 198,0:WAIT 198,1
680 GET J$
685 IF J$<>"J"THEN END
690 RETURN
700 U=B1:V=N:GOSUB 500
705 B1=B1-P1:B2=B2-P2
710 RETURN
```

Nachtrag bei der Korrektur. Zum Problem der Faktorisierung verweisen wir weiterhin auf C.P.Schnorr und H.W.Lenstra [127] und die dort zitierte Literatur. J.L. Gerver [126] beschreibt einen Algorithmus, mit dessen Hilfe er die 47-stellige Zahl 17 674 971 819 oo5 665 268 668 2oo 9o3 822 757 93o o76 116 2o1 in drei Primfaktoren 119 634 969 443 826 6o1, 286 87o 274 711 1o1, 515 oo9 259 868 5o1 zerlegen konnte.

36. QUADRATFREIE ZAHLEN

Eine natürliche Zahl heißt quadratfrei, wenn sie durch kein Quadrat einer Primzahl teilbar ist. Die Folge der quadratfreien Zahlen beginnt demnach mit

1, 2, 3, 5, 6, 7, 1o, 11, 13, 14, 15, 17, 19, 21, 22, ...

Für die Anzahl[1)]

$$Q(x) = \sum_{n \leq x} \mu^2(n)$$

der quadratfreien Zahlen $n \leq x$ gilt die Abschätzung[2)]

$$\left| Q(x) - \frac{6}{\pi^2} \cdot x \right| \leq c \cdot \sqrt{x} \qquad (1)$$

mit einer Konstanten c, die für $x \geq 4$ gleich 3 gewählt werden kann; statt (1) sind noch erheblich bessere Abschätzungen bekannt.

Um die Anzahl $Q(x)$ der quadratfreien Zahlen bis x zu zählen (und mit $6\pi^{-2} \cdot x$ zu vergleichen), bieten sich die folgenden beiden Möglichkeiten an:

---

1) Das Quadrat $\mu^2(n)$ der Moebius'schen Funktion μ ist gleich 1, wenn n quadratfrei ist, sonst Null. Zur Moebius'schen Funktion vgl. man § 22.

2) Man vgl. z.B. Hardy-Wright [33], § 18.6, Thm. 333. Der angegebene Wert der Konstanten c kann mühelos aus dem dort gegebenen Beweis entnommen werden.

(a) Man konstruiere eine Schleife FOR N = 1 TO X, innerhalb derer untersucht wird, ob N quadratfrei ist, indem der Rest von N bei Division durch P^2 für alle Primzahlen $P \leq$ SQR(N) gebildet wird. Die Primzahlen von 2 bis SQR(X) werden in Data-Zeilen vorgegeben.

(b) Man wandle das Sieb des Eratosthenes ab, indem alle Vielfachen der Quadrate aller Primzahlen gestrichen werden; um die quadratfreien Zahlen bis X zu ermitteln, müssen die Quadrate aller Primzahlen $P \leq$ SQR(X) in Data-Zeilen eingegeben werden. (Die Data-Zeilen läßt man selbstverständlich den Rechner erzeugen!).

Die Möglichkeit (b) erfordert weniger Rechenzeit; man teste diese Behauptung etwa mit X = 1ooo, X = 1o ooo, X = 2o ooo, indem man die verbrauchte Rechenzeit mit ausgeben läßt.

Ist $f(n) = a_o + a_1 n + \ldots + a_K \cdot n^K$ ein irreduzibles Polynom mit ganzen Koeffizienten a_k, und höchstem Koeffizienten $a_K = 1$ [1], so ist für genügend großen Grad K unbekannt, ob die Folge der Werte

$$f(1),\ f(2),\ f(3),\ \ldots$$

unendlich viele quadratfreie Zahlen enthält[2]. (Für K = 2 (ESTERMANN) und K = 3 (P.ERDÖS) trifft dies zu.) Man vermutet für die Anzahl

$$Q_f(x) = \sum_{n \leq x} \mu^2(f(n))$$

---

1) Beispiel: $1 + n^2$; $2 + n^3$; $1 + n^4$.

2) Einige bekannte tiefliegende Ergebnisse über quadratfreie und k-te-potenzfreie Zahlen werden in HOOLEY [39] bewiesen. (Die Lektüre dieses Buches setzt erhebliche mathematische Kenntnisse voraus!)

der quadratfreien Zahlen in der Folge $\{f(1), f(2), \ldots, f(x)\}$ die asymptotische Beziehung[1)]

$$(2) \qquad Q_f(x) \sim \prod_p \left(1 - \frac{\rho(p)^2}{p^2}\right) \cdot x \quad ,$$

wobei $\rho(d)$ die Anzahl der Lösungen der Kongruenz

$$f(n) \equiv 0 \mod d$$

bezeichnet. Z.B. ist für $f(n) = n^2 + 1$ und und ungerade Primzahlen p

$$\rho(p^2) = \begin{cases} 2, & \text{wenn } -1 \text{ quadratischer Rest mod } p \text{ ist,} \\ 0 & \text{sonst.} \end{cases}$$

-1 ist quadratischer Rest mod p genau wenn $\frac{p-1}{2}$ gerade ist.

ÜBUNGEN

1) Man schreibe ein Programm, das $Q(x)$ bestimmt.
2) Man prüfe die Beziehung (2) "experimentell" für verschiedene irreduzible Polynome $f \in Z[X]$.
   Außer der Abzählung der quadratfreien Werte $f(n)$ muß der Rechner $\rho(p^2)$ und das Produkt $PR = \prod_p \left(1 - \frac{\rho(p^2)}{p^2}\right)$ ermitteln; man überlege, wie weit das Produkt berechnet werden muß, um eine vernünftige Näherung

   $$PR \text{ ungefähr gleich } \prod_{p \le Y} \left(1 - \frac{\rho(p^2)}{p^2}\right)$$

   zu erhalten.
3) Die obenstehenden Aufgaben lassen sich entsprechend für r-freie Zahlen durchführen, das sind solche, die durch keine r-te Potenz einer Primzahl teilbar sind. Die Folge der 3-freien Zahlen z.B. beginnt mit

   1, 2, ... 7, 9, 1o, ... 15, 17, 18, ... 23, 25, ...

---

1) $H(x) \sim G(x)$ bedeutet, daß $\lim_{x \to \infty} H(x)/G(x) = 1$ ist.

37. WARLIMONT'S PROBLEM

R.Warlimont (Regensburg) behandelte das Problem, die Anzahl $\pi_Q(N)$ der ganzen Zahlen $n \leq N$ abzuschätzen, deren Quersumme eine Primzahl ist. Heuristisch[1] erwartet man, daß

(1) $$\pi_Q(N) \sim \frac{N}{\log\log N}$$

ist. Warlimont zeigt $\limsup\limits_{N \to \infty} \frac{\pi_Q(N) \cdot \log\log N}{N} < \infty$.

Um die Hypothese (1) zu testen, zählen wir die Anzahl $\pi_Q(N)$ für N = 2oo, 4oo, 6oo, ... und geben N, $\pi_Q(N)$ und $\pi_Q(N)/N$ (gerundet) aus.

Die auszuführenden Schritte ersieht man aus dem nachstehenden Flußdiagramm:

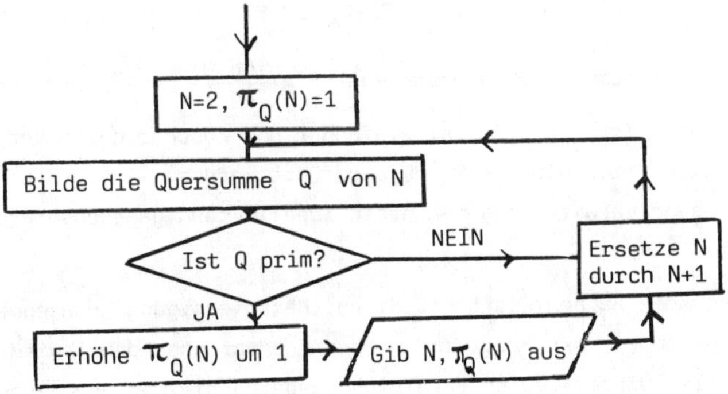

1) Die Quersumme Q von n liegt zwischen 1 und $9 \cdot \left\{ \frac{\log n}{\log 10} + 1 \right\}$, denn n hat höchstens (logn/log2) + 1 Ziffern.
Die "Wahrscheinlichkeit", daß Q prim ist, ist 1/log Q, also ist n mit einer "Wahrscheinlichkeit" 1/loglog n eine Primzahl.

Der Primzahltest kann in üblicher Weise durch Probe-Division durch alle Primzahlen $\leq \sqrt{Q}$ durchgeführt werden.

Das BASIC-Programm könnte dann folgendermaßen aussehen:

```
5 PRINT"⊐":Z=0:Q=0:N=2
10 GOSUB 100
15 GOSUB 200
20 IF PZ=0 THEN 30
25 Z=Z+1
30 REM   PRINT N;Q;PZ;"£";
40 REM IF N-20*INT(N/20)=0 THEN PRINTN;Z,
50 IF N-200*INT(N/200)=0 THEN PRINTN;Z;INT(1000*Z/N)/1000,
55 N=N+1
60 GOTO 10
70 END
100 N$=STR$(N):L=LEN(N$):Q=0
110 FOR T=1 TO L
120 A$=MID$(N$,T,1)
130 A=VAL(A$):Q=Q+A
135 NEXT T
140 RETURN
200 R=SQR(Q):PZ=1
205 IF Q=1 THEN PZ=0:RETURN
210 READ P:IF P>R THEN 250
220 IF Q-INT(Q/P)*P=0 THEN PZ=0:GOTO 250
230 GOTO 210
250 RESTORE
260 RETURN
300 DATA 2,3,5,7,11,13,17,19,23,29,31,37,41,43,47
310 DATA 53,59,61,67,71,73,79,83,89,97
```

Da die Quersumme Q in N höchstens $R = \frac{\log N}{\log 1o} + 1$ ist, kann die Frage "Ist Q prim" viel einfacher und rascher durch Vergleich mit allen Primzahlen $\leq Q$ durchgeführt werden.
(Als Übung verwirkliche man diese Idee im oben gegebenen Programm.)

Da aber die Rechenzeit trotz dieser Beschleunigung noch enorm ist, geben wir das Programm in Maschinensprache (dabei wird der Test "Ist Q prim?" durch Vergleich ausgeführt). Man überzeuge sich von der Geschwindigkeit der Ausführung.

Zunächst ist mit Hilfe des nachstehend gegebenen Hilfsprogramms das Maschinenprogramm in die Speicherzellen 49 152-49 19o (Quersumme berechnen), 5o ooo-5o o34 (Ist Q prim?) und 49 232-49 285 (Erhöhe N um 1) einzulesen.

```
1 A=49152:B=49190:GOSUB 10
2 A=50000:B=50034:GOSUB 10
3 A=49232:B=49285:GOSUB 10
4 END
10 FOR X=0 TO B-A
15 READ Q
20 POKE A+X,Q
25 NEXT X
30 RETURN
100 DATA162,20,189,156,3,188,155,3,192,11,176,11,24
102 DATA140,78,3,109,78,3,202,76,5,192,141,0,64
104 DATA32,80,195,32,80,192,173,103,66,208,219,96,96
105 DATA173,0,64,201,2,144,26,162,1,173,0,64,221
107 DATA128,62,240,8,232,224,23,176,11,76,92,195,238
109 DATA36,194,208,3,238,37,194,96,96
110 DATA162,10,188,166,3,200,152,157,166,3,168,192,10
112 DATA144,13,160,0,152,157,166,3,168,202,48,3,76
114 DATA82,192,238,103,66,173,103,66,201,200,144,14,56
116 DATA233,200,141,103,66,238,102,66,208,3,238,101,66
118 DATA96,96
```

Sodann ist das nachfolgende Programm einzugeben, das die eigentliche Berechnung ausführt (die Subroutinen Sys 5o ooo und Sys 49 232 werden von dem 49 152 beginnenden Unterprogramm aufgerufen).

Das Programm gibt N, $\pi_Q(N)$ und die verbrauchte Rechenzeit.

```
1 AA=2000
2 REM PROBLEM WARLIMONT
3 POKE 55,0:POKE 56,16
4 POKE 16999,1:POKE 16998,0:POKE 16997,0
5 PRINT"🗔"
6 FOR T= 1TO 15: POKE 944-T,0:NEXT:PRINT:POKE 947,0
10 POKE 944,2:POKE 49700,0:POKE 49701,0:POKE 16103,1:POKE 946,1
15 FOR T=1 TO 34:READ P:POKE 16000+T,P:NEXT
16 DATA 2,3,5,7,11,13,17,19,23,29,31,37,41,43,47,53,59,61,67,71
17 DATA 73,79,83,89,97,101,103,107,109,113,127,131,137,149,151
18 ZA=TI
20 SYS 49152 : REM QUERSUMME
80 B1=PEEK(16999):B2=PEEK(16998):B3=PEEK(16997)
81 C= PEEK(49700)+256*PEEK(49701)
82 B=B1+200*(B2+256*B3)
83 D=INT(C*AA*10/B)/(AA*10)
84 IF B-AA*INT(B/AA)<>0 THEN 90
85 ZB=TI:ZC=(ZB-ZA)/60:ZC=INT(ZC)
86 PRINTB;C;D; ZC " SEC"
90 GOTO 20
95 END
```

Das Maschinenprogramm wurde aus einem Assembler-Quell-Programm erzeugt, das wir nachstehend für diejenigen, die an Maschinensprache interessiert sind und gewisse Anfangskenntnisse haben, wiedergeben[1].

ÜBUNG

Man ändere das Programm so ab, daß die Anzahl

$$\pi^*_Q(N)$$

der Primzahlen $P \leq N$ gezählt wird, deren Quersumme prim ist. Heuristisch ist zu erwarten, daß

$$\pi^*_Q(N) \sim \frac{N}{\log N \cdot \log\log N}$$

ist.

```
100 *= $C000
110 ! QUERSUMME
120 ANFUNG LDX #20
130 LDA 924,X
140 VORN LDY 923,X
150 CPY #11
160 BCS HINTEN
170 CLC
175 STY 846
180 ADC 846
190 DEX
200 JMP VORN
210 HINTEN STA 16384
212 JSR 50000
214 JSR 49232
216 LDA 16999
218 BNE ANFUNG
220 RTS
230 END
```

```
240 *= $C350
250 ! PRIMPRUEFUNG
260 LDA 16384
270 CMP #2
280 BCC HINAUS
290 LDX #1
295 LDA 16384
300 VERGL CMP 16000,X
310 BEQ PRIM
320 INX
330 CPX #23
340 BCS HINAUS
345 JMP VERGL
350 PRIM INC 49700
370 BNE HINAUS
380 INC 49701
390 HINAUS RTS
400 END
410 *= $C050
420 ! N ERHOEHEN
430 LDX #10
435 LOS1 LDY 934,X
437 INY
```

```
438 TYA
439 STA 934,X
440 TAY
441 CPY #10
442 BCC FORT
480 LDY #0
482 TYA
484 STA 934,X
490 TAY
491 DEX
492 BMI FORT
493 JMP LOS1
520 FORT INC 16999
530 LDA 16999
540 CMP #200
550 BCC OBEN
560 SEC
570 SBC #200
572 STA 16999
575 INC 16998
578 BNE OBEN
580 INC 16997
590 OBEN RTS
600 END
```

---

1) Die Quersumme Q wird in 16384 gespeichert; solange $Q < 255$ ist, braucht man hierfür nur eine Speicherzelle. Die Primzahlen, mit denen verglichen wird, sind in 16 oo1 bis 16 o34 gespeichert. Die Zellen 49 7oo und 49 7o1 dienen als Zählspeicher für $\pi_Q(N)$; das geht gut, solange $\pi_Q(N) < 256$ ist; wird $\pi_Q(N) \geq 256$, so ist zu den dann ausgedruckten kleinen Zahlen noch $256^2 = 65\,536$ zu addieren!

Die Erhöhung von N um 1 wird durch Zeile 41o-6oo bewirkt.

VII . ANALYSIS (II)

In diesem Abschnitt werden nach einer hübschen Aufgabe aus der Wahrscheinlichkeitstheorie Aufgaben behandelt, die als Beispiele für die Berechnung von unendlichen Reihen und von uneigentlichen Integralen stehen können. Die Methoden in § 39 - § 42 benützen teilweise Abschätzungstechniken der Analysis, die einige Mühe erfordern. Solche Techniken sollten aber Studierenden, die ein Semester Differential- und Integralrechnung gehört haben, keine Schwierigkeiten mehr bereiten.

Wer sich für Techniken der asymptotischen Analysis interessiert, dem sei das Buch [12] von N.G.de Bruijn zum Studium empfohlen.

38. EINE AUFGABE AUS DER WAHRSCHEINLICHKEITSTHEORIE

Gegeben ist ein Schachbrett mit 3 Zeilen und 3 Spalten. An der linken unteren Ecke startet ein Punkt, der mit Wahrscheinlichkeit $\frac{1}{2}$ nach oben oder nach rechts gehen kann.

Gefragt ist nach der mittleren Zügezahl, in der der Punkt den rechten oberen Eckpunkt erreicht; dabei wird ein Zug, der am oberen Rand nach oben (bzw. am rechten Rand nach rechts) führt, zwar gezählt, aber nicht ausgeführt.

Zur Lösung der Aufgabe beginnt man am einfachsten mit einem 1 x 1 Schachbrett: Zeichnet man den "Baum" der möglichen Züge (O für "oben", R für "rechts"),

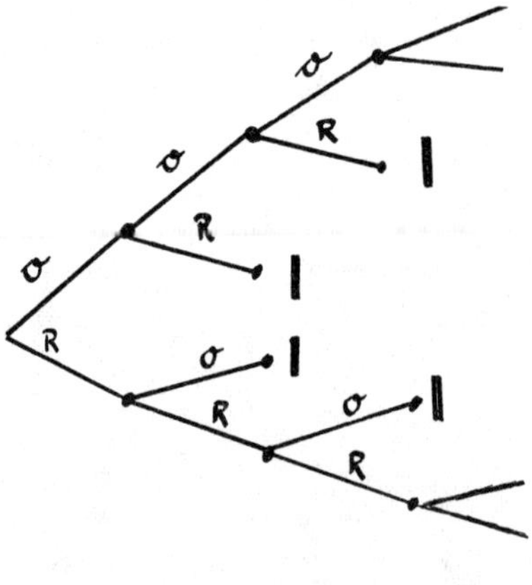

so sieht man, daß 2 Züge mit Wahrscheinlichkeit $\frac{1}{2}$, 3 Züge mit Wahrscheinlichkeit $\frac{1}{4}$, 4 Züge mit Wahrscheinlichkeit $\frac{1}{8}$, etc. ausreichend sind.

Die gesuchte mittlere Zügezahl P_1 ist also

$$P_1 = 2 \cdot \frac{1}{2} + 3 \cdot \frac{1}{4} + 4 \cdot \frac{1}{8} + \ldots = \sum_{k=2}^{\infty} \frac{k}{2^{k-1}} .$$

Den Fall eines 2x2-Schachbretts behandelt man analog und erhält für die mittlere Zügezahl P_2

$$P_2 = 4 \cdot \frac{6}{16} + 5 \cdot \frac{8}{32} + 6 \cdot \frac{10}{64} + \ldots$$

Im Falle eines nxn-Schachbretts benötigt man mindestens 2n Züge, um den rechten oberen Randpunkt zu erreichen. Das Ergebnis kann als eine Folge von O's und R's beschrieben werden; nach 2n Zügen sind diejenigen Folgen günstig, die genau n O's (und damit auch n R's) enthalten. Die Anzahl aller Möglichkeiten ist 2^{2n}, die der günstigen $\binom{2n}{n}$ (elementare Kombinatorik!).

Nach $2n + 1$ Zügen sind von den 2^{2n+1} möglichen Folgen genau diejenigen günstig, die n O's und n+1 R's bzw. n+1 O's und n R's enthalten, aber nicht aus den vorher gezählten Fällen (n O's und n R's) entstanden sind; deren Anzahl ist somit

$$2 \cdot \binom{2n+1}{n} - 2 \cdot \binom{2n}{n} .$$

Es ist klar, wie die Abzählbarkeit weitergeht. Für die mittlere Zügezahl erhält man somit

$$P_n = 2n \cdot \binom{2n}{n} \cdot 2^{-2n} + \sum_{k=1}^{\infty} \frac{(2n+k)}{2^{2n+k}} \cdot 2 \cdot \left\{ \binom{2n+k}{n} - \binom{2n+k-1}{n} \right\} .$$

Es ergeben sich somit zwei Probleme:

A) Die Summierung der Reihe für P_n (dies wird in § 39 behandelt).

B) Eine Simulation der Aufgabe auf dem Computer.

Wir wollen uns hier mit B befassen:

Nach Eingabe von n (im Programm mit GR bezeichnet) und der Anzahl der gewünschten Versuche zeichnen wir das nxn-Schachbrett und setzen einen weißen Kreis (Code 81, Farb-Code 1) in die linke untere Ecke. Die Bewegungsrichtung wird "zufällig" ermittelt (z.B.

durch RN = INT(RND(TI) * 2); ist RN = 0, so bewege man den Punkt nach rechts, für RN = 1 nach oben; da stets $0 \leq RND(TI) < 1$ ist, sind andere Werte nicht möglich). Ein Zug nach rechts (bzw. oben) wird nicht ausgeführt, wenn der weiße Kreis schon den rechten Rand bzw. den oberen Rand erreicht hat; dieser Zug wird aber gezählt.

Wird der rechte obere Eckpunkt (der durch ein Herz markiert ist) erreicht, so ist der Versuch beendet, die Zügezahl wird notiert, und es beginnt der nächste Versuch.

Schließlich wird die mittlere Zügezahl errechnet und als Annäherung PR an die gesuchte Wahrscheinlichkeit ausgegeben. Auf Wunsch kann noch eine Graphik gezeigt werden, die die Anzahl der Versuche, die in genau K Zügen beendet wurden, ausgibt.

Die Eingabe des nxn-Brettes erfolgt durch POKE-Befehle. Das Brett wird, wie in nachstehender Figur angedeutet, in den Bildschirmspeicher gepoket. Für den Punkt in Zeile X, Spalte Y enthält die Speicherzelle 1o24 + 4o * X + Y das gewünschte Zeichen in codierter Form, die Zelle 55 296 + 4o * X + Y die gewünschte Farbe.

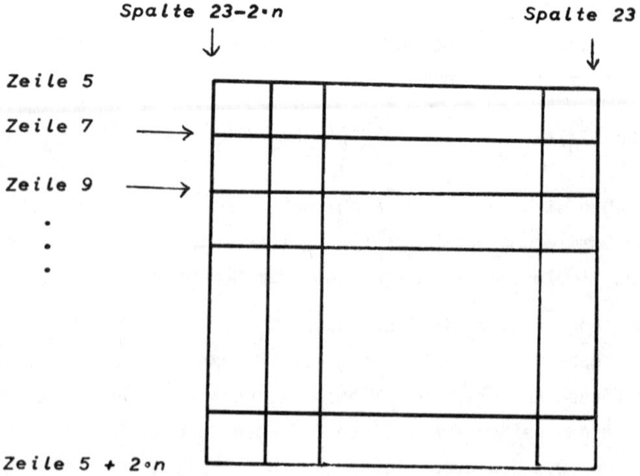

Das nachstehend gegebene Programm
- gibt die "Titelei" in 45o-485
- zeichnet das nxn-Brett in 1o-65
- dimensioniert die indizierte Variable Z(.) durch Dim Z(28) in Zeile 75[1)]
- führt einen Versuch in Zeile 1o5-193 aus (Zufallserzeugung der Bewegungsrichtung, Setzen des neuen Standorts und Löschen des alten auf dem Bildschirm (Zeile 15o bzw. 14o),
  Verharren am Rande (13o,135), Zählen der Anzahl der benötigten Schritte)
- wiederholt die Ausführung des Versuchs in der Schleife N = 1 TO AV (Zeile 8o, Zeile 2oo)
- schmückt die Durchführung mit Tonsignalen aus (Zeile 4oo-425)
- gibt die Ergebnisse in verschiedener Form aus (Zeile 23o-245; Zeile 247-277).

ÜBUNGEN

1) Man ändere das Programm, indem man die Wahrscheinlichkeit für "Oben" und "Rechts" verschieden von $\frac{1}{2}$ eingibt.
2) Man ändere das Programm, indem man Bewegungsrichtungen nach oben, unten und rechts mit verschiedenen Wahrscheinlichkeiten zuläßt.

```
2 PRINT"J"
5 GOSUB 450
10 POKE 1024+200+23,83:POKE 55296+223,0
15 FOR I=1 TO GR+1
20 FOR J=1 TO GR
25 POKE 1024+ 3*40+1+I*80+2*J+23-2*GR-2,45
27 POKE 55296+120+I*80+2*J+22-2*GR,0
30 NEXT J
35 NEXT I
```

---

1) Im Programm wurden nur solche Versuche gezählt, die mit ≤ 28 Zügen auskommen. Wenn dies nicht genügt, muß Zeile 75, 1oo, 215 und 255 geändert werden.

```
40 FOR I=1 TO GR+1
45 FOR J=6 TO 2*(GR-1)+6 STEP 2
50 POKE 1024 +2*I+J*40+23-2*GR-2,66
52 POKE 55296+J*40+2*I+21-2*GR,0
55 NEXT J
60 NEXT I
65 REM BILD GEZEICHNET
75 DIM Z(35)
80 FOR N=1 TO AV
85 YR=0:YO=0
90 X=23-2*GR+5*40+GR*80
95 POKE 1024+X,81:POKE 55296+X,1
100 FOR K=1 TO 34
105 RN=INT(RND(TI)/WA)
110 IF RN=0 THEN Y=2:YR=YR+2
115 IF RN>0 THEN Y=-80:YO=YO+2
120 IF N<20 THEN GOSUB 300
130 IF YR>2*GR AND Y=2 THEN Y=0
135 IF YO>2*GR AND Y=-80 THEN Y=0
140 POKE 1024+X,32
145 X=X+Y
150 POKE 1024+X,81:POKE 55296+X,1
160 REM TREFFERMELDUNG
165 IF X=200+23 THEN GOTO 190
170 NEXT K
175 GOTO 200
190 Z(K)=Z(K)+1
191 GOSUB 400
193 POKE 1024+X,83:POKE 55296+X,0
200 NEXT N
210 PRINT"J"
215 FOR K=1 TO 25:PRINTK;:PRINTZ(K),
220 NEXT K
230 PR=0
235 FOR L=1 TO 33
237 PR=PR+L*Z(L)
239 NEXT L
240 PR=PR/AV
241 PRINT
242 PRINT"QQDIE GESUCHTE WAHRSCHEINLICHKEIT IST"
245 PRINT"Q":PRINTPR
246 GOSUB 600
247 PRINT"QGRAPHIK? J/N?"
248 POKE 198,0:WAIT 198,1
249 GET J$
250 IF J$="N"THEN END
252 PRINT"J"
255 FOR K=1 TO 20+GR
257 IF K<10 THEN PRINT" ";
260 PRINTK;:IF Z(K)=0 THEN 275
262 FOR J=1 TO Z(K):PRINT"▒";:NEXT J
275 PRINT
277 NEXT K
280 END
300 FOR I=1 TO 40:NEXT
305 RETURN
400 SI=54272:FL=SI:FH=SI+1:W=SI+4:A=SI+5:H=SI+6:L=SI+24
405 POKE L,14:POKE A,25:POKE H,68:POKE FH,29:POKEFL,69
410 POKE W,17
415 FOR T=1 TO 75:NEXT
420 POKE W,0:POKE A,0:POKE H,0
425 RETURN
450 PRINT"QQQQQQQQ]VERSUCH ZUR WAHRSCHEINLICHKEITSTHEORIE"
455 PRINT"]------- --- -----------------------"
460 GOSUB 400
465 GOSUB 300
470 GOSUB 400
475 PRINT "Q"
476 INPUT "ANZAHL DER VERSUCHE?";AV
477 PRINT"GIB GROESSE DES QUADRATES EIN ZWISCHEN":PRINT"EINS UND ACHT"
478 INPUT "GROESSE?";GR
479 IF GR<1 OR GR>8 THEN 477
480 IF GR-INT(GR)>0 THEN 477
481 PRINT"GIB WAHRSCHEINLICHKEIT FUER SCHRITT NACH":PRINT"RECHTS"
482 INPUT WA
483 PRINT"J"
485 RETURN
600 PRINT"QDER MAXIMALWERT VON SCHRITTEN"
605 FOR Q=33 TO 1 STEP -1
610 IF Z(Q)=0 THEN 620
615 IF Z(Q)>0 THEN MA=Q:GOTO 625
620 NEXT Q
625 PRINT"WURDE ERREICHT FUER K = "MA
630 RETURN
```

39. EINIGE UNENDLICHE REIHEN

In § 38 traten die Reihen

$$(1)\quad \begin{cases} P_1 = \sum_{k=2}^{\infty} k \cdot 2^{-(k-1)} = \frac{1}{2} \sum_{k=0}^{\infty} (k+2) \cdot 2^{-k} \\ P_n = 2n \cdot \binom{2n}{n} \cdot 2^{-2n} + \sum_{k=1}^{\infty} \frac{2n+k}{2^{2n+k}}\, 2 \cdot \left\{ \binom{2n+k}{n} - \binom{2n+k-1}{n} \right\} \end{cases}$$

auf, die hier theoretisch und numerisch behandelt werden sollen.

A. Theoretische Auswertung von P_n.

Man rechnet leicht nach, daß für $n = 1,2,\ldots$

$$(2)\quad P_n = \sum_{k=0}^{\infty} \binom{2n+k}{n} \cdot \frac{2n}{2^{2n+k}}$$

ist. Bilden wir die Potenreihe

$$(3)\quad F_n(x) = \frac{2n}{2^{2n}} \sum_{k=0}^{\infty} \binom{2n+k}{n} \cdot x^k ,$$

so ist diese etwa auf Grund des Quotientenkriteriums für $|x| < 1$ absolut konvergent, und es gilt

$$(4)\quad P_n = F_n(\tfrac{1}{2}) .$$

Die Binominalkoeffizienten

$$\binom{2n+k}{n} = \frac{(2n+k)\cdot(2n+k-1)\ldots\ldots(n+k+1)}{n!}$$

stellen, als Funktion von k betrachtet, ein Polynom vom Grade n dar. Es ist bekannt, daß Potenzreihen der Gestalt

$$\sum_{k=0}^{\infty} \text{Polynom}(k) \cdot x^k$$

<u>rationale</u> Funktionen darstellen; den einfachsten Fall gibt die wohlbekannte geometrische Reihe,

(5) $$\sum_{k=0}^{\infty} x^k = \frac{1}{1-x} \quad \text{für} \quad |x| < 1 \quad .$$

Um die rationalen Funktionen zu bestimmen, die durch die Reihen $F_n(x)$ dargestellt werden, benützen wir die Technik der Differentiation von Potenzreihen: Da diese Potenzreihen und ihre Ableitungen in $|x| \leq r$ gleichmäßig konvergieren, solange nur $r < 1$ (fest gewählt) ist, darf die Differentiation gliedweise ausgeführt werden.

Gehen wir von

(6) $$G_n(x) = \sum_{k=0}^{\infty} x^{k+2n} = \frac{x^{2n}}{1-x} = \frac{1}{1-x} - 1 - x - \ldots - x^{2n-1}$$

aus, so erhalten wir

(7) $$G_n'(x) = \sum_{k=0}^{\infty} (k+2n) \cdot x^{k+2n-1}$$

$$= \frac{1}{(1-x)^2} - 1 - 2x - \ldots - (2n-1) \cdot x^{2n-2} ,$$

und wir können $F_1(x)$ mit $G_1(x)$ in Verbindung bringen:

$$x \cdot F_1(x) = \frac{2}{2^2} \cdot G_1'(x) \quad ,$$

also wird

(8) $$P_1 = F_1(\tfrac{1}{2}) = \frac{1}{2} \cdot (\tfrac{1}{2})^{-1} \cdot \left\{ \frac{1}{(1-\frac{1}{2})^2} - 1 \right\} = 3 \ .$$

Eine zweite Differentiation führt zu

$$G_n''(x) = \sum_{k=0}^{\infty} (k+2n)(k+2n-1)\cdot x^{k+2n-2}$$

$$= \frac{2}{(1-x)^3} - 2 - 6x - \ldots - (2n-1)\cdot(2n-2)\cdot x^{2n-3} .$$

Wegen $x^2 \cdot F_2(x) = \frac{2}{8}\cdot G_2''(x)\cdot\frac{1}{2}$ wird

(9) $$P_2 = F_2(\tfrac{1}{2}) = \frac{8}{16}\cdot\left\{\frac{2}{(\frac{1}{2})^3} - 2 - 6\cdot\frac{1}{2}\right\} = \frac{11}{2} .$$

Dreimalige Differentiation zeigt, daß

$$x^3\cdot F_3(x) = \frac{6}{2^6}\cdot\frac{1}{6}\cdot G_3'''(x) = \frac{1}{2^6}\left\{\frac{6}{(1-x)^4} - 6 - 24x - 60x^2\right\}$$

ist, also wird

(10) $$P_3 = F_3(\tfrac{1}{2}) = \frac{63}{8} = 7.75 .$$

Das Verfahren läßt sich fortsetzen, um P_4, P_5, ... zu berechnen; z.B. erhält man $P_4 = 10 + \frac{3}{16}$. Wir wollen die Berechnungen, die sich auf

(11) $$x^n\cdot F_n(x) = \frac{n!}{2^{2n}}\cdot\frac{1}{n!}\, G_n^{(n)}(x)$$

stützen, nicht weitertreiben. Der interessierte Leser kann P_5, P_6, ... ausrechnen.

B. Numerische Auswertung von P_n durch Aufsummation der Reihe.

Die Reihen

(2) $$P_n = \sum_{k=0}^{\infty} \binom{2n+k}{n}\cdot\frac{2n}{2^{2n+k}}$$

können durch den Rechner aufsummiert werden. Hierzu werden wir die Reihe in eine Summe von $k = 0$ bis K und einen Rest R_K

aufspalten. Der Index K ist so zu wählen, daß der Rest R_K kleiner als eine gewünschte Genauigkeitsschranke wird, z.B. $R_K < 10^{-8}$.

Zur Restabschätzung beachten wir, daß

$$\binom{2n+k}{n} = \frac{1}{n!}\cdot(2n+k)\cdot(2n+k-1)\dots(n+k+1) \leq \frac{(2n+k)^n}{n!} \leq \frac{2^n}{n!}\cdot k^n$$

ist, wenn wir $k \geq 2n$ voraussetzen. Setzen wir weiter voraus, daß $(1+\frac{1}{k})^n \leq 1+\frac{1}{5}$ ist[1], so wird für $r = 1,2,\dots$

$$\left(\frac{k+r}{k}\right)^n = \left(\frac{k+r}{k+r-1}\right)^n\left(\frac{k+r-1}{k+r-2}\right)^n\dots\left(\frac{k+1}{k}\right)^n \leq \left(\frac{6}{5}\right)^r .$$

Somit erhalten wir

$$\sum_{k=K}^{L}\binom{2n+k}{n}\cdot\frac{2n}{2^{2n}}\cdot(\tfrac{1}{2})^k \leq \frac{2n}{2^{2n}}\cdot\frac{1}{n!}\cdot 2^n\cdot\sum_{k=K}^{L} k^n\cdot(\tfrac{1}{2})^k$$

$$\leq \frac{2n}{2^n}\cdot\frac{1}{n!}\cdot K^n\cdot(\tfrac{1}{2})^K\cdot\sum_{k=K}^{L}(\tfrac{6}{5})^{k-K}\cdot(\tfrac{1}{2})^{k-K}$$

$$\leq \frac{2n}{2^n}\cdot\frac{1}{n!}\cdot K^n\cdot 2^{-K}\cdot\frac{1}{1-\frac{3}{5}},$$

wenn man die geometrische Reihe aufsummiert. Für $L\to\infty$ erhält man

(12) $$R_K \leq \frac{2n}{2^n}\cdot\frac{1}{n!}\cdot K^n\cdot 2^{-K}\cdot\frac{5}{2},$$

falls

(13) $$K \geq \mathrm{Max}\left\{2n,\ \frac{1}{\sqrt[n]{6/5}-1}\right\}$$

ist.

---

1) Wie man leicht nachrechnet, trifft dies zu, wenn $k \geq \left\{\sqrt[n]{\frac{6}{5}}-1\right\}^{-1}$ ist.

Aus der Restabschätzung (12) lassen wir nach Eingabe von n einen Wert von K berechnen, der zur gewünschten Fehlerschranke $R_K \leq 10^{-8}$ (etwa) führt. Für $n = 3$ und $K = 30$ erhält man z.B. eine Fehlerschranke $R_K < 10^{-5}$.

Die einzelnen Schritte, die der Rechner nun zur Bestimmung von P_n aus der Reihendarstellung (2) ausführen muß, sind die folgenden:

1) Eingabe von n.
2) Ermittle Wert von K, so daß (12) erfüllt ist.
3) Prüfe, daß auch (13) erfüllt ist.
4) Für $k = 0,1,\ldots$ berechne man die Summanden

   $$S_k = (2n+k)\cdot(2n+k-1)\ \ldots\ (n+k+1)\cdot 2^{-k} \quad ,$$

   und summiere diese auf zur Summe SU.
5) Errechne

   $$P_n = \frac{2n}{n!}\cdot\frac{1}{2^{2n}}\cdot SU$$

   und gib das Ergebnis aus.

Wir bemerken noch, daß im 4. Schritt die S_k rekursiv ermittelt werden können durch

$$S_0 = 2n\cdot(2n-1)\ldots\ldots(n+1) \quad ,$$

$$S_{k+1} = S_k\cdot\frac{1}{2}\cdot\frac{2n+k+1}{n+k+1} \quad .$$

Besser ermittle man, um Rundungsfehler klein zu halten,

$$T_k = \frac{S_k}{S_0}$$

aus

$$T_0 = 1\ ,\quad T_{k+1} = \frac{1}{2}\cdot T_k\cdot\frac{2n+k+1}{n+k+1}\ ,$$

bilde die Summe

$$TU = \sum_{k=0}^{K} T_k$$

und errechne schließlich

$$SU = S_o \cdot TU \quad .$$

```
5 PRINT"▯▶▶▶▶▯▯▯AUSWERTUNG DER UNENDLICHEN REIHE":PRINT:PRINT
10 PRINT"▶▶▶▶▶▶▶▶▶▶▶▶DO▶┌▶▶▶▶▶▶┌┐"
12 PRINT"▶▶▶▶▶▶▶▶▶▶▶▶┌─┐▶▶ 2*N+K▶▶ ▶▶2*N"
14 PRINT"▶▶▶▶▶▶▶▶▶▶▶▶▷▶▶▶ ▶▶▶▶▶▶▶ ▶▶├────"
16 PRINT"▶▶▶▶▶▶▶▶▶▶▶▶└─┘▶└┘▶▶N ▶▶└┘▶▶2N+K"
18 PRINT"▶▶▶▶▶▶▶▶▶▶▶▶K=0 ▶▶▶▶▶▶▶▶▶▶▶2▶▶"
50 INPUT "N";N
60 GOSUB 1000: REM FAKULTAET FA=N!
70 K=10
80 GOSUB 1050 REM BERECHNUNG DER SCHRANKE RK
100 IF RK>1E-08 THEN K=K+5:GOTO 80
120 GOSUB 1100 REM BEDINGUNG PRUEFEN
125 REM
130 IF K<MA THEN K=K+5:GOTO 125
150 GOSUB 1150 REM BERECHNUNG DER SUMME TU
170 GOSUB 1250 REM BERECHNE S0/4↑N
180 SU=S1*TU
200 PN=2*N*SU/FA
250 PRINT"▯▯DER GESUCHTE REIHENWERT IST"
260 PRINT"▯"PN"▯▯"
270 PRINT"WEITER?J/N?":POKE198,0:WAIT198,1:GET J$
275 IF J$="J"THEN 5
280 END
1000 REM FAKULTAET
1010 FA=1:N1=1
1020 FA=N1*FA
1030 IF N1<N THEN N1=N1+1:GOTO 1020
1040 RETURN
1050 REM REST RK
1060 RK=(K↑N)/FA
1070 RK=5*N*RK/(2↑N)
1080 RK=RK/(2↑K)
1090 RETURN
1100 REM BEDINGUNG (13)
1110 WU=(6/5)↑(1/N)-1
1120 MA=INT(1/WU)+1
1130 IF 2*N>MA THEN MA=2*N
1140 RETURN
1150 REM SUMME TU
1160 T0=1:TU=1
1170 FOR L=1 TO K
1180 FR=(2*N+L)/(N+L):FR=FR/2
1190 T0=FR*T0
1200 TU=TU+T0
1220 NEXT L
1240 RETURN
1250 REM SO/(4↑N)
1260 S1=1
1265 FOR T=1 TO N
1270 S1=S1*(T+N)/4
1280 NEXT T
1290 RETURN
```

Die Formel im Titel des Programms ist etwas mühsam zusammenzusetzen. Die Benützung von "Sprites" ist noch mühsamer, gibt aber ein schöneres Bild.

Wir bemerken abschließend, daß das hier benützte Vorgehen grundsätzlich zum Aufsummieren jeder Reihe benutzt werden kann. (Man vgl. auch den Abschnitt "Zur Berechnung von π").

4o. HARMONISCHE REIHEN, EULER'SCHE SUMMENFORMEL

Wir stellen uns die Aufgabe, die Werte der unendlichen Reihen

$$\sum_{n=1}^{\infty} \frac{1}{n^k}, \qquad k = 2, 3, \ldots,$$

numerisch auszuwerten; die Reihen sind für reelles $k > 1$ konvergent, für $k \leq 1$ divergent.

Die Reihen sind deshalb von Interesse, weil für <u>gerades</u>[1) $k \geq 2$ die Beziehungen

$$(1) \qquad \sum_{n=1}^{\infty} \frac{1}{n^k} = \frac{1}{2} \cdot |B_k| \cdot \frac{2^k}{k!} \cdot \pi^k$$

gelten, wobei die B_k die durch die für $|t| < 2\pi$ konvergente Reihenentwicklung

$$(2) \qquad \frac{t}{e^t - 1} = \sum_{n=0}^{\infty} B_n \cdot \frac{t^n}{n!}$$

definierten Bernoulli'schen Zahlen bezeichnen; diese können leicht aus der für $n \geq 2$ gültigen Rekursionsformel

$$(3) \qquad B_n = \sum_{k=0}^{n} \binom{n}{k} \cdot B_k, \quad B_0 = 1, \quad B_1 = -\frac{1}{2},$$

schrittweise berechnet werden. Man erhält

---

1) Für ungerades k sind keine derartigen Beziehungen bekannt. Seit kurzem weiß man wenigstens, daß $\sum_1^{\infty} 1/n^3$ irrational ist (Apéry).

$$B_0 = 1,\quad B_1 = -\frac{1}{2},\quad B_2 = \frac{1}{6},\quad B_3 = 0,\quad B_4 = -\frac{1}{30},$$
$$B_5 = 0,\quad B_6 = \frac{1}{42},\quad B_7 = 0,\quad B_8 = -\frac{1}{30},\quad \ldots\ .$$

Beziehung (1) ermöglicht somit eine Berechnung des Wertes von π . Es ist

$$\pi^2 = 6\cdot\sum_1^\infty n^{-2},\quad \pi^4 = 90\cdot\sum_1^\infty n^{-4},\quad \pi^6 = 945\cdot\sum_1^\infty n^{-6},\quad \text{etc.}$$

Relation (1) kann man für kleine k durch Ausmultiplizieren des Produkts für $\sin(\pi z)$,

$$\sin \pi z = \pi z\cdot\prod_{k=1}^\infty \left(1 - \frac{z^2}{k^2}\right)$$

und Vergleich mit der Reihenentwicklung

$$\sin \pi z = \sum_{r=1}^\infty \frac{(-1)^{r-1}}{(2r-1)!}\cdot(\pi z)^{2r-1}$$

erhalten[1].

Nun aber zurück zu den Reihen $\sum_{n=1}^\infty n^{-k}$.

Zunächst müssen wir überlegen, wie weit wir die Rechnung treiben müssen. Zur Abschätzung des Reihenrests verwenden wir die bei vielen ähnlichen Problemen sehr gut brauchbare

Euler'sche Summenformel. Ist g eine auf $[a,x]$ stetig differenzierbare Funktion, so ist

$$(4)\qquad \sum_{a<n\leq x} g(n) = \int_a^x g(u)du + \int_a^x B_0(u)\cdot g'(u)du$$
$$- g(x)\cdot B_0(x) + g(a)\cdot B_0(a)\ ,$$

---

1) Ein allgemeiner Beweis der Formel (1) findet sich z.B. in N.Koblitz [49] , p.22-25.

wobei[1])

(5) $$B_o(x) = x - [x] - \frac{1}{2}$$

die angegebene, mit Periode 1 periodische Funktion bezeichnet.

Bemerkung.

Das auf der rechten Seite von (4) auftretende zweite Integral läßt sich durch partielle Integration noch weiter umformen, wenn g(u) mehrfach differenzierbar ist, z.B. ist für ganzes a

(6) $$\int_a^x B_o(u)\cdot g'(u)du = g'(x)\cdot \int_{[x]}^x B_o(u)du - \int_a^x g''(u)\cdot \int_{[u]}^u B_o(v)dv\, du;$$

denn das Integral $\int_G^H B_o(u)du$ ergibt Null, wenn G und H ganze Zahlen sind.

Der Nutzen der Euler'schen Summenformel besteht darin, daß eine Summe durch ein meist leicht zu berechnendes Integral $\int g(u)du$ ersetzt wird - bis auf einen Fehler, der oft leicht abgeschätzt werden kann.

Die Idee der Euler'schen Summenformel beruht auf einem Vergleich von Summe und Integral; z.B.: Ist g monoton nicht-wachsend und sind a,b ganz, so ist

(7') $$\int_a^b g(u)du \leq \sum_{a\leq n<b} g(n)$$

und

(7") $$\sum_{a<n\leq b} g(n) \leq \int_a^b g(u)du .$$

---

1) $[x]$ = INT(x) bezeichnet die größte ganze Zahl $\leq x$.

Die Beweisidee gibt die nachfolgende Skizze, in der Summe und Integral als Flächeninhalte gedeutet werden:

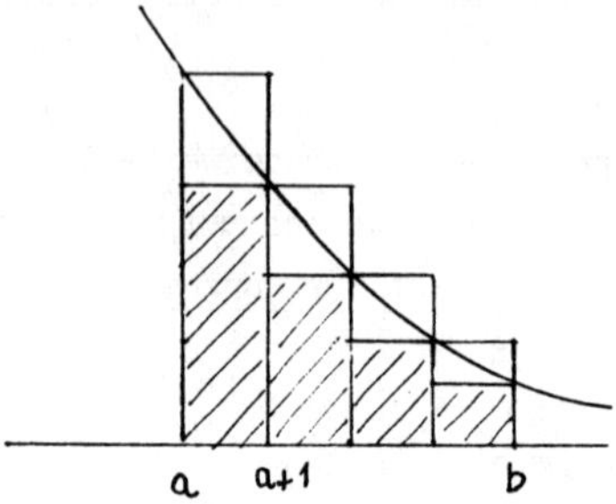

Den (nicht schwierigen) Beweis der Euler'schen Summenformel wollen wir hier unterdrücken und verweisen etwa auf [1o7], S.194-196; dort werden auch weitere Anwendungen der Summenformel gegeben.

Für unsere Reihenreste $\sum_{n=M+1}^{\infty} n^{-k}$ erhalten wir schon aus der einfachen Formel (7") die Abschätzung

$$(8) \qquad \sum_{n=M+1}^{\infty} n^{-k} \leq \int_{M}^{\infty} u^{-k} du = \frac{1}{k-1} \cdot \frac{1}{M^{k-1}} .$$

Um den Reihenrest kleiner als $1o^{-1o}$ zu machen, genügt es also, für

k =	2	4	6
M =	$1o^{1o}$	35oo	1oo

zu nehmen. Eine Aufsummation von $\sum_{n=1}^{M} n^{-k}$ bis $M = 1o^{1o}$ oder $M = 35oo$ erfordert jedoch viel Rechenzeit und würde wegen möglicher Rundungsfehler zu schlechten Ergebnissen führen (ein Fehler von $1o^{-11}$ bei jedem Rechenschritt wirkt sich bei 1o ooo Schritten möglicherweise auf die 7. Dezimale nach dem Komma aus).

Wir müssen also eine weitere Idee investieren, um den Rechenvorgang abzukürzen. Dazu verwenden wir die Euler'sche Summenformel in der Gestalt (4) und wenden diese auf $\sum_{L+1}^{M} n^{-k}$ an:

$$(9) \quad \sum_{n=L+1}^{M} n^{-k} = \int_{L}^{M} u^{-k} du - g(M) \cdot B_o(M) + g(L) \cdot B_o(L) + \text{Fehler}$$

$$= \frac{1}{k-1} \cdot \left\{ \frac{1}{L^{k-1}} - \frac{1}{M^{k-1}} \right\} + \frac{1}{2} \cdot \frac{1}{M^k} - \frac{1}{2} \cdot \frac{1}{L^k} + \text{Fehler},$$

wobei der Fehler, absolut genommen gleich

$$(1o) \qquad |\text{Fehler}| = \left| \int_{L}^{M} B_o(u) \cdot \frac{k}{u^{k+1}} du \right| \leq \frac{1}{2} \cdot \frac{1}{L^k}$$

ist (denn $|(B_o(a)| \leq \frac{1}{2})$.

Um einen Fehler $\leq 1o^{-1o}$ zu erreichen, genügt es nun, für

k =	2	4	6
L =	$1o^5$	25o	5o

zu wählen. Der Wert $L = 1o^5$ ist immer noch zu groß, für $k \geq 4$ sind die Werte für L jedoch annehmbar.

Anmerkung.

Für k = 2 könnte man die Euler'sche Summenformel in der verbesserten Gestalt (6) heranziehen: Für ganzes x ist

$g'(x) \cdot \int_{[x]}^{x} B_o(u) du = 0$, und das Fehlerglied wird für $g(x) = x^{-2}$

$$\left| \int_{a}^{x} g''(u) \cdot \left\{ \int_{[u]}^{u} B_o(v) dv \right\} du \right| \leq \int_{a}^{x} \frac{6}{u^4} \cdot \frac{1}{8} du \leq \frac{1}{4} \cdot a^{-3} \quad ..$$

Nach diesen Vorüberlegungen können wir endlich an die Erstellung unseres Programms zur Berechnung von $\sum n^{-k}$, $k \geq 3$, gehen, wobei folgende Schritte durchzuführen sind:

1) Eingabe von k.
2) Bestimmung der Schranken L und M aus den Bedingungen (1o) und (8):

$$L \geq \left(2 \cdot \frac{1}{2} \cdot 1o^{\,1o}\right)^{1/k}, \quad \text{und}$$
$$M \geq \left((k-1)^{-1} \cdot 2 \cdot 1o^{1o}\right)^{1/(k-1)}.$$

3) Berechnung der Korrekturterme in (9):

$$\frac{1}{k-1} \cdot \left\{ \frac{1}{L^{k-1}} - \frac{1}{M^{k-1}} \right\} + \frac{1}{2} \cdot \left\{ \frac{1}{M^k} - \frac{1}{L^k} \right\}.$$

4) Aufsummation der Summe
   $\sum_{n=1}^{L} n^{-k}$ von rückwärts (! d.h. FOR n = L TO 1 STEP - 1), um Rundungsfehler klein zu halten.
5) Ausgabe von k und der Summe S_k, und des Wertes π, den wir für gerades k aus S_k gemäß (1) ermitteln können.

<u>Anmerkung</u>.

1) Für die Auswertung von n^k benützen wir eine Multiplikationsschleife und nicht die Funktion n↑k, um bei den besonders kritischen kleinen Werten von n Rundungsfehler zu verkleinern.
2) Für den Exponenten 2 setzen wir die Schranken L und M (in 45) niedriger, so daß allerdings das Ergebnis ungenauer wird.

Die Erstellung des Programms sollte nun kein Problem mehr sein. (Das Unterprogramm (5oo-59o) ermittelt die Schranken L,M, (6oo-64o) den Korrekturterm, (7oo-77o) berechnet π aus dem Reihenwert SU):

```
5 S=0:SU=0
10 PRINT"█████    HARMONISCHE REIHEN UND PI":PRINT"██"
20 INPUT "SCHRANKE FUER DEN EXPONENTEN?";KK
30 FOR K=2 TO KK
40 GOSUB 500 REM SCHRANKEN
45 IF K=2 THEN L=1000:M=L*L
50 GOSUB 600 REM  KORREKTURTERM
```

```
60 FOR N=L TO 1 STEP -1
70 U=N:FOR T=1 TO K-1:U=N*U:NEXT T
90 SU=SU+1/U
100 NEXT N
120 IF K-2*INT(K/2)=0 AND K<10 THEN GOSUB 700 REM PI
150 REM AUSGABE
160 PRINT"K = "K;" REIHENSUMME = "SU
170 IF K-2*INT(K/2)=0 AND K<10 THEN PRINT" PI = "PI
175 IF K=2 THEN PRINT"  (UNGENAU!!)"
190 NEXT K
200 END
500 REM SCHRANKEN
510 EX=10/K:L=10↑EX
530 L=INT(L)
540 EX=10/(K-1):EY=EX/10
550 M1=10↑EX:M2=((K-1)/2)↑EY
560 M=INT(M1+M2)
590 RETURN
600 REM KORREKTUR
610 S1=(M↑(-K)-L↑(-K))/2:S2=(L↑(1-K)-M↑(1-K))/(K-1)
630 SU=S1+S2
640 RETURN
700 REM PI
710 FA=1:FOR T=2 TO K:FA=T*FA:NEXT T
730 READ B:B=ABS(B)
740 ER=2*FA/(2↑K):ER=SU*B*ER
760 PI=ER↑(1/K)
770 RETURN
800 DATA 6,-30,42,-30
```

Man beachte, daß die Addition der 1 im letzten Schritt der Schleife für die Berechnung der Reihenwerte bereits errechnete Dezimalstellen "zerstört". Der Rechner ermittelt (ohne die 1) die Summen

$S_4 = 1 + 0.082\ 323\ 233\ 7,$

$S_5 = 1 + 0.036\ 927\ 755\ 1,$

$S_6 = 1 + 0.017\ 343\ 062\ 0,$

$S_7 = 1 + 0.008\ 349\ 277\ 37,$

$S_8 = 1 + 0.004\ 077\ 356\ 18,$

$S_9 = 1 + 0.002\ 008\ 392\ 81,$

$S_{10} = 1 + 0.000\ 994\ 575\ 117.$

Diese geben zumindest auf 1o Dezimalstellen nach dem Komma die gerundeten Werte.

ÜBUNGEN

1) Man schreibe ein Programm, das mit Hilfe der Rekursionsformel (3) die Bernoullischen Zahlen B_k berechnet und ausgibt.
2) Man benutze die Euler'sche Summenformel (in der Gestalt (6)) mit $g(x) = \log x$, um die Stirling'sche Formel

$$\log(n!) = n \cdot \log n - n + \frac{1}{2} \log n + D + \text{Fehler}$$

zu beweisen. Hierbei ist der Fehler

$$|\text{Fehler}| \leq \frac{1}{8} \cdot \frac{1}{n} ,$$

und D ist eine Konstante (nämlich $D = \frac{1}{2} \log 2\pi$, was aber eine gesonderte Untersuchung erfordert).
3) Man ändere das Programm so ab, daß es auch für nicht-ganze $k > 2$ verwendbar wird.

41. EULER'S KONSTANTE

Euler's Konstante

$$\mathcal{C} = 0.57721\ 56649\ 01532\ 86060\ 6512o\ \dots\ \dots$$

spielt in einigen Teilen der Mathematik eine wichtige Rolle. Die Euler'sche Konstante kann definiert werden als

$$\mathcal{C} = \lim_{X \to \infty} \left\{ \sum_{N=1}^{X-1} \frac{1}{N} - \log(X) \right\} .$$

Aus dieser Beziehung ist $\mathcal{C}$ direkt kaum vernünftig berechenbar; verwendet man jedoch die Euler'sche Summenformel hoher Ordnung zur Berechnung von $\sum 1/N$, so erhält man für ganzes X

(1)
$$\mathcal{C} = \sum_{N=1}^{X-1} 1/N - \log(X) + \frac{1}{2X} + \frac{1}{12X^2} - \frac{1}{12oX^4} + \frac{1}{252X^6} - \frac{1}{24oX^8} \dots + \frac{B_{2r}}{2r} \cdot \frac{1}{X^{2r}} + F_r \quad ,$$

wobei der Fehler F_r durch

(2)
$$|F_r| \leq \frac{|B_{2r+2}|}{2(r+1)} \cdot \frac{1}{X^{2r+2}}$$

abgeschätzt werden kann. Mit B_k bezeichnen wir die uns schon aus § 4o bekannten Bernoulli'schen Zahlen ($B_2 = \frac{1}{6}$, $B_4 = -\frac{1}{3o}$, $B_6 = \frac{1}{42}$, $B_8 = -\frac{1}{3o}$, ...). Mit r = 3 und X = 11 ist der Fehler F_r absolut genommen bereits kleiner als $1o^{-1o}$.

Das am Ende dieses Paragraphen zur Berechnung von $\mathcal{C}$ mit Hilfe von (1) gegebene Programm ist kurz und leicht verständlich.

Die Euler'sche Konstante hat die verschiedensten Integraldarstellungen (man vgl. Gradshteyn-Ryzhik [26], 8367, p.946); z.B. ist

$$(3)\quad \mathcal{C} = \int_0^1 (1 - e^{-t}) \cdot \frac{dt}{t} - \int_1^\infty e^{-t} \frac{dt}{t},$$

$$(4)\quad \mathcal{C} = -\int_0^\infty e^{-t} \log t \, dt .$$

Alle diese Integraldarstellungen haben den Nachteil, daß es sich um uneigentliche Integrale handelt, man kann also etwa die Kepler'sche Faßregel nicht direkt benützen, sondern muß zunächst verschiedene Abschätzungen von Hand ausführen.

Um $\mathcal{C}$ mit Formel (3) zu berechnen, überlegt man sich, daß (für $R > 1$)

$$F_R = \int_R^\infty e^{-t} \frac{dt}{t} \leq R^{-1} \cdot \int_R^\infty e^{-t} dt = \frac{1}{R} \cdot e^{-R}$$

ist; somit ist für $R = 26$ das Restintegral

$$|F_R| < 10^{-11} .$$

Partielle Integration gibt

$$\int_S^R e^{-t} \cdot \frac{dt}{t^k} = - e^{-t} \cdot \frac{1}{t^k} \Bigg|_S^R - \int_S^R e^{-t} \cdot \frac{k\, dt}{t^{k+1}} ,$$

also wird durch fortgesetzte partielle Integrationen

$$\int_S^R e^{-t} \cdot \frac{dt}{t} = \sum_{k=1}^{K} (-1)^k \cdot (k-1)! \cdot \left(\frac{1}{R^k} - \frac{1}{S^k}\right) \pm \int_S^R e^{-t} \cdot \frac{K!\,dt}{t^{K+1}} .$$

Das letztstehende Integral wird als Fehler betrachtet und kann durch

$$\left| \int_S^R \ldots \right| \leq K! \cdot e^{-S} \cdot S^{-(K+1)}$$

abgeschätzt werden. Mit $K = 4$, $S = 15$ erhält man einen weiteren Fehler $\leq 10^{-11}$.

Das Integral $\int_1^S e^{-t} \cdot t^{-1}\, dt$ schließlich wird in

$$\int_1^2 , \int_2^4 , \int_4^8 , \int_8^S$$

zerlegt; auf diese Integrale kann man die Kepler'sche Faßregel anwenden, wobei in jedem dieser Integrationsbereiche verschiedene Schrittweiten zu nehmen sind. Das Integral $\int_0^1 (1-e^{-t}) \cdot t^{-1}\, dt$ zerlegt man in $\int_0^{1/10}$ und $\int_{1/10}^1$.

Auf das zweite Integral wird die Faßregel angewandt, im ersten Integral ersetzt man e^{-t} durch den Anfang seiner Taylorentwicklung.

Man sieht, wie mühsam die Berechnung solcher Integrale sein kann. Die Einzelheiten sollen hier nicht ausgeführt werden, im nächsten Paragraphen müssen ähnliche Überlegungen zur Berechnung der Gammafunktion durchgeführt werden.

Die Euler'sche Konstante hängt mit der Gammafunktion[1] zusammen, die für komplexes z mit Realteil $\operatorname{Re} z > 0$ durch

$$\Gamma(z) = \int_0^\infty e^{-t} \cdot t^{z-1}\, dt$$

definiert werden kann. Die Γ-Funktion interpoliert die Fakultät wegen

$$\Gamma(n) = (n-1)! \quad \text{für } n = 1,2,\ldots,$$

und genügt der Funktionalgleichung

---

1) Man sehe z.B. Titchmarsh [115], § 1.86.

$$\Gamma(z+1) = z \cdot \Gamma(z) \quad .$$

Der reziproke Wert $1/\Gamma(z)$ ist eine "ganze" Funktion im Sinne der Funktionentheorie und hat die Weierstraß'sche Produktentwicklung .

$$\frac{1}{\Gamma(z)} = z \cdot e^{\mathcal{C} z} \cdot \prod_{n=1}^{\infty} \left(1+\frac{z}{n}\right) e^{-z/n} \quad ,$$

wobei wieder die Euler'sche Konstante eingeht. Hieraus folgt

$$\mathcal{C} = -\psi(1) \quad ,$$

wobei

$$\psi(z) = \frac{d}{dz} \log\left(\Gamma(z)\right)$$

die logarithmische Ableitung der Gammafunktion ist.

Die Euler'sche Konstante berechnet sich am einfachsten mit der zuerst angegebenen Methode; das BASIC-Programm hierfür wird nachstehend angegeben.

```
5 PRINT"                EULER'S KONSTANTE"
7 PRINT"                _________________"
10 X=15:SU=0
20 E1=1/(2*X):E2=E1/(6*X):E3=E2/(10*X*X):E4=(10*E3)/(21*X*X)
30 FOR N=X-1 TO 1 STEP -1
40 SU=SU+1/N:NEXT N
50 C=SU-LOG(X)+E1+E2-E3+E4
60 FE=X↑(-8)/240
70 PRINT"EULER'S KONSTANTE = "C
75 PRINT"FEHLERSCHRANKE IST < "FE
80 PRINT"RUNDUNGSFEHLER SIND IN DIESER SCHRANKE":PRINT"NICHT BERUECKSICHTIGT."
90 END
```

```
euler's konstante =  .577215665
FEHLERSCHRANKE IST <  1.62576843E-12
RUNDUNGSFEHLER SIND NICHT BERUECKSICHTIGT.
```

Wir bemerken noch, daß D.W.Sweeney [113] die Euler'sche Konstante auf 3566 Dezimalstellen genau berechnet hat. Die verwendete Methode ist die folgende: Das Exponentialintegral ist

$$-\mathrm{Ei}(-x) = \int_x^\infty \frac{e^{-t}}{t}\,dt = -\mathcal{C} - \log x + x - \frac{x^2}{2\cdot 2!} + \frac{x^3}{3\cdot 3!} - + \ldots$$

$$= -\mathcal{C} - \log x + S(x) \;;$$

es hat die asymptotische Entwicklung

$$-\mathrm{Ei}(-x) \approx \frac{1}{x}\cdot e^{-x}\cdot\left(1 - \frac{1}{x} + \frac{2!}{x^2} - + \ldots.\right) = 0.22\cdot 10^{-3561}$$

für $x = 8192$. Somit genügt zur Berechnung von $\mathcal{C}$ die Auswertung von log x und S(x) auf die gewünschte Anzahl von Dezimalstellen (höchstens jedoch 356o).

42. DIE GAMMA-FUNKTION

Für $x > 0$ ist die Gamma-Funktion definiert durch das uneigentliche Integral

(1) $$\Gamma(x) = \int_0^\infty t^{x-1} \cdot e^{-t}\, dt \quad .$$

Die Γ-Funktion genügt der Funktionalgleichung[1)]

(2) $$\Gamma(x+1) = x \cdot \Gamma(x) \qquad (\text{für } x > 0)$$

(insbesondere ist als $\Gamma(n+1) = n!$ für $n = 1,2,\ldots.$), und erfüllt

(3) $$\Gamma(1-x) \cdot \Gamma(x) = \frac{\pi}{\sin \pi x} \quad (\text{für } 0 < x < 1),$$

und

(4) $$\Gamma(\tfrac{1}{2} + x) \cdot \Gamma(\tfrac{1}{2} - x) = \frac{\pi}{\cos \pi x} \quad (\text{für } 0 < x < \tfrac{1}{2}).$$

Weiterhin gilt die Legendre'sche Duplikationsformel

(5) $$\Gamma(2x) = \frac{2^{2x-1}}{\sqrt{\pi}} \cdot \Gamma(x) \cdot \Gamma(x + \tfrac{1}{2}) \quad .$$

Schließlich läßt sich für $p > 0$, $q > 0$ die Beta-Funktion

(6) $$B(p,q) = \int_0^1 x^{p-1} \cdot (1-x)^{q-1}\, dx$$

---

1) Man vgl. Artin [4], Flügge [23], Titchmarsh [115], Spiegel [112], Gradshteyn-Ryzhik [26], Buck [13].
Gleichung (2) folgt durch partielle Integration. (3), (4) und (5) lassen sich als Spezialfälle von (7) deuten.

durch Gamma-Funktionen ausdrücken:

(7) $$B(p,q) = \frac{\Gamma(p)\cdot\Gamma(q)}{\Gamma(p+q)} .$$

Für $p \geq 1$, $q \geq 1$ ist das Beta-Integral (6) der numerischen Integration gut zugänglich. Viele Integrale lassen sich auf die Betafunktion zurückführen.

(Beispiele: $$\int_0^1 \frac{dx}{\sqrt{1-x^4}} = \frac{1}{4}\cdot B(\tfrac{1}{4}, \tfrac{1}{2}) ;$$

$$\int_0^{\pi/2} \sqrt{\sin t}\, dt = \frac{2\,\Gamma(\frac{3}{4})\cdot\Gamma(\frac{1}{2})}{\Gamma(\frac{1}{4})} .\;)$$

Zur Auswertung der Γ-Funktion könnte die asymptotische Entwicklung herangezogen werden,

$$\log\Gamma(x) = x\,\log x - x - \frac{1}{2}\log x + \log\sqrt{2\pi} + \sum_{k=1}^{N-1} \frac{B_{2k}}{2k\cdot(2k-1)\cdot x^{2k-1}} + R_N(x) ,$$

wobei

$$|R_N(x)| \leq \frac{|B_{2N}|}{2N(2N-1)\cdot|x|^{2N-1}}$$

ist. OBd A. darf man $1o \leq x \leq 11$ annehmen (durch die Funktionalgleichung (2) kommt man leicht in den gewünschten Bereich des Arguments zurück) und kann dann eine passenden Fehlerabschätzung durchführen.

Die Produktdarstellung

(9) $$\frac{1}{\Gamma(x)} = x\cdot e^{Cx}\cdot\prod_{n=1}^{\infty}(1+\frac{x}{n})\cdot e^{-x/n}$$

konvergiert nicht besonders gut und ist deshalb zur genauen Berechnung von Werten $\Gamma(x)$ wenig geeignet.

Wir wollen uns zur Berechnung von Werten der Gamma-Funktion nur auf die Definitionsgleichung (1) und die Funktionalgleichung (2) stützen.

Auf Grund der Fnktionalgleichung (2) darf man sich für die Berechnung der Werte der Γ-Funktion auf ein günstig gewähltes Intervall der Länge 1 beschränken, z.B. auf das Intervall $1 \leq x \leq 2$.

Zunächst muß der Integrationsbereich $[0, \infty)$ auf ein endliches Intervall zurückgeführt werden. Hierzu schätzen wir durch partielle Integration das Restintegral

$$(1o) \quad \int_R^\infty t^{x-1} \cdot e^{-t}\, dt \leq (R+1) \cdot e^{-R} \quad (\text{wenn } 1 \leq x \leq 2)$$

(in naheliegender Weise) ab. Das Restintegral wird klein, wenn R genügend groß gewählt wird. Für

$$R = 3o \quad \text{wird} \quad \int_R^\infty \ldots < \frac{1}{2} \cdot 1o^{-11} .$$

Das zu berechnende Integral $\int_o^R$ zerlegen wir

$$\text{in} \qquad I_o = \int_o^1 t^{x-1} \cdot e^{-t}\, dt$$

$$\text{und} \qquad I_r = \int_r^{r+1} t^{x-1} \cdot e^{-t}\, dt , \qquad r = 1,2,\ldots,R-1.$$

I_o wird durch Taylorentwicklung von e^{-t} bestimmt, die Integrale I_r werden mit der Kepler'schen Faßregel berechnet.

Für diese ist die Kenntnis einer oberen Schranke für die dritte Ableitung von

(11) $$g(t) = t^{x-1} \cdot e^{-t}$$

nötig.

Differentiation nach t führt zu

$$g'(t) = - g(t) + (x-1) \cdot \frac{g(t)}{t} ,$$

$$g'' = - g' + (x-1)(tg'-g)/t^2 ,$$

$$g''' = - g'' + (x-1)(t^2g'' - 2tg' + 2g)/t^3 .$$

Wegen $0 \leq x-1 \leq 1$ und $t \geq 1$ folgt der Reihe nach

(12) $$\begin{cases} |g'(t)| \leq 2g(t), \quad |g''(t)| \leq 2|g'(t)| + |g(t)| \leq 5\, g(t), \\ |g'''(t)| \leq 16\, g(t) . \end{cases}$$

Wir beachten noch, daß $g'(t) \leq 0$ für $t \geq (x-1)$ ist, also ist

(13) $g(t)$ monoton fallend für $t \geq 1$.

Das Maximum MA von $|g'''(t)|$ in $r \leq t \leq r+1$ ist also sicher

$$MA \leq 16 \cdot r^{x-1} \cdot e^{-r} \leq 16e^{-r} .$$

Schließlich ist durch Taylor-Entwicklung[1)]

$$I_o = \int_o^1 t^{x-1} \left\{ \sum_{n=0}^{Q} (-1)^n \cdot \frac{t^n}{n!} + R_Q(t) \right\} dt$$

$$= \sum_{n=0}^{Q} \frac{(-1)^n}{n!} \cdot \frac{1}{n+x} + R_Q^* ,$$

wobei der Rest

$$|R_Q^*| \leq \max_{0 \leq t \leq 1} |R_Q(t)| \leq \frac{1}{(Q+1)!}$$

---

1) Hierbei ist $$R_Q(t) = \frac{1}{(Q+1)!} t^{Q+1} \cdot e^{-t\theta}$$ mit $0<\theta<1$.

ist. Für $Q = 15$ erhalten wir $|R^*_Q| \leq 10^{-13}$.

Aus dem Programm "Numerische Integration" übernehmen wir die Subroutine Integralwert (2oo-26o) und bauen diese in die Berechnung der Werte der Γ-Funktion ein. Die Beschreibung der Einzelheiten darf übergangen werden, das fertige Programm folgt:

```
5 PRINT"■■■        WERTE DER GAMMA-FUNKTION"
10 PRINT"■DIESE WERTE WERDEN IN 1<X<2 BERECHNET":PRINT"WIEVIEL X-WERTE?"
15 INPUT "ANZAHL";AX:FS=3E-9:DIM G(AX):DIM I(30):G(0)=1:Y=1/AX
17 PRINT"GAMMA(1) = 1"
20 DEFFNA(Z)=(Z↑(X-1))/EXP(Z)
30 FOR U=1 TO AX:X=1+U*Y:GA=0
35 FOR R=1 TO 19:A=R:B=R+1:MA=16/EXP(R)
40 RS=MA*((B-A)↑4)/FS:RS=RS/100
50 N=INT(RS↑(1/3))+1
60 GOSUB 200 REM INTEGRALWERT
70 I(R)=IN:GA=GA+IN
80 NEXT R
100 GOSUB 500 REM I(0)
110 GA=GA+I(0):G(U)=GA
120 PRINT"GAMMA("X")=",G(U)
130 NEXT U
150 FOR U=1 TO AX:X=U*Y
155 PRINT"GAMMA("X")=",G(U)/X
160 NEXT U
170 END
200 REM INTEGRALWERT
205 M=2*N:SU=0:H=(B-A)/M
210 SU=FNA(A)+FNA(B)
215 FOR W=1 TO M-1
220 IF W-2*INT(W/2)>0 THEN F=4:GOTO 230
225 F=2
230 XX=A+W*H
240 SU=SU+F*FNA(XX)
245 NEXT W
250 IN=SU*H/3
260 RETURN
500 REM I(0)
510 I(0)=1/X:TE=1/X
515 FOR Q=1 TO 11
520 TE=-TE*(Q-1+X)/(Q*(Q+X)):I(0)=I(0)+TE
550 NEXT Q
570 RETURN
```

Bemerkung 1.

Zur Kontrolle: $\Gamma(\frac{3}{2}) = \frac{1}{2}\sqrt{\pi}$.

Bemerkung 2.

Wegen der langen Rechenzeit (die Funktionswerte von g(t) sind schwer zu berechnen!) wurden nicht die vorstehend ermittelten Schranken in das Programm eingebaut, sondern nur R = 19 und eine Fehlerschranke $FS = 3 \cdot 10^{-9}$. Wenn man von Rundungsfehlern absieht, ergibt sich dann ein Fehler $< 10^{-7}$, doch wirken sich Rundungsfehler vermutlich noch weiter aus.

Das Programm hat die folgenden Werte der Gamma-Funktion berechnet; $\Gamma(1.5)$ weicht von $\frac{1}{2}\sqrt{\pi}$ um weniger als 9×10^{-9}, $\Gamma(2)$ von 1 um weniger als 5×10^{-8} ab.

```
gamma( 1.05 )=          .973504263
gamma( 1.1 )=          .951350767
gamma( 1.15 )=          .933040928
gamma( 1.2 )=          .918168739
gamma( 1.25 )=          .906402472
gamma( 1.3 )=          .897470691
gamma( 1.35 )=          .891151436
gamma( 1.4 )=          .88726381
gamma( 1.45 )=          .885661373
gamma( 1.5 )=          .886226917
gamma( 1.55 )=          .888868337
gamma( 1.6 )=          .893515336
gamma( 1.65 )=          .900116801
gamma( 1.7 )=          .908638716
gamma( 1.75 )=          .919062507
gamma( 1.8 )=          .931383747
gamma( 1.85 )=          .94561115
gamma( 1.9 )=          .9617658
gamma( 1.95 )=          .979880614
gamma( 2 )=          .999999956
```

VIII. VERMISCHTES

In diesem Kapitel werden einige Anwendungen von mathematischen Ideen aus früheren Kapiteln gegeben.

Der "ewige Kalender" ist eine Übungsaufgabe zum sorgfältigen Abzählen, "Mischen von Skatkarten" verwendet die Funktion RND und eine einfache Anordnungsroutine. Das Codierungsverfahren von Rivest, Shamir und Adleman benützt zahlentheoretische Ideen, insbesondere wird das Rechnen mit Restklassen verwendet. Das "Problem der acht Schach-Damen" und die "Mattführung mit Turm und König" soll zeigen, wie gewisse vage formulierte Strategien auf dem Rechner verwirklicht werden können. Der "Musiktest" nützt die klanglichen Möglichkeiten des Commodore VC 64 (teilweise) aus. Im Paragraphen zur "Fermatschen Vermutung" werden tiefliegende Ergebnisse der algebraischen Zahlentheorie gegeben, die benützt werden können, um durch den Rechner die Unlösbarkeit der Fermat'schen Vermutung für einige Exponenten zu beweisen. Im letzten Paragraphen werden einige zum Teil sehr schwere "Übungsaufgaben" zusammengestellt, die den Interessierten zur Durchdringung recht komplizierter Sachverhalte anregen sollen; besonders interessant, aber auch besonders schwierig dürften die Behandlung der "Kummer'schen Vermutung" und der "unitär perfekten Zahlen" sein.

43. EIN EWIGER KALENDER

Der ewige Kalender[1] gibt zu jedem gewählten Datum den Wochentag, etwa Mittwoch , an. Da jeder siebte Tag wieder auf denselben Wochentag fällt, besteht das grundsätzliche Problem nur in einer Bestimmung des Restes modulo 7, das freilich dadurch kompliziert wird, daß die Monate unterschiedlich lang sind und daß es Schaltjahre gibt.

Der 1. Januar 1984 war ein Sonntag; da 156 : 7 = 22, Rest 2 ist, muß der 156. Tag des Jahres 1984 ein Montag sein. Ein gegebenes Datum des Jahres 1984 muß also erst umgerechnet werden in die Form: N-ter Tag des Jahres. Wird das Datum in der Form T.M. gegeben, wobei T den Tag bezeichnet und M den Monat, so lassen sich die Tage seit Jahresbeginn leicht abzählen: Deren Anzahl ist (T + Summe der Tageszahlen der Monate vor M), z.B. für den 4. Juni[2]:

$$4 + (31 + 29 + 31 + 3o + 31) = 156,$$

der 4. Juni 1984 ist also ein Montag.

Da ein Jahr 365 Tage (bzw. 366 Tage für ein Schaltjahr) hat und 365 bei Division durch 7 den Rest 1 läßt, verschiebt sich der Wochentag um 1 für jedes normale Jahr, bzw. um 2 für jedes Schalt-

---

1) vgl. etwa Indlekofer [4o] , p. 1o6 ff.

2) Man beachte, daß 1984 ein Schaltjahr ist - der Februar hat 29 Tage. Schaltjahre sind alle diejenigen Jahre, die durch 4 teilbar sind; durch 1oo teilbare Jahreszahlen sind nur dann Schaltjahre, wenn sie sogar durch 4oo teilbar sind (19oo ist kein Schaltjahr, wohl aber 2ooo!).

jahr. Der 1. Januar 1985 ist also ein Dienstag, der 1.1.1986 ein Mittwoch, der 1.1.1983 ein Samstag, etc.

Vom 1. Januar 16oo bis zum 1.1.1984 sind 384 Jahre vergangen, davon sind die Jahre 16oo, 16o4, ..., ... 198o Schaltjahre, nicht aber die Jahre 17oo, 18oo, 19oo; es ergeben sich 25 + 24 + 24 + 2o = 93 Schaltjahre. Der Wochentag hat sich also um den Rest von

$$(384 - 93) \cdot 1 + 93 \cdot 2 = 477$$

bei Division durch 7, d.h. um 1, nach rückwärts verschoben, der 1.1.16oo war also ein Samstag.

Dieser Tag soll als Ausgangspunkt unserer Zählung dienen[1]. Wird ein Datum

T.M.J

(Tag/Monat/Jahr) gegeben, so zählen wir zunächst die Anzahl A1 der von 16oo einschließlich bis zum Jahr J ausschließlich verflossenen Jahre, wobei Schaltjahre doppelt zu zählen sind:

A1 = (J - 16oo) + 1 + INT((J - 16o1)/4)

- INT((J - 16o1)/1oo)

+ INT((J - 16o1)/4oo).

Sodann werden die bis zum 1. des angegebenen Monats verflossenen Tage abgezählt; wir stellen uns die Eingabe von M als Zahl vor, somit wird

A2 = 3o * (M-1) + KO + KS

wobei der Korrekturterm KO die unterschiedliche Länge der Monate berücksichtigt:

M	1	2	3	4	5	6	7	8	9	10	11	12
KO	0	1	-1	0	0	1	1	2	3	3	4	4

KS berücksichtigt, ob der Februar 29 Tage hat:

---
1) Da der Gregorianische Kalender 1582 eingeführt wurde, gilt unser "ewiger" Kalender erst ab dem Jahre 1583.

KS = 1, falls $M \geq 3$ und falls J ein Schaltjahr ist. Andernfalls ist KS = 0. Die Anzahl der Tage ist

$$A3 = T .$$

Die Korrektur zum Wochentag "Samstag" des 1.1.16oo ist also der Rest R von

$$A = (A1 + A2 + A3)$$

bei Division durch 7.

R	0	1	2	3	4	5	6
Ausgabe	Fr	Sa	So	Mo	Di	Mi	Do

Bei der Erstellung des Programms müssen wir uns ein paar Gedanken über die Eingabe machen: Das Datum T.M.J wird als String DA$ eingegeben, wobei wir den Monat durch Ziffern beschreiben. T,M,J können wir dann als Teilstring von DA$ ermitteln, wobei der Punkt als Trennmarke dient. Ein Punkt am Ende (in Zeile 25 angefügt) dient auch als Endmarkierung von DA$.

Nach diesen Vorüberlegungen sollte die Erstellung des Programms keine Schwierigkeiten bereiten.

Eingabe

```
5 PRINT"♥":PRINT"QQ▶▶▶▶▶EWIGER KALENDER"
10 PRINT"QQGIB EIN DATUM IN DER FORM"
12 PRINT"TAG.MONAT (IN ZIFFERN).JAHR"
14 PRINT"EIN, Z.B.    3.11.1938"
20 INPUT "DATUM";DB$
25 DA$=DB$+"."
40 K=1:T$="":M$="":J$=""
45 Z$=MID$(DA$,K,1)
50 IF Z$<>"." THEN T$=T$+Z$:K=K+1:GOTO 45
53 K=K+1
55 Z$=MID$(DA$,K,1)
60 IF Z$<>"." THEN M$=M$+Z$:K=K+1:GOTO 55
63 K=K+1
65 Z$=MID$(DA$,K,1)
70 IF Z$<>"." THEN J$=J$+Z$:K=K+1:GOTO 65
80 T=VAL(T$):M=VAL(M$):J=VAL(J$)
85 IF J<1583 THEN PRINT"GREGORIANISCHER KALENDER NICHT ANWENDBAR":GOTO 10
90 KS=0
100 A1= J-1600+INT((J-1601)/4)-INT((J-1601)/100)+INT((J-1601)/400)+1
110 A3=T
```

```
120 GOSUB 500:REM SCHALTJAHR
130 IF SJ=1 AND M>2 THEN KS=1
140 IF M=1 OR M=4 OR M=5 THEN KO=0        Korrekturterm
141 IF M=3 THEN KO=-1
142 IF M=2 OR M=6 OR M=7 THEN KO=1
143 IF M=8 THEN KO=2
144 IF M=9 OR M=10 THEN KO=3
145 IF M>10 THEN KO=4
160 A2= 30*(M-1)+KO+KS
170 A=A1+A2+A3
180 R= A-7*INT(A/7)
190 IF R=1 THEN R$="SAMSTAG"             Entscheidung
191 IF R=2 THEN R$="SONNTAG"
192 IF R=3 THEN R$="MONTAG"
193 IF R=4 THEN R$="DIENSTAG"
194 IF R=5 THEN R$="MITTWOCH"
195 IF R=6 THEN R$="DONNERSTAG"
196 IF R=0 THEN R$="FREITAG"
200 PRINT"DER "DB$" FAELLT AUF EINEN "R$      Ausgabe
220 PRINT"WEITER?.....J/N"
225 POKE 198,0:WAIT 198,1:GET J$
230 IF J$="J"THEN 20
240 END
500 IF J/4-INT(J/4)>0 THEN SJ=0:RETURN        Schaltjahr
510 IF J/100-INT(J/100)>0 THEN SJ=1:RETURN
520 IF J/400-INT(J/400)>0 THEN SJ=0:RETURN
530 SJ=1:RETURN
```

ÜBUNGEN

1) Man baue eine Prüfroutine ein, die dafür sorgt, daß $1 \le M \le 12$, $1 \le T \le 31$ ist (und eventuell auch dafür, daß die Tage-Anzahl T zum Monat paßt, daß also der 31.2. als unzulässig zurückgewiesen wird und daß der 29. 2. nur für ein Schaltjahr akzeptiert wird).
2) Man ändere das Programm so, daß man auf die Frage: "Welche Tage des Monats Mai 1931 fallen auf einen Donnerstag?" eine Antwort erhält.
3) Man erlaube auch Eingaben der Gestalt 3. April 73, wobei der Rechner
   a) erkennen muß (etwa durch Benützung des ASC-Codes), daß statt der erwarteten Zahl der Monat "April" in Buchstaben geschrieben ist und diesen Monat in eine Zahl ("4") übersetzen muß.
   b) eine zweistellige Jahreszahl 73 als 1973 interpretieren soll.

Zur Kontrolle des "ewigen" Kalenders:

Ostersonntage fallen z.B. auf die Daten

9.4.195o, 25.3.1951, 13.4.1952, 5.4.1953, 18.4.1954,

17.4.196o, 2.4.1961, 22.4.1962, 14.4.1963, 29.3.1964, 7.4.1985, 3o.3.1986, 19.4.1987, 3.4.1988, 26.3.1989.

Diese Daten sind aus Chamber's Shorter Six-Figure Mathematical Tables (W. & R. Chambers LTD, London, 1955) entnommen, wo auf Seite 385 weitere Osterdaten zu finden sind.

C.F. Gauß wurde am 3o. April 1777, einem Mittwoch, geboren (vgl. [24] , § 1).

Zusatz.

Zum angesprochenen Problemkreis vergleiche man auch den kürzlich erschienenen Artikel "Mathematics of the Gregorian Calendar" von F.Rickey in The Math. Intelligencer, Vol.7 (1985), 53-56.

44. MISCHEN VON SKATKARTEN

Bekanntlich können Computer nicht nur rechnen, sondern auch rasch erhebliche Mengen von Daten verarbeiten. Als ein Beispiel hierfür soll vorgeführt werden, wie der Compter mit Spielkarten hantieren kann: Die Karten sollen gemischt werden, die erhaltenen Karten sollen sodann nach Farben und Werten angeordnet werden, außerdem sollen die "Buben" herausgesucht werden - auf Wunsch sollen die Spielkarten für einen Null ouvert geordnet werden können. Natürlich arbeitet der Computer nicht mit den Karten direkt, sondern mit abstrakten Bildern dieser Karten, die ihm als Variable eingegeben werden. Ganz ohne mathematischen Hintergrund ist aber auch diese Problemstellung nicht: Es geht um die Erzeugung von Permutationen von Zahlen und um das Anordnen gegebener Größen.

Um Skatkarten mischen zu können, müssen wir uns über folgendes klar werden:

A. Wie stellen wir die Karten innerhalb des Computers dar?

B. Wie erfolgt der Mischvorgang?

C. Wie soll das Mischergebnis angezeigt werden?

D. Wie können die Karten nach Erhalt nach Farben geordnet werden?

Jedes dieser Teilprobleme hat verschiedene Lösungsmöglichkeiten. Wir geben jeweils eine bestimmte an.

Zu A.

Wir beschreiben die Karten durch zwei indizierte Variable, die Wert und Farbe angeben: A$(0) = "7",..., A$(7) = "AS", B$(0) = "Karo", ..., B$(3) = "Kreuz".

Die Gesamtheit der 32 Skatkarten wird dann durch

G$(I) = B$(U) + A$(V)

beschrieben, wobei I von 0 bis 31 läuft und U = INT(I/8) 0 bis 3 und V als Rest der Division von I durch 8 die Werte 0 bis 7 durchläuft. Die Karten werden somit durch den Index I = 0, 1, ..., 31 eindeutig beschrieben.

Zu B.

Um die Karten zu mischen, müssen aus der Menge $\mathcal{A} = \{0,1,...,31\}$ zweimal zehn plus zwei Zahlen A(0), A(1),...,A(21) zufällig ausgewählt werden; die entsprechenden Karten erhalten Spieler 1 bzw. Spieler 2, 2 Karten kommen in den Skat. Die verbleibenden 1o Karten erhält Spieler 3.

A(0) = INT(RND(TI) * 32) wird mit Hilfe der Zufallsfunktion RND gebildet, ebenso A(1),...,A(21). Hierbei muß allerdings geprüft werden, daß die gewählte Zahl A(I) nicht schon unter den zuvor ausgewählten Zahlen vorkommt - andernfalls muß A(I) neu gewählt werden.
In den Skat packen wir die durch die Indizes A(0), A(1) bestimmten Karten, Spieler 1 erhält die durch A(2),...,A(11) bestimmten Karten, Spieler 2 die "Karten" A(12),...,A(21), Spieler 3 die verbleibenden Karten.

Zu C.

Die Karten jeden Spielers werden in einer Tabelle auf dem Bildschirm gezeigt. Es wird unterstellt, daß keiner der Spieler, sondern nur ein neutraler Beobachter den Bildschirm betrachten kann (Programmzeilen 3o7 bis 37o). Ebenfalls angezeigt wird die für das Mischen verbrauchte Zeit in Sekunden.

Zu D.

1) Anordnen der Karten nach Farben (für jeden Spieler gesondert - etwa für Spieler 1).

   Spieler 1 besitzt die zehn Karten mit den Indizes A(2),...,

A(11); die Farbe ist "Kreuz", wenn W = Int(A(I)/8) = 3 ist, "Pik", wenn Int(A(I)/8) = 2 ist, etc. Wir schreiben also zunächst die Karten mit W = 3 auf, dann die mit W = 2, etc. und erhalten somit die Karten anch Farben geordnet, beschrieben durch die Strings M$(1),...,M$(1o).

2) Heraussuchen der Buben.
An den Indizes von M$(1),...,M$(1o) können wir den Kartenwert nicht mehr erkennen. Wir erkennen nun, ob ein Bube vorliegt, indem wir aus M$(I) den den Kartenwert beschreibenden Teilstring mit der Funktion MID$ herausschneiden[1] und prüfen, ob dieser gleich "BU" ist.

3) Die umgeordneten Karten des Spielers 1 werden sodann ausgedruckt, zum Vergleich auch die ursprünglich erhaltenen Karten dieses Spielers.

Das gesamte Programm sieht nun folgendermaßen aus:

```
1 REM SKATKARTEN MISCHEN
3 ZA=TI
5 PRINT"♫"
10 DIM G$(31):DIM A(31):DIM A$(7):DIM B$(4)
15 DIM M$(10):DIM L$(10)
20 A$(0)="7▮▮":A$(1)="8▮▮":A$(2)="9▮▮":A$(3)="10"
25 A$(4)="BU":A$(5)="DA":A$(6)="KO":A$(7)="AS"
30 B$(0)="KARO▮▮":B$(1)="HERZ▮▮":B$(2)="PIK▮▮▮":B$(3)="KREUZ"
40 FOR I=0 TO 31
45 U=INT(I/8):V=I-8*U
50 G$(I)=B$(U)+" "+A$(V)+"   !"
60 NEXT I
70 A(0)= INT(RND(TI)*32)
00 FOR I=1 TO 21
90 A(I)= INT(RND(TI)*32)
100 FOR J= 0 TO I-1
110 IF A(I)=A(J) THEN 90
120 NEXT J
130 NEXT I
140 K=0
150 FOR I=22 TO 31
170 A(I)=K
180 FOR J=0 TO I-1
190 IF A(I)=A(J) THEN K=K+1:GOTO 170
200 NEXT J
208 K=A(I)
210 NEXT I
300 REM AUSDRUCK
305 PRINT:PRINT
307 I=A(0):J=A(1)
310 PRINT"SKAT: ";:PRINTG$(I),G$(J)
320 PRINT"▮SPIELER 1▮▮▮!SPIELER 2▮▮▮!
                     SPIELER 3▮▮▮!"
325 FOR R=1 TO 39:PRINT"-";:NEXT R
330 PRINT
340 FOR K = 1 TO 10
350 I=A(K+1):J=A(K+11):L=A(K+21)
360 PRINTG$(I)+G$(J)+G$(L)
370 NEXT K
```

---

[1] Damit dies (leicht) möglich ist, mußten bei der Definition von B$(I) die unterschiedlichen Längen der Werte "Karo", "Pik", "Herz", "Kreuz" durch passende Zwischenräume egalisiert werden.

```
375 ZE=TI:ZT=(ZE-ZA)/60:ZT=INT(ZT)
380 PRINT"♥"ZT" SEKUNDEN"
390 REM
400 REM ORDNEN DER KARTEN
410 PRINT"♥WELCHER SPIELER SOLL SEINE KARTEN ORDNEN":PRINT".....1/2/3?"
420 POKE 198,0:WAIT 198,1
430 GET M :PRINT
450 REM FARBEN ANORDNEN
460 U=1
470 FOR Z=3 TO 0 STEP -1
480 FOR K=1 TO 10
490 T=K+1+(M-1)*10:A=A(T)
495 W=INT(A(T)/8)
510 IF W=Z THEN M$(U)=G$(A):U=U+1
520 NEXT K
530 NEXT Z
550 REM AUSDRUCK
560 FOR U=1 TO 10:PRINTM$(U):NEXT U
580 PRINT"WEITER?...J/N":POKE 198,0:WAIT 198,1:GET JJ$
582 IF JJ$="N" THEN END
600 REM BUBEN HERAUSSUCHEN
610 R=1
620 FOR U=1 TO 10
630 IF MID$(M$(U),7,2)="BU"THEN L$(R)=M$(U):R=R+1
640 NEXT U
650 U=1
660 FOR S=R TO 10
670 IF MID$(M$(U),7,2)<>"BU"THEN L$(S)=M$(U)
675 IF MID$(M$(U),7,2)="BU"THEN U=U+1:GOTO 670
680 U=U+1
690 NEXT S
697 PRINT"TTTTTTTTTTT"
700 FOR S=1 TO 10:PRINT"▶▶▶▶▶▶▶▶▶▶▶▶▶▶"L$(S)" ":NEXT
710 PRINT"TTTTTTTTTT"
720 FOR S=1 TO 10:Z=A(S+1+10*(M-1)):PRINT"▶▶▶▶▶▶▶▶▶▶▶▶▶▶▶▶▶▶▶▶▶▶▶▶▶▶▶"G$(Z)
730 NEXT S
740 END
```

ÜBUNGEN

1) Man ordne die Karten nicht nur nach Farben, sondern auch nach Werten AS, KO, DA, ...
2) Man ersetze 74o END durch eine Abfrage, die es erlaubt, auch die Karten der anderen Spieler entsprechend zu ordnen.
3) Man ändere das Programm so ab, daß beim Skat die Karten in der für einen Null oder Null ouvert zweckmäßigen Reihenfolge angeordnet werden.

45. DAS CODIERUNGSVERFAHREN VON RIVEST, SHAMIR UND ADLEMAN

Durch Anwendung einfacher Ideen aus der Zahlentheorie verschlüsselt das obengenannte Codierungsverfahren Nachrichten, die als Ziffernfolge gegeben sind. Die breite Anwendbarkeit des Verfahrens beruht darauf, daß es verhältnismäßig leicht ist, viele große Primzahlen zu erzeugen; die Sicherheit des Verfahrens hängt daran, daß es praktisch fast unmöglich ist, eine "große" Zahl (1oo-2oo Dezimalstellen) in Primfaktoren zu zerlegen. Das Verfahren wurde von Rivest, Shamir und Adleman [96] veröffentlicht; zu Verfahren der geheimen Nachrichtenübertragung ganz allgemein vgl. man Beth, Heß, Wirl [6].

Das Verfahren läßt sich folgendermaßen beschreiben: Man wähle zwei große Primzahlen p,q (für praktische Zwecke von etwa 5o-1oo Dezimalstellen) und bilde das Produkt

$$n = p \cdot q .$$

Die Euler'sche Funktion[1)], die die Anzahl der Restklassen modulo n zählt, die zu n teilerfremd ist, wird durch

$$\varphi(n) = (p-1) \cdot (q-1)$$

gegeben. Man wähle nun eine ganze Zahl s, die zu $\varphi(n)$ teilerfremd ist.

---

1) Ganz allgemein ist

$$\varphi(m) = m \cdot \prod_{p|m} \left(1 - \frac{1}{p}\right) ,$$

wobei sich das Produkt über alle Primteiler von m erstreckt.

Die gegebene Nachricht wird nach irgendeiner Vorschrift[1] in eine Ziffernfolge $N_1, N_2, \ldots$ verwandelt, wobei aber die Anzahl der Dezimalstellen von N_i jeweils kleiner als das Minimum der Stellenzahl von p und q sein muß.

Z.B. wird der Text "Die Versammlung faßte folgende Beschlüsse" übersetzt in die Ziffernfolge

68 73 69 32 86 69 82 ... .

Die Nachricht $N_1, N_2, \ldots$ wird sodann übersetzt in die verschlüsselten Zahlenwerte

$$C_1 \equiv N_1^s \text{ modulo } n$$

$$C_2 \equiv N_2^s \text{ modulo } n,$$

$$\ldots\ldots\ldots ,$$

d.h. man bildet N_1^s und bestimmt den zwischen 0 und n gelegenen Rest bei Division durch n.

Was kann der Empfänger dieser Nachricht

$$C_1, \ C_2, \ \ldots$$

damit anfangen? Der Empfänger benötigt eine ganze Zahl t derart, daß das Produkt $s \cdot t$ bei Division durch $\varphi(n)$ den Rest 1 läßt, d.h. derart, daß

$$s \cdot t \equiv 1 \text{ mod } \varphi(n) ,$$

also $s \cdot t = 1 + \varphi(n) \cdot u$, erfüllt ist. Nach dem kleinen Fermat'schen Satz[2] ist stets $C^{\varphi(n)} \equiv 1$ modulo n, wenn C zu n teilerfremd ist. Somit wird

$$C_1^{\,t} \equiv (N_1^s)^t = N_1^{s \cdot t} = N_1^{1+\varphi(n) \cdot u} = N_1 \cdot (N_1^{\varphi(n)})^u \equiv N_1$$
$$\text{modulo } n .$$

---

1) Für uns bietet sich an, für die Verschlüsselung in Zahlen und Buchstaben den rechnerinternen Code zu benutzen, also A = 65, B = 66,..., Z = 9o, Leertaste = 32, etc.

2) Man sehe Lehrbücher der elementaren Zahlentheorie, z.B. [33], [4o], [1o9] .

Der Empfänger erhält also die ursprüngliche Nachricht zurück.

Die Codierungs-Parameter n und s dürfen öffentlich bekannt sein; trotzdem kann kein Unberufener den verschlüsselten Text entziffern (sofern ihm nicht das zugehörige t verraten wird); um dies tun zu können, müßte er t aus der Kongruenz

$$s \cdot t \equiv 1 \quad \text{modulo} \quad \varphi(n)$$

bestimmen - was recht einfach mit dem Euklidischen Algorithmus möglich ist, sofern $\varphi(n)$ bekannt ist. Den Funktionswert $\varphi(n)$ kann man allerdings nur berechnen, wenn man die Primfaktorzerlegung von n kennt; die Herstellung dieser Primfaktorzerlegung dauert aber so lange, daß sie praktisch unmöglich wird.

Das Verfahren könnte etwa im telegraphischen oder schriftlichen Verkehr von Kunden mit ihrer Bank von Nutzen sein: Die Codierungs-Parameter n(B), s(B) der Bank und n(K), s(K) des Kunden K können öffentlich bekannt gemacht werden, die Entschlüsselungs-Parameter t(B) der Bank und t(K) des Kunden müssen selbstverständlich geheim bleiben. Die Bank kennt t(B), aber nicht t(K), der Kunde kennt t(K), aber nicht t(B).

Der Kunde übermittelt seine Nachricht der Bank in verschlüsselter Form; er muß sie aber auch "unterschreiben" können, um zu dokumentieren, daß die Verkaufs-Order von Aktien wirklich von ihm stammt.

Dies ist folgendermaßen möglich: Der Kunde übermittelt einen Teil Q der Nachricht (Name, Anschrift) einmal, wie oben beschrieben, in der Form

$$Q_1 \equiv Q^{s(B)} \mod n(B) \quad ,$$

die die Bank durch

$$Q \equiv Q_1^{t(B)} \mod n(B)$$

entschlüsseln kann, und ein zweites Mal in der doppelt verschlüsselten Form

$$Q_2 \equiv \left\{ Q^{t(K)} \mod n(K) \right\}^{s(B)} \mod n(B) .$$

(Die eingehenden Parameter sind dem Kunden bekannt.)
Die Bank bildet

$$Q^* \equiv Q_2^{t(B)} \mod n(B) \equiv Q^{t(K)},$$

diese Ziffernfolge Q^* kann nur die Bank ermitteln, da nur die Bank den Parameter $t(B)$ kennt. Nun errechnet die Bank mit den öffentlich bekannten Schlüsseln $s(K)$ und $n(K)$

$$(Q^*)^{s(K)} \mod n(K) = Q .$$

Wenn nun

$$Q_1^{t(B)} \mod n(B) \quad \text{und} \quad (Q^*)^{s(K)} \mod n(K)$$

übereinstimmen, weiß die Bank, daß die Nachricht nur vom Kunden K kommen konnte, da nur er den geheimen Parameter $t(K)$ kennt.

Die Umsetzung in ein Programm mag auf den ersten Blick schwierig erscheinen - die Hauptschwierigkeit der Potenzierung

$$Q^s \mod n$$

ist jedoch in § 31 (Rechnen im Restklassenring) schon behandelt worden und braucht daher hier nicht erneut erklärt zu werden.

Machen wir uns klar, was unser Programm leisten soll: Es muß eine eingegebene Nachricht (Text) in verschlüsselter Form ausgeben, und es muß die verschlüsselt eingegebene Nachricht dechiffrieren und ausgeben.

Damit ist klar, daß ein erheblicher Teil des Programms mit Ein- und Ausgabe und der Ausgabe von Handlungsanweisungen zu tun haben wird.

Wir geben am Ende dieses Paragraphen eine mögliche Lösung der Aufgabe und beschreiben jetzt den Aufbau des Programms, das der besseren Übersichtlichkeit halber wieder auf eine Reihe von Unterprogrammen zurückgreift.

Programmaufbau.

Hauptprogramm: 1-7o.

1) Titel, Dimensionierung der Variablen 1-6
2) Abfrage: Codieren oder Decodieren?
3) Sprung zum Unterprogramm "Dialog"
4) Bedingter Sprung zum Unterprogramm "Codieren".
5) Bedingter Sprung zum Unterprogramm "Decodieren".

Unterprogramme

A. Rechenprogramme

A_1) "Binaer" bestimmt die Binaerentwicklung des Exponenten S (bzw. T) und speichert diese in umgekehrter Reihenfolge (d.h. $a_o + a_1 \cdot 2 + a_2 \cdot 2^2 + \ldots$ wird unüblicherweise als $a_o, a_1, a_2, \ldots$ gespeichert) in der indizierten Variablen S(I), I = 0,1,... (Zeile 1o3o-1o45).

A_2) "Potenzieren" (Zeile 1oo-135) ermittelt zu eingegebenem A den Wert A^S modulo N und gibt diesen als C zurück.

A_3) "Potenzieren doppelt-genau" (Zeile 1oo-1o4, 136-152) führt dieselbe Rechnung wie A_2 aus, wenn der Wert von N zu groß ist. Als Hilfsprogramm wird A_4 benutzt.

A_4) "Multiplikation und Reduktion modulo N" berechnet für höchstens 8-stellige Zahlen A, B, N den Wert $A \cdot B$ modulo N und gibt diesen als P1 aus (Zeile 153-197).

B. Codieren und Decodieren.

B_1) Codieren (Zeile 2oo-295). Nach der Eingabe eines Textes über die Tastatur oder von Diskette, der in der indizierten Variablen N$(I), I $\leq$ 6oo, gespeichert wird, werden jeweils die ASC-Codes zweier aufeinanderfolgender Zeichen zu einer 4-stelligen Zahl A zusammengefaßt; Grafikzeichen und andere mit Code-Nummern > 99 oder < 32 werden durch das Zeichen # (Code 35) ersetzt. Nach Bildung von A^S mod N (durch das Unterprogramm "Potenzieren") werden die codierten Werte in der Variablen C$(I), I $\leq$ 3oo, gespeichert. Als letzter

Wert wird "oooo" angefügt. Nach den vorher (in "Dialog") festgelegten Wünschen erfolgt die Ausgabe.

B_2) Decodieren (Zeile 3oo-395). Nach der Eingabe des codierten Textes (Variable C$(I)) von Hand oder Diskette (nützlich zur Vermeidung von Übertragungsfehlern!) wird für A = Val(C$(I)) der Wert A^T mod N berechnet; die entstehende 4-stellige Zahl besteht aus den ASC-Codes zweier Zeichen, die in C$(I) (dieselbe Variable wie eben!) abgespeichert werden. Die Ausgabe wird mit "**" abgeschlossen.

C. Ein- und Ausgabe-Unterprogramme.

C_1) Ausgabe der C$(I) auf Diskette (7oo-73o).

C_2) Ausgabe der C$(I) auf den Bildschirm oder den Drucker (75o-77o).

C_3) Einlesen der codierten Nachricht C$(I) von Diskette (8oo-84o).

C_4) Einlesen der decodierten Nachricht N$(I) von Diskette (85o-895).

D. Dialog

(9oo-98o) legt die Art der Ein- und Ausgabe sowie die Wahl der Codierungs-Parameter N,S bzw. N,T fest.

E) Zur Ausschmückung.

"Musik" erzeugt Tonsignal (999-1oo9)

"Musik 2" erzeugt dreifaches Tonsignal (1o2o-1o28).

Verzeichnis wichtiger Variabler.

N$(I), I ≤ 6oo, speichert den eingegebenen Text,

C$(I), I ≤ 3oo, speichert die codierte Nachricht,

S(I) speichert die Binaerentwicklung von S (bzw.T),

A(I) dient als Zwischenspeicher bei Rechnungen (in "Potenzieren"),

J$ = "C" bzw. "D" speichert Codieren bzw. Decodieren,

EE$ die Art der Eingabe ("H" von Hand), "D" von Diskette),

EA$ die Art der Ausgabe (Drucker, Diskette, Bildschirm etc.).

N,S,T sind die verwendeten Codierungs-Parameter.

Einige kritische Bemerkungen.

1) Die Rechenzeit ist schon bei Verwendung des Datensatzes 1 des Computers erheblich und wächst bei Verwendung der Datensätze 2,3,4 (die doppelt-genaue Multiplikationen erfordern) ganz stark an.
2) Auch die doppelt-genaue Multiplikation läßt, zur Vermeidung von ungenauen Rechnungen, höchstens 8-stellige Werte für N zu. Für solche Werte von N ist das Verfahren unrealistisch, da "kleine" N rasch in Primfaktoren zerlegt werden können. (Ein realistisches Programm darf selbstverständlich auch die Werte von T nicht im Speicher enthalten.)
3) Bei Verwendung größerer Werte von N ist Programmieren des zeitaufwendigen Teils "Potenzieren" (Zeile 1oo-197) in Maschinensprache unerläßlich: Erforderlich ist eine Subroutine für Multiplizieren und eine Subroutine für Reduktion modulo N.
4) Grafikzeichen werden nicht übertragen.
5) Die Disketten-Operationen gehen davon aus, daß ein File "Cod.File" auf Diskette existiert und überschreiben dieses immer wieder - für praktische Zwecke (Übermittlung eines Briefes etwa) wäre dieses Verfahren nicht brauchbar.
6) JS gibt die Länge der Binaerentwicklung der Parameter S,T ; da die indizierte Variable "Binaerentwicklung" durch 22 dimensioniert ist, werden große Werte von S,T (über 1o Dezimalen) durch Fehlermeldung zurückgewiesen.

Diese Anmerkungen zeigen, daß für Interessierte noch genügend Möglichkeiten bestehen, das Programm zu verbessern.

```
1 PRINT"□■■■■         CODIEREN UND DECODIEREN":
2 PRINT"              -------- --- ----------
5 DIM A(22):DIM S(22):DIM N$(602):DIMC$(301)
6 EY=10000:EZ=EY*EY:A=0:B=0:A1=0:A2=0:A3=0:A4=0:UE=0:B1=0:B2=0:C1=0:C2=0:C3=0
10 PRINT"■■CODIEREN? ..... C"
12 PRINT"DECODIEREN? ... D"
14 PRINT"ENDE? ......... E"
20 GOSUB 999:GOSUB 1060:J$=N$
25 IF J$<>"C" AND J$<>"D" THEN END
30 GOSUB 900
40 IF J$="C" THEN GOSUB 200
50 IF J$="D" THEN GOSUB 300
60 PRINT:RESTORE
70 GOTO 6
100 REM POTENZIEREN
103 B=1:A(0)=A
104 IF MM$="1"THEN 136
105 FOR I=1 TO JS
107 A(I)=A(I-1)*A(I-1)
109 A(I)=A(I)-N*INT(A(I)/N)
114 NEXT I
115 C=1
116 FOR I=0TOJS
118 IF S(I)=0 THEN 128
120 IF S(I)=1 THEN C=C*A(I)
124 C=C-N*INT(C/N)
128 NEXT I
135 RETURN
136 FOR I=1 TO JS
138 A=A(I-1):B=A(I-1)
140 GOSUB153
141 A(I)=P1
142 NEXT I
143 C=1
144 FOR I=0 TO JS
145 IF S(I)=0 THEN 150
146 A=C:B=A(I):GOSUB 153
147 C=P1
150 NEXT I
152 RETURN
153 REM MULT VON A,B, RED MOD N
155 A1=INT(A/EY):A2=A-EY*A1
156 B1=INT(B/EY):B2=B-EY*B1
156 ˆ5=A2*B2:C4=A1*B2+B1*A2:C3=A1*B1
160 IF C4>=EZTHEN C4=C4-EZ:C3=C3+1
162 A1=INT(C4/EY):A2=C4-EY*A1:A2=A2*EY
168 UE=0
169 C2=A2+C5
171 IF C2>=EZ THEN C2=C2-EZ:UE=1
173 C1=A1+UE
175 P1=C3+C1:P2=C2
179 P1=(P1-N*INT(P1/N))
180 P2$=STR$(P2)
181 L=LEN(P2$)-1
182 IF L>=8 THEN 185
183 FOR TT=1 TO 8-L
184 P2$="0"+P2$:NEXT TT
185 FOR Q=1 TO 9
186 P1$=STR$(P1)
188 P1$=(P1$+MID$(P2$,Q,1))
189 P1=VAL(P1$)
191 P1=(P1-N*INT(P1/N))
193 NEXT Q
197 RETURN
200 REM CODIEREN
201 GOSUB 1030:GOSUB 999 REM BINAER,TON
204 IFEE$="D"THEN210
205 PRINT"GIB NACHRICHT■EIN (HOECHSTENS 599 ZEICHEN)"
206 PRINT"■NACH TONSIGNAL DUERFEN HOECHSTENS NOCH":PRINT"20 ZEICHEN KOMMEN"
208 PRINT"■E N D E  DER EINGABE DURCH ***":GOTO 215
210 PRINT"DIE EINZUGEBENDE NACHRICHT WIRD VON DIS-":PRINT"KETTE GELESEN"
212 GOSUB 850
213 GOTO 230
215 I=1
216 POKE 198,0:WAIT198,1:GET N$(I)
220 IF N$(I)="*"AND N$(I-1)="*"THEN230
222 IF I<580 THEN I=I+1:GOTO 216
223 IF I=580 THEN GOSUB 1020:I=I+1:GOTO 216
224 IF I<600 THEN I=I+1:GOTO 216
230 PRINT"■ENDE DER EINGABE":II=I:IF MM$="1"THEN PRINT"GEDULD"
231 FOR V=1 TO II
237 IF V-2*INT(V/2)>0 THEN 248
238 J=V/2:M1=ASC(N$(V-1)):M2=ASC(N$(V))
239 IF M2>99 OR M2<32 THEN M2=35
240 IF M1<32 OR M1>99 THEN M1=35
241 A=100*M1+M2
243 GOSUB 100
245 C$(J)=STR$(C)+","
246 REM PRINTJ;","C$(J);
248 NEXT V
250 C$(II+1)="0000"
255 REM CODIERTE NACHRICHT IN C$
256 GOSUB 1020:REM FREUDENTON
260 IF EA$<>"DI" THEN GOSUB 750
262 IF EA$="DI"OR EA$="BD" THEN GOSUB 700
270 GOSUB 999
295 RETURN
```

```
300 REM DECODIEREN
302 S=T:GOSUB 1030:GOSUB 999
304 IF EE$="D"THEN320
305 PRINT"▒▒GIB CODIERTE NACHRICHT EIN (BIS 295 ZAHLEN)"
306 PRINT"NACH TONSIGNAL DUERFEN HOECHSTENS NOCH 10 ZAHLEN GEGEBEN WERDEN"
308 PRINT"ENDE DER EINGABE DURCH 0000"
310 I=1
311 INPUT "C$(I)";C$(I)
312 IF C$(I)="0000"THEN II=I:GOTO330
313 IF I<285 THEN I=I+1:GOTO 311
314 IF I=285 THEN I=I+1:GOSUB 999:GOTO 311
315 IF I<296 THEN I=I+1:GOTO 311
317 II=I:GOTO 330
320 PRINT"▒▒DIE CODIERTE NACHRICHT WIRD VON DISKETTE":PRINT"GELESEN"
322 GOSUB 800
330 FOR V=1 TO II
332 A=VAL(C$(V))
333 IF A=0 THEN 350
335 GOSUB 100 REM POTENZIEREN
338 C1=INT(C/100):C2=C-100*C1
339 IFC1>99 OR C2>99 THEN C1=45:C2=45
340 C$(V)=CHR$(C1)+CHR$(C2)
345 NEXT V
347 C$(II+1)="***"
348 GOSUB 1020
350 IF EA$<>"DI" THEN GOSUB 750
352 IF EA$="DI"OR EA$="BD" THEN GOSUB 700
370 GOSUB 999
395 RETURN
700 REM AUSGABE DISKETTE
705 OPEN 1,8,3,"@:COD.FILE,SEQ,W"
710 FOR I=1 TO II+1
715 PRINT#1,C$(I);CHR$(13);
720 NEXT I
725 CLOSE 1
730 RETURN
750 REM AUSGABE BILDSCHIRM/DRUCKER
751 IF EA$="DR"THEN OPEN3,4:CMD3
752 IF J$="C"THENPRINT"▒▒DIE CODIERTE NACHRICHT LAUTET▒":GOTO755
753 IF J$="D"THENPRINT"DIE  DE-CODIERTE NACHRICHT LAUTET;▒"
755 FOR W=1 TO II+1
760 PRINTC$(W);
765 NEXT W
767 IF EA$="DR"THEN PRINT#3:CLOSE3,4
770 RETURN
800 REM EINLESEN COD.NACHR.VON DISK.
805 OPEN 1,8,3,"COD.FILE,SEQ,R"
810 I=1
815 INPUT#1,C$(I)
816 IF I=1 AND C$(I)="0000"THEN 827
817 IF C$(I)="0000"THEN 829
827 IF I<299 THEN I=I+1:GOTO 815
829 II=I
835 CLOSE 1
837 C$(II+1)="0000"
840 RETURN
850 REM EINLESEN DER DECOD NACHR VON ~~CASS~~ DISK.
855 OPEN 1,8,3,"COD.FILE,SEQ,R"
860 I=1
865 INPUT#1,N$(I)
870 IF N$(I)="*"OR N$(I)="**"THEN 885
880 I=I+1:GOTO 865
885 II=I
886 N$(II+1)="**"
890 CLOSE 1
895 RETURN
```

```
900 REM DIALOG
901 IFJ$="C"THENPRINT"JETZT WIRD  C O D I E R T  "
902 IF J$="D"THENPRINT"JETZT WIRD  D E C O D I E R T"
904 PRINT"EINGABE DER DATEN":PRINT"VON HAND?.........H"
905 PRINT"VON DISKETTE?.....D":GOSUB 999
908 POKE198,0:WAIT198,1:GET EE$
912 IF EE$="H"OR EE$="D"THEN920
915 GOTO905
920 PRINT"AUSGABE DER DATEN":PRINT"AUF BILDSCHIRM ........ BS"
921 PRINT"AUF DISKETTE .......... DI"
922 PRINT"AUF DEN DRUCKER ....... DR"
923 PRINT"AUF BILDSCH.U.DISK..... BD"
925 PRINT"":INPUT "AUSGABE?";EA$
936 PRINT"SOLLEN DIE CODIERUNGSPARAMETER DES VC 64"
937 PRINT"VERWENDET WERDEN?....J/N?"
938 GOSUB999:GOSUB 1060:REM MUSIK,ABFRAGE
940 IF N$="N"THEN 960
942 PRINT"DATENSATZ 1,2,3 ODER 4?":POKE198,0:WAIT198,1:GET DS
944 ON DS GOTO 945,946,947,948
945 N=9797:S=2387:T=5723:MM$="0":GOTO980
946 N=282943:S=9797:T=73973:MM$="1": GOTO980
947 N=78899:S=385:T=27265:MM$="1"  :GOTO980
948 N=5336099:S=4199:T=1923599:MM$="1":GOTO980
960 IF J$="C"THEN INPUT "N,S";N,S
965 IF J$="D"THEN INPUT"N,T";N,T
967 N$=STR$(N):LL=LEN(N$)
968 IF LL>5 THEN MM$="1":N$="":GOTO980
969 LL=0:N$=""
980 RETURN
999 REM MUSIK
1000 SI=54272:FL=SI:FH=SI+1:WM=SI+4:AM=SI+5:HM=SI+6:LM=SI+24
1002 POKELM,14:POKEAM,25:POKEHM,68
1004 POKEFH,29:POKEFL,69:POKEWM,17
1006 FORTM=1TO150:NEXT
1008 POKEWM,0:POKEAM,0:POKEHM,0
1009 RETURN
1020 REM MUSIK 2
1021 FORU=1TO3
1022 GOSUB999
1024 FORUU=1TO50:NEXTUU
1026 NEXTU
1028 RETURN
1030 REM BINAERENTWICKLUNG
1031 JS=LOG(S)/LOG(2):SS=S:JS=INT(JS)+1
1032 FOR I=0 TO JS
1034 IF S/2-INT(S/2)=0 THEN S(I)=0:GOTO1038
1036 S(I)=1
1038 S=INT(S/2)
1040 NEXT I:S=SS
1045 RETURN
1060 POKE 198,0:WAIT198,1:GET N$:RETURN
```

46. DAS PROBLEM DER ACHT SCHACH-DAMEN

Dieses wohlbekannte Problem verlangt, auf einem normalen Schachbrett 8 Damen so zu plazieren,daß keine eine andere schlagen kann. Eine Lösung dieses Problems sieht z.B. folgendermaßen aus:

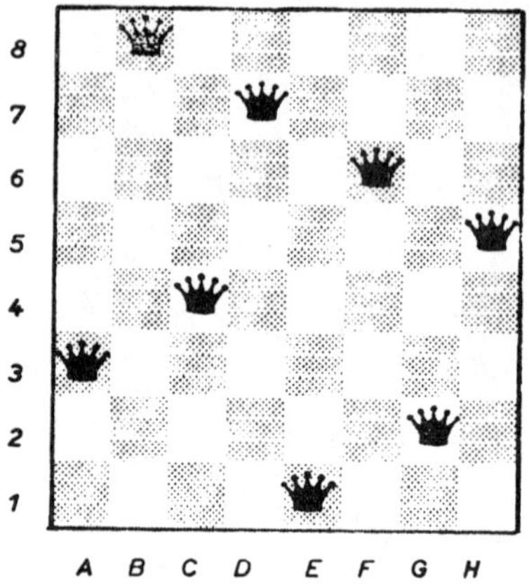

Dieses Problem kann durch den Computer gelöst werden - durch Probieren (unter Ausschaltung offensichtlich unmöglicher Plazierungen), wobei die Damen zufällig plaziert werden; wird eine Stellung erreicht, von der aus keine Lösung des Problems mehr möglich ist, wird der nächste Versuch gestartet.

Besser ist freilich, dem Computer eine "Strategie" einzugeben, die er befolgen soll.

Wir gehen davon aus, daß zunächst eine Dame in Zeile 8, dann die nächste in Zeile 7, etc. plaziert wird. Dann sind z.B. folgende Strategien denkbar:

I. Plaziere die Dame so, daß in der nächsten Zeile möglichst viele Felder frei bleiben[1].

---

[1] Damit sind Felder gemeint, auf denen noch eine weitere Dame plaziert werden kann.

II. Bei Erreichen einer Stellung, von der aus keine Lösung mehr möglich ist;
   a) lösche die zuletzt gesetzte Dame und plaziere diese anders.
   b) lösche alle Damen und beginne von vorne.

III. Plaziere die Dame so, daß in den darunterliegenden Zeilen möglichst viele Felder frei bleiben[1].

IV. Bei mehreren "gleich guten" Plazierungsmöglichkeiten wird die Auswahl "zufällig" getroffen.

In unserer Lösung des Problems verfolgen wir die Strategien III. und II.b). Das Problem der Programmerstellung zerlegen wir in folgende, einfacher zu behandelnde Teilprobleme:

1) Titelei
2) Zeichnen des Schachbretts auf dem Bildschirm mit Hilfe der Zeichen "—" (Code-Nr.67) und "|" (Code-Nr.66) in schwarzer Farbe (Code 0) durch Poke-Befehle[2].
3) Zufälliges Setzen der ersten Dame in Zeile 8 des Schachbretts. Die Dame wird durch das Zeichen mit der Code-Nr.1o2 in schwarzer Farbe dargestellt[3].
4) Eine Subroutine zeichnet die Wirkungslinien (horizontal, vertikal, diagonal) der Dame, d.h. markiert in weißer Farbe mit einem Kringel "∘" diejenigen Felder, auf denen keine Damen mehr gesetzt werden können.
5) Setze P = 2.

---

1) Damit sind Felder gemeint, auf denen noch eine weitere Dame plaziert werden kann.

2) Ein schöneres Schachbrett ergäbe sich, wenn an Kreuzungs-Punkten das Zeichen "+" verwendet würde.

3) Eine Änderung des Zeichensatzes wäre hier nützlich, um eine "schönere" Dame darzustellen. Die Erzeugung eigener Zeichen wird in verschiedenen Büchern beschrieben (z.B. [64] oder [85]) - auf diese Programmiertechnik kann hier nicht eingegangen werden.

6) Sind die obersten P - 1 Zeilen mit je einer Dame besetzt, wird festgestellt, auf welchen Feldern der P-ten Zeile eine Dame gesetzt werden kann: Das sind solche, die frei von Wirkungslinien früherer Damen sind, d.h. die Funktion PEEK muß für dieses Feld ein Leerzeichen ("Space", Code-Nr.32) geben.
7) Für jedes dieser möglichen Felder wird sodann abgezählt, wieviel Felder ab (P+1)-ter Zeile auf dem Schachbrett von Wirkungslinien der Damen frei bleiben. Sodann wird das Maximum dieser Zählfunktion (im Programm mit F bezeichnet) bestimmt (Strategie III). Für das Setzen der Dame in der P-ten Zeile werden nur solche Felder berücksichtigt, für die F maximal ist. Gibt es mehrere solcher Felder, so wird die Auswahl zufällig getroffen (Strategie IV).
8) Sodann wird die neue Dame gesetzt und gezeichnet.
9) Ist das Setzen der Dame nicht möglich, wird von vorne begonnen (Strategie II.b)). Andernfalls wird P um 1 erhöht und zu Schritt 6) zurückgesprungen.
1o) Nach Erreichen einer Lösung endet das Programm. Die zur Suche verbrauchte Zeit wird angegeben.

Ein paar Bemerkungen sollen noch zur Darstellung des Schachbretts auf dem Bildschirm gemacht werden. Der Bildschirm besteht aus 25 Zeilen (Nummer 0-24) zu je 4o Spalten (Nummer 0-39). Der linken oberen Ecke ist die Speicherzelle 1o24 zugeordnet, dem Bildpunkt in Zeile Z und Spalte S die Speicherzelle $1o24+4o\cdot Z+S$. Zusätzlich muß in die korrespondierende Speicherzelle $55\,296+4o\cdot Z+S$ im Farbspeicher die Farbe des Bildpunkts eingegeben werden ("0" für Schwarz, "1" für Weiß,..).

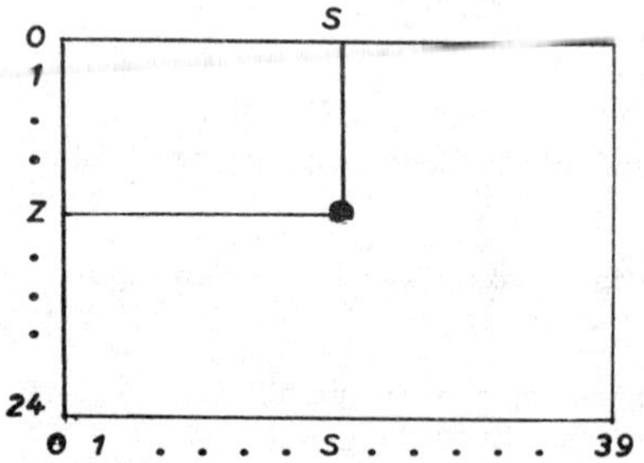

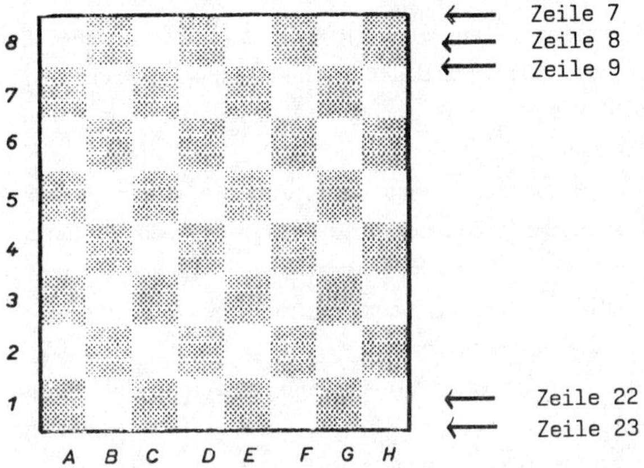

Das Schachbrett wird auf die Zeilen 7 bis 23 und die Spalten 7 bis 23 gelegt; Horizontale Striche sind etwa in den Zeilen 7, 9, 11, ..., 23 zu ziehen. Damen können nur in die Zeilen 8, 1o, ..., 22 gesetzt werden

Die einzelnen Teile des Programms werden kurz beschrieben in der Reihenfolge, in der sie ausgeführt werden.

Dimensionierung der Felder (Z(I), S(I) Koordinaten, M(I) Maximum, F(I) Auswahlfunktion): Programmzeile 1

Zeitmessung: Zeile 3,183. Variable AZ, EZ.

Titelei: Zeile 5

Erzeugung des Schachbretts: Zeile 1o-36

Zufallsauswahl der ersten Dame und Zeichnen: Zeile 5o-55

Wirkungslinien der Dame: Unterprogramm Zeile 5oo-56o. Dem Unterprogramm müssen die Koordinaten Zeile ZD, Spalte SD der gesetzten Dame übergeben werden, ferner die Code-Nr. ZE = 87 des gewählten Zeichens .

Schleife P = 2 bis 8 für die weitere Damenplazierung: Beginn Zeile 8o, Ende 18o. Die P-te Zeile wird nach freien Feldern abgesucht (Zeile 95, 1oo), deren Spaltennummern werden als M(1), M(2), ..., M(R) gespeichert.

Gibt es keine freien Felder mehr (R = 0), so wird nach 64o-644 gesprungen: Dort wird der Fehlversuch ausgedruckt, die Anzahl VE der Fehlversuche um 1 erhöht und zum Anfang zurückgesprungen.

Anderfalls wird im Unterprogramm Zeile 7oo-78o für jede der R Plazierungsmöglichkeiten die Anzahl der von Wirkungslinien freien Felder des Schachbretts in den unterhalb der letzten Dame liegenden Zeilen abgezählt und mit F(1),...,F(R) bzeichnet.

Das Unterprogramm Maximum (Zeile 8oo-88o) bestimmt das Maximum MA von F(1),...,F(R) und speichert die Spaltennummern, für die das Maximum angenommen wird, als M(1),M(2),.., M(V).

Die Zufallsfunktion RND wählt in Zeile 14o,15o eine dieser V Spaltennummern M(1),...,M(V) aus und bezeichnet diese mit S(P).

Das Unterprogramm Zeichnen der Dame (dem Zeile ZD und Spalte SD übergeben werden müssen) in Zeile 62o-628 plaziert die Dame in Zeile P, Spalte SP).

Das Unterprogramm Wirkungslinien zeichnet die Wirkungslinien der Dame.

Sodann wird das nächstgrößere P abgearbeitet. Ist P = 8 erledigt, wird die Schleife verlassen, der Zeitverbrauch und die Anzahl der Fehlversuche ausgegeben und das Programm beendet.

ÜBUNGEN

1) Man speichere nach Erreichen einer Lösung die Lösung etwa als indizierte Stringvariable L$(C) (etwa S$(I) = STR$(S(I)), L$(C) = S$(1) + ... + S$(8)) und gebe nach 5 oder 1o Lösungen diese aus. (Zuvor muß etwa in Zeile 1 L$(.) dimensioniert werden.)
2) Aus den erreichten Lösungen lasse man den Computer die verschiedenen heraussuchen.

3) Man behandle das Problem auf kleineren oder größeren "Schachbrettern".
4) Man ändere die Lösungsstrategie: Z.B. sollte die Plazierung einer Dame in der P-ten Zeile verboten werden, wenn dadurch eine der nachfolgenden Zeilen völlig von Wirkungslinien überdeckt wird.

   Beispiel:

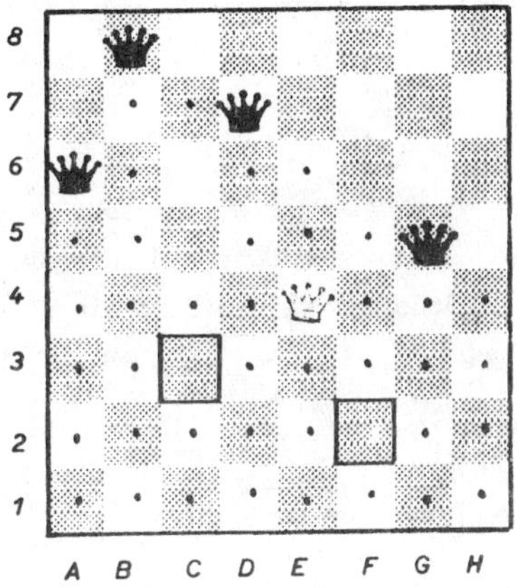

Wird nebenstehend eine Dame nach e4 gesetzt, so wird Zeile 1 völlig blockiert, während in Zeile 3 und 2 noch Felder von Wirkungslinien frei bleiben.

Eine programmiertechnische Anmerkung.

In dem beigefügten Programm wird das Schachbrett in Maschinensprache erzeugt - dies spart Zeit bei Neuversuchen. Bei Programmbeginn wird durch Gosub 2ooo das als DATA in 21oo bis 222o gegebene Maschinenprogramm in die Speicherzellen 49 152 bis 49 279 eingelesen und mit SYS 49 152 aufgerufen; die Erzeugung des Schachbretts in BASIC (Zeile 1o-36) wird durch 9 GOTO 5o übersprungen.

Das Maschinenprogramm wurde aus dem in 5ooo bis 567o gegebenen Assemblerprogramm mit Hilfe eines käuflichen Assemblers erzeugt; die DATA-Zeilen wurden mit Hilfe der Programmzeilen 3ooo bis 3o7o vom Computer selbst geschrieben, um Übertragungsfehler

zu vermeiden.
Man überzeuge sich von der Schnelligkeit des Maschinenprogramms dadurch, daß nach Durchlaufen des Programmteils Zeile 2ooo-2o4o der Befehl SYS 49152 in Sekundenschnelle das Schachbrett erzeugt wohingegen der Befehl GOTO 1o für die Erzeugung des Schachbretts erhebliche Zeit benötigt.

Das Assemblerprogramm Zeile 5ooo ff kann hier nicht erläutert werden. Interessierte können die nötigen Kenntnisse in [2o] erwerben.

Anmerkung.

In Engel [19], Seite 187 ff, wird das Problem der acht Damen ausführlich behandelt. Für die Lösung wird dort ein außerordentlich kurzes Programm angegeben. Außerdem werden dort die sämtlichen 92 möglichen Lösungen angegeben.

```
1 DIM Z(8):DIM S(8):DIM M(7):DIM F(7)
2 FOR I=1 TO 8:Z(I)=6+2*I:NEXT
3 AZ=TI
4 GOSUB 2000
5 PRINT"♥":PRINT"▮▮▮▮▮▮PROBLEM DER ACHT SCHACH-DAMEN"
7 SYS 49152
9 GOTO 50
10 FOR I=7 TO 23 STEP 2
15 FOR J=7 TO 23
20 KE=1024+I*40+J:POKE KE,67:POKE 54272+KE,0:NEXT J
25 NEXT I
30 FOR I=8 TO 22 STEP 2
32 FOR J=7 TO 23 STEP 2
33 KE=40*I+J
34 POKE 1024+KE,66:POKE 55296+KE,0: NEXT J
36 NEXT I
50 RN=INT(RND(TI)*8):S(1)=8+2*RN
55 KE=40*Z(1)+S(1):POKE 1024+KE,102:POKE 55296+KE,0:REM DAME ZEICHNEN
58 ZD=Z(1):SD=S(1):ZE=87
60 GOSUB 500 :REM WIRKUNGSLINIEN
70 REM WEITERE PLAZIERUNG
80 FOR P=2 TO 8
83 R=0
85 FOR J=8 TO 22 STEP 2
90 KE=40*(6+2*P)+J
95 PE=PEEK(1024+KE)
100 IF PE=32 THEN R=R+1:M(R)=J
105 NEXT J
110 IF R=0 THEN GOTO 640
120 GOSUB 700:REM AUSWAHLFUNKTION
130 GOSUB 800:REM  MAXIMUM
140 X= INT(RND(TI)*V)+1
150 S(P)=M(X)
160 ZD=Z(P):SD=S(P):GOSUB 620
170 ZE=87:GOSUB 500
180 NEXT P
182 PRINT"ANZAHL DER FEHLVERSUCHE: "VE
183 EZ=TI:PRINT"ZEITVERBRAUCH "INT((EZ-AZ)/60)" SEC"
190 END
```

```
500 FOR I=8 TO 22 STEP 2
510 KE= 1024+ZD*40+I
512 IF PEEK(KE)=32 THEN POKE KE,ZE:POKE 54272+KE,1
514 NEXT I
520 FOR J=8 TO 22 STEP 2
522 KE=1024+SD+40*J
524 IF PEEK(KE)=32 THEN POKE KE,ZE:POKE 54272+KE,1
526 NEXT J
530 REM DIAGONALEN
532 FOR I=8 TO 22 STEP 2
534 S1=SD-ZD+I:S2=SD+ZD-I
536 IF S1<8 OR S1>22 THEN 540
538 SP=S1:  GOSUB 600
540 IF S2<8 OR S2>22 THEN 550
542 SP=S2:GOSUB 600
550 NEXT I
560 RETURN
600 KE=1024+40*I+SP
602 IF PEEK(KE)<>32 THEN RETURN
605 POKE KE,ZE:POKE 54272+KE,1
608 RETURN
620 REM ZEICHNEN DER DAME
622 POKE 1024+40*ZD+SD,102
624 POKE 55296+40*ZD+SD,0
628 RETURN
640 PRINT"ES KANN KEINE WEITERE DAME MEHR PLAZIERT WERDEN"
641 PRINT"NEUBEGINN DER SUCHE NACH EINER LOESUNG"
642 FOR T=1 TO 1500:NEXT
643 VE=VE+1
644 GOTO 5
700 REM AUSWAHLFUNKTION BERECHNEN
710 IF P=8 THEN RETURN
720 FOR RR=1 TO R
725 F=0
730 FOR ZI=P+1 TO8
740 FOR SI=8 TO 22 STEP 2
742 PE=PEEK(1024+240+80*ZI+SI)
744 IF PE=32 THEN F=F+1
746 NEXT SI
750 NEXT ZI
760 U=RR:F(U)=F
770 NEXT RR
780 RETURN
800 REM MAXIMUM
810 MA=0
815 FOR U=1 TO R
820 IF F(U)>MA THEN MA=F(U)
825 NEXT U
840 V=0
845 FOR U=1 TO R
850 IF F(U)=MA THEN V=V+1:M(V)=M(U)
855 NEXT U
880 RETURN
2000 FOR X=49152 TO 49279
2010 READ Q
2020 POKE X,Q
2030 NEXT
2040 RETURN
2100 DATA  169 , 0 , 170 , 157 , 0 , 216 , 232 , 208 , 250 , 157
2110 DATA  0 , 217 , 232 , 208 , 250 , 157 , 254 , 217 , 232 , 208
2120 DATA  250 , 157 , 254 , 218 , 232 , 208 , 250 , 165 , 112 , 141
2130 DATA  254 , 215 , 165 , 113 , 141 , 255 , 215 , 169 , 24 , 133
2140 DATA  112 , 169 , 5 , 133 , 113 , 162 , 7 , 160 , 7 , 169
2150 DATA  67 , 145 , 112 , 200 , 192,24,144,247,232,232
2160 DATA  224 , 25 , 176 , 6 , 32 , 115 , 192 , 76 , 47 , 192
2170 DATA  169 , 64 , 133 , 112 , 169,5,133,113,162,7
2180 DATA  160 , 7 , 169 , 66 , 145 , 112 , 200 , 200 , 192 , 25
2190 DATA  144 , 246 , 232 , 232 , 224 , 22 , 176 , 6 , 32 , 115
2200 DATA  192 , 76 , 80 , 192 , 173 , 254 , 215 , 133 , 112 , 173
2210 DATA  255 , 215 , 133 , 113 , 96,165,112,24,105,80
2220 DATA  133 , 112 , 144 , 2 , 230 , 113 , 96 , 0 , 255 , 181
```

```
3000 U=2100:V=49152
3005 PRINTU" DATA ";
3010 FOR X=0 TO 8
3020 PRINTPEEK(V+X)",";
3030 NEXT
3040 PRINTPEEK(V+9)
3050 U=U+10:V=V+10
3060 IF V<49279 THEN 3005
3070 END
```

```
5000 *= $C000
5010 LDA #0
5020 TAX
5030 FARBE STA 55296,X
5040 INX
5050 BNE FARBE
5060 FERBE STA 55552,X
5070 INX
5080 BNE FERBE
5090 FORBE STA 55806,X
5100 INX
5110 BNE FORBE
5120 FURBE STA 56062,X
5130 INX
5140 BNE FURBE
5150 LDA $70
5160 STA 55294
5170 LDA $71
5180 STA 55295
5190 LDA #<1304
5200 STA $70
5210 LDA #>1304
5220 STA $71
5230 LDX #7
5240 ANFG LDY #7
5250 RUECK LDA #67
5260 STA ($70),Y
5270 INY
5280 CPY #24
5290 BCC RUECK
5300 INX
5310 INX
5320 CPX #25
5330 BCS HINUS
5340 JSR ADDITION
5350 JMP ANFG
5360 HINUS LDA #<1344
5380 STA $70
5390 LDA #>1344
5400 STA $71
5410 LDX #7
5420 ENFG LDY #7
5430 ROECK LDA #66
5440 STA ($70),Y
5450 INY
5455 INY
5460 CPY #25
5470 BCC ROECK
5480 INX
5490 INX
5500 CPX #22
5510 BCS HINOS
5520 JSR ADDITION
5530 JMP ENFG
5540 HINOS LDA 55294
5550 STA $70
5560 LDA 55295
5570 STA $71
5580 RTS
5600 ADDITION LDA $70
5610 CLC
5620 ADC #80
5630 STA $70
5640 BCC UEBER
5650 INC $71
5660 UEBER RTS
5670 END
```

47. MATT MIT TURM UND KÖNIG GEGEN KÖNIG

Als Beispiel für die Programmierung eines sehr komplexen Sachverhalts soll nun ein recht unvollkommenes[1] Programm vorgestellt werden, das die Aufgabe hat, mit Turm und König (diese Steine führt der Computer) gegen den bloßen schwarzen König (diesen Stein führt der Spieler) mattzusetzen. Scheinbar hat dieses Beispiel mit Mathematik recht wenig zu tun - dies trifft jedoch nach Ansicht des Verfassers nicht zu: Denn die Strukturierung eines unübersichtlichen Sachverhalts, die Zerlegung in einfache Teilaufgaben, die Lösung von anwendungsbezogenen Problemen, die präzise Fassung vage vorgezeichneter Ideen, das Entwickeln einer Lösungsstrategie sind durchaus mathematische Fragestellungen.

Zunächst überlegen wir uns, welche Teilprobleme zu behandeln sind - einige von diesen sind schon bei der Behandlung des Problems der 8 Schachdamen aufgetreten:

---

1) Das Programm hat folgende Unvollkommenheiten, die noch zu beseitigen wären:

a) Das Programm weist i.a. keine illegalen Züge des Spielers zurück - es fehlt also eine Überprüfung der Züge des Spielers auf Legalität.
b) Beim Eingeben der Steine werden illegale Eingaben (außerhalb des Schachfeldes, schwarzer König im Schach etc.) nicht zurückgewiesen.
c) Bei unglücklichen Anfangsstellungen setzt das Programm den schwarzen König patt.

A. Erzeugung des Schachbretts auf dem Bildschirm, einschließlich der beim Schachspiel üblichen Beschriftung der Zeilen und Spalten.

B. Eingabe der Steine WKönig, WTurm, SKönig.

C. Die schach-üblichen Koordinaten (etwa A3 oder E4) müssen in die entsprechenden Bildschirmkoordinaten umgerechnet werden.

D. Ausführung eines Zuges: Der bisherige Standort muß gelöscht werden, die Figur ist am neuen Standort zu setzen.

E. Der Computer,der die weißen Steine führt, muß alle möglichen Züge von Turm und König erzeugen.

F. Der Computer muß aus allen möglichen Zügen einen möglichst guten Zug auswählen. Dazu muß zunächst eine Lösungsstrategie entwickelt werden (das ist auf viele verschiedene Weisen möglich); darüber wird unter I) gesprochen werden.
Gemäß dieser Lösungsstrategie wird jedem möglichen Zug ein "Wert" F zugeordnet. Sodann wird das Maximum der Werte F bestimmt; der Computer führt den Zug aus, der den höchsten Wert besitzt (bei mehreren gleich guten Zügen wird der erst-erzeugte dieser Züge ausgeführt).

G. Eventuell kann die von jedem Spieler verbrauchte Bedenkzeit ausgegeben werden.

H. Der Computer muß "sehen", wann der schwarze König mattgesetzt wird. Eine Möglichkeit hierfür wäre, auch die schwarzen Gegenzüge zu erzeugen und zu überprüfen, daß der schwarze König nicht mehr aus dem Schach entkommen kann.
Im untenstehend gegebenen Programm wird eine andere Möglichkeit gewählt: Es wird nur auf der 1. oder 8. Reihe (= Zeile) mattgesetzt, die möglichen Mattstellungen sind
   a) SK auf 8. Reihe, WK auf 6. Reihe in Opposition, Turm zieht auf die 8. Reihe.
   b) Bei Eckstellung des SK kann der WK in Opposition stehen oder ein Feld daneben.

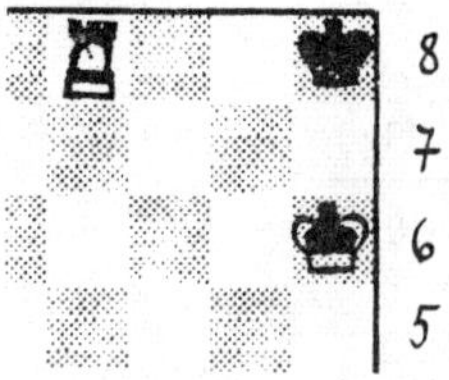

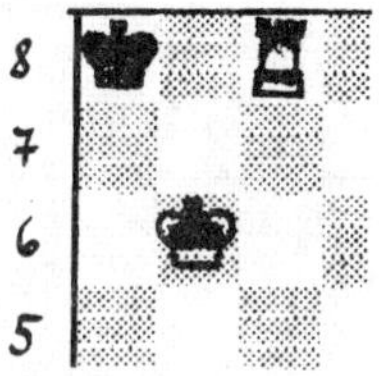

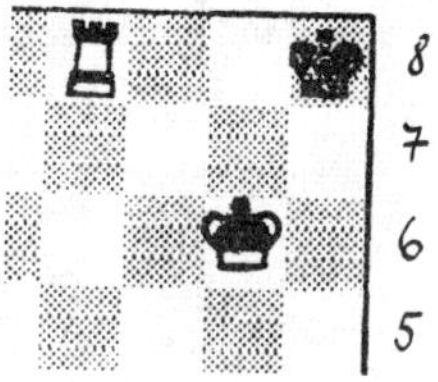

Entsprechendes gilt für die 1. Reihe.

I) Somit verbleibt als Hauptproblem die Erstellung der zu verfolgenden Strategie. Grob formuliert muß folgendes beachtet werden:
   - Der SKönig muß an den Rand gedrängt werden.
   - Turmverlust muß unbedingt vermieden werden.
   - Der WTurm kann dem SK reihenweise den Zugang zur Brettmitte versperren.
   - Hat er WTurm den SK abgesperrt, muß der WKönig nachgezogen werden.
   - Bei Randstellung des SK muß der WKönig versuchen, die Opposition zu gewinnen oder den SK in die Ecke zu drängen.

J) Die Übersicht über die im Laufe des Programms eingeführten Variablen sollte nicht verloren gehen. Die wichtigsten Variablen werden nachstehend aufgeführt: Position in der schachüblichen Notation (etwa B 3),

Farbe,Art d.F.	Position	Farbe	Art d.Fig.	zieht nach
WKönig	K1, K2	FA = 1	FI = 11	L1, L2
SKönig	K3, K4	FA = 0	FI = 11	- -
WTurm	T1, T2	FA = 1	FI = 2o	L3, L4

Die Variablen J1, J2, J8 (= 8 oder 1) bestimmen, ob je nach Anfangsstellung des SK dieser an den oberen oder unteren Rand getrieben werden soll:

	J1	J2	J8
SK in oberer Bretthälfte	1	2	8
SK in unterer Bretthälfte	-1	-2	1

Die Präzisierung der Strategieregeln erfolgt in der Subroutine Wertfunktion (Zeile 2ooo-21oo).

a) Ist der WT nicht vom WK gedeckt (Zeile 2oo5 ist verletzt) und ist der WT so na-he beim SK (Zeile 2o1o), daß er geschlagen werden könnte, so wird der Zug mit F = 0, also sehr niedrig, bewertet; Turmverlust muß vermieden werden.

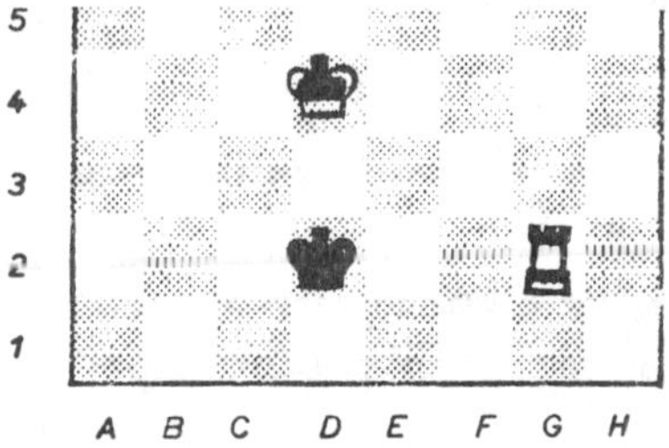

b) Eine Stellung mit Königen in Opposition, in der der Turm Schach gibt, wird mit F = 5oo sehr hoch bewertet - der schwarze König wird dadurch näher an den Rand getrieben. (Zeile 2o2o-2o4o)

c) Eine Stellung, in der der WTurm eine Reihe weiter vom Rand entfernt ist als der SK, wird zunächst mit F = 6o bewertet (2o5o).

d) Zeile 2o6o begünstigt eine Stellung, in der der WK 2 Reihen vom SK entfernt ist, 2o65 sorgt dafür, daß sich die Spalten-Koordinaten beider Könige nicht zuviel unterscheiden[1]; der weiße König sollte ja möglichst dem SK in Opposition gegenüberstehen.

e) Zeile 2o8o bestraft durch 3o-Punkte-Abzug Stellungen, in denen WK und WT in derselben Reihe stehen.

f) Zeile 2o7o bewirkt, daß der WT sich bezüglich der Spalte nach Möglichkeit weit weg vom SK aufhält.

Nach dieser ausführlichen Behandlung der verfolgten Strategie können wir uns mit der Beschreibung des Programms kürzer fassen.

1) Das Schachbrett wird in Zeile 1o-36 erzeugt, die Beschriftung in 4o-5o.

2) Sodann erfolgt die Aufstellung der drei Steine WK, WT und SK. Die Koordinaten werden in der schachüblichen Notation als K$ eingegeben.

3a) Das Unterprogramm Zeile 45o-46o rechnet die Koordinaten K$ um in ein Zahlenpaar U1, U2 (etwa A1 ⟶ 1,1, C3 ⟶ 3,1, etc.).

3b) Das Unterprogramm Setzen der Figuren (Zeile 47o-48o), dem U1, U2, Figuren-Code FI und Farbe FA übergeben werden müssen, zeichnet die Figur auf die gewählte Stelle des Schachbretts.

4) Unwichtige Kleinigkeiten; Messung und Ausdruck der Bedenkzeit erfolgt in den Zeilen 96, 25oo-2615, die Anzahl der Züge wird als ZT in 95, 135 gezählt und bei Spielende durch Zeile 53o mit ausgegeben. Die Subroutine 15oo-1515 erzeugt Tonsignale, die bei Bedarf eingeblendet werden (z.B. Zeile 138 als Aufforderung zum Ziehen).

5) Nach Festlegung der Variablen J1, J2, J8 (gemäß der Aufstellung des schwarzen Königs) in Zeile 97,98 beginnt das Spiel

---

1) Wegen Zeile 2o75 wird dabei etwas begünstigt, daß die beiden Könige nicht genau gegenüberstehen.

mit Zeile 1oo.

Die Subroutine Zeile 5oo-53o prüft (gemäß dem unter H. erläuterten Verfahren), ob Matt in einem Zuge möglich ist, führt den Mattzug aus und fragt nach Tonsignal (618) in 62o-627, ob ein neues Spiel gewünscht wird. Andernfalls wird der Programmlauf beendet.

6) Wenn kein Matt in einem Zug erfolgt (man beachte, daß der Computer bei entsprechenden Randstellungen am linken oder rechten Rand die Mattstellung nicht erkennt), werden durch das Unterprogramm Zeile 11oo-1299 mögliche Züge des weißen Königs[1] (111o-115o) und weißen Turms (vertikal 117o-1225, horizontal 123o-127o) erzeugt.

6a) Für jeden erzeugten Zug wird der Wert F durch Unterprogramm Wertfunktion (2ooo-21oo) ermittelt.

6b) Züge mit kleinem Wert (F < MA, Zeile 1145 etc.) werden sofort vergessen; andernfalls werden durch das Unterprogramm 1ooo-1oo5 das neue Maximum FA sowie die neuen Koordinaten Z1,...,Z4 gespeichert.

7) Nach Rücksprung in das Hauptprogramm nach Zeile 13o wird durch Sprung in das Unterprogramm Ziehen (Zeile 6oo-616) der Zug mit maximalem F ausgeführt; die Koordinaten der weissen Steine sind Z1,Z2 (König) und Z3,Z4 (Turm). Hierzu muß der bisherige Standort gelöscht werden (Unterprogramm 478-48o, es wird eine Leerstelle, Code-Nr. 32, ausgegeben) und der neue Standort ausgegeben werden (Unterprogramm 47o-48o); diesem Unterprogramm müssen in 6o7, 619, 612, 614 die nötigen Variablen U1, U2, FI und FA übermittelt werden.

8) Nach Ausführung des Zuges wird durch GOSUB 25oo die verbrauchte Gesamt-Bedenkzeit von Weiß ermittelt und ausgegeben.

---

[1] Zunächst werden alle geometrisch möglichen Königszüge (genau 8) erzeugt; sodann werden unzulässige Züge (die außerhalb des Bretts oder auf schon besetzte Felder oder zu nahe an den SKönig führen) wieder gestrichen (Zeile 1125-1133).

9) Nun ist Schwarz am Zuge; der Spieler gibt seinen Zug dem Computer in Zeile 14o an[1], die von Schwarz verbrauchte Gesamt-Bedenkzeit wird durch GOSUB 26oo ermittelt und ausgegeben.

1o) Nun ist Weiß am Zuge; durch Rücksprung nach Zeile 97 kommt man wieder zurück zu Schritt 5.

Das Spiel geht nun weiter, bis das Matt erfolgt (oder aber wird durch PATT beendet - dies kann das unvollkommene Unterprogramm nicht erkennen).

Bemerkung.
In diesem Programm sind einige der Teilprobleme deutlich geworden, mit denen sich ein Programmierer bei der Erstellung eines Schachprogramms auseinandersetzen muß. Bei einem Schachprogramm müssen selbstverständlich die schwarzen Gegenzüge (und die darauf möglichen Gegenzüge etc.) mit berücksichtigt werden. Die Wertfunktion muß hinreichend einfach sein, aber trotzdem schachliche Gesichtspunkte wie Material, Raum, Initiative, Entwicklungsvorsprung, Zentrum etc. berücksichtigen[2].

Das Riesenproblem ist, den "Suchbaum" zu begrenzen, d. h. die Unzahl der Möglichkeiten einzuschränken, damit das Problem der Ermittlung eines brauchbaren Zuges in vernünftiger Zeit zu lösen ist.

Für an der Programmierung des Schachspiels Interessierte verweisen wir auf Frey [25] und Botvinnik [9].

Ähnliche Gesichtspunkte gelten auch für die Programmierung des Dame- oder Mühle-Spiels.

---

1) Gewisse - aber nicht alle - illegale Züge werden durch Programmzeile 141 zurückgewiesen.

2) Man vgl. hierzu etwa P.W. Frey [25] p.93 ff.

ÜBUNGEN.

1) Man schreibe ein Unterprogramm, das eingegebene SKönigszüge auf Legalität prüft.
2) Man schreibe ein Unterprogramm, das die Anfangseingabe der Figuren auf Legalität prüft.
3) Man erzeuge in einem Unterprogramm die möglichen schwarzen Antwortzüge und vermeide das mögliche Patt durch die Forderung, daß für Schwarz wenigstens ein Antwortzug möglich sein muß.
4) Man versuche, die Subroutine "Wertfunktion" zu verbessern.
5) Nach Eingabe des schwarzen Gegenzugs lösche man die in Programm-Zeile 14o gedruckte Aufforderung "Wohin zieht...".
6) Man schreibe ein Programm, das versucht, mit der Materialverteilung König und Bauer gegen König den Bauern zur Dame zu führen. (Bekanntlich ist dies nicht immer möglich. Die anzuwendende Strategie muß dafür sorgen, daß der WKönig vor seinen Bauern kommt, wenn nicht sofort ein ungehinderter Durchlauf möglich ist.)

```
5 PRINT"♥":PRINT"▮▮▮▮▮▮MATT MIT TURM UND KOENIG"
10 FOR I=7 TO 23 STEP 2
15 FOR J=7 TO 23
20 KE=1024+I*40+J:POKE KE,67:POKE 54272+KE,0:NEXT J
25 NEXT I
30 FOR I=8 TO 22 STEP 2
32 FOR J=7 TO 23 STEP 2
33 KE=40*I+J
34 POKE 1024+KE,66:POKE 55296+KE,0: NEXT J
36 NEXT I
38 RESTORE
40 REM BESCHRIFTUNG
45 FOR I=1 TO 8:POKE 1030+960+2*I,I:POKE 55302+960+2*I,0:NEXT
50 FOR J=1 TO 8:POKE 1030+239+J*80,57-J:POKE 55301+240+J*80,0:NEXT
60 REM AUFSTELLEN DER FIGUREN
65 INPUT "WEISSER KOENIG";K$
67 GOSUB 450:K1=U1:K2=U2:FA=1:FI=11:GOSUB 470
69 PRINT"⊤⊤"
70 INPUT "WEISSER TURM  ";K$
72 GOSUB 450:T1=U1:T2=U2:FA=1:FI=20:GOSUB 470
74 PRINT"⊤⊤"
75 INPUT "SCHWARZER KOENIG  ";K$
77 GOSUB 450:K3=U1:K4=U2:FA=0:FI=11:GOSUB 470
95 ZT=1
96 ZA=TI
97 IF K4>3  THEN J1=1:J2=2:J8=8
98 IF K4<4 THEN J1=-1:J2=-2:J8=1
```

```
100 REM BEGINN DES SPIELS
110 GOSUB 500: REM IST MATT IN 1 ZUG MOEGLICH?
120 GOSUB 1100:REM ZUEGE GENERIEREN
130 GOSUB 600: REM ZIEHEN
135 ZT=ZT+1
137 GOSUB 2500
138 GOSUB 1500:REM MUSIK
140 PRINT"TT":INPUT "WOHIN ZIEHT DER SCHW.KOENIG?";K$
141 GOSUB 450:IF ABS(U1-K3)>1OR ABS(U2-K4)>1THEN PRINT"ILLEGALER ZUG]":GOTO 140
143 U1=K3:U2=K4:FI=32
144 GOSUB 478
145 GOSUB 450:K3=U1:K4=U2:FA=0:FI=11
146 GOSUB 470
148 GOSUB 2600
150 GOTO  97
449 END
450 U2=VAL(RIGHT$(K$,1))
451 REM UMRECHNUNG DER KOORDINATEN
455 U1$=LEFT$(K$,1):U1=ASC(U1$)-64
460 RETURN
470 REM SETZEN DER FIGUREN
475 POKE 55296+6+2*U1+80*(8-U2)+320,FA
478 POKE 1024+326+2*U1+80*(8-U2),FI
480 RETURN
499 END
500 IF J1=-1 THEN 532
501 IF T1=K1 THEN RETURN
502 IF K4<8 OR K2<>6 THEN RETURN
505 IF K1=K3 AND ABS(T1-K3)>1 THEN 525
510 IF K3=1 AND K1=2 AND T1>2 THEN 525
515 IF K3=8 AND K1=7 AND T1<7 THEN 525
520 RETURN
525 POKE 1024+326+2*T1+80*(8-T2),32
527 POKE 1024+326+80*(8-J8)+2*T1,20:POKE 55296+326+2*T1+80*(8-J8),1
529 TT$=CHR$(64+T1):GOSUB 1500
530 PRINT"T██"TT$;T2" - "TT$;J8" M A T T ,ZUEGEZAHL "ZT: GOTO 618
532 IF T1=K1 THEN RETURN
533 IF K4>1 OR K2<>3 THEN RETURN
534 IF K1=K3 AND ABS(T1-K3)>1 THEN 525
535 IF K3=1 AND K1=2 AND T1>2 THEN 525
536 IF K3=8 AND K1=7 AND T1<7 THEN 525
539 RETURN


600 REM ZIEHEN
605 IF Z1=K1 AND Z2=K2 THEN 610
607 U1=K1:U2=K2:FI=32:GOSUB 478
609 U1=Z1:U2=Z2:FI=11:FA=1:GOSUB 470
610 IF Z3=T1 AND Z4=T2 THEN 615
612 U1=T1:U2=T2:FI=32:GOSUB 478
614 U1=Z3:U2=Z4:FI=20:FA=1:GOSUB 470
615 K1=Z1:K2=Z2:T1=Z3:T2=Z4
616 RETURN
618 GOSUB 1500
620 PRINT"NEUES SPIEL?...J/N?":POKE 198,0:WAIT 198,1:GET J$
621 IF J$="N" THEN END
627 GOTO 5
800 REM MAXIMUM
810 MA=0
815 FOR U=1 TO R
820 IF F(U)>MA THEN MA=F(U)
825 NEXT U
840 V=0
845 FOR U=1 TO R
850 IF F(U)=MA THEN V=V+1:M(V)=M(U)
855 NEXT U
880 RETURN
980 QQ=PEEK(9999)
985 POKE 9999,QQ+1
1000 MA=F:Z1=L1:Z2=L2:Z3=L3:Z4=L4
1005 RETURN
```

```
1100 MA=-5:REM ZUEGE GENERIEREN
1110 FOR U=-1 TO 1
1115 FOR V=-1 TO 1
1120 IF U=0 AND V=0 THEN 1148
1122 L1=K1+U:L2=K2+V
1125 IF L1=T1 AND L2=T2 THEN 1148
1128 IF L1<1 OR L1>8 THEN 1148
1130 IF L2<1 OR L2>8 THEN 1148
1133 IF ABS(L1-K3)<2 AND ABS(L2-K4)<2 THEN 1148
1135 L3=T1:L4=T2
1140 GOSUB 2000 : REM WERTFUNKTION
1145 IF F<MA THEN 1148
1147 GOSUB 1000
1148 NEXT V
1150 NEXT U
1170 REM TURMZUEGE
1175 L1=K1:L2=K2
1180 FOR U=1-T1 TO 8-T1
1190 IF U=0  THEN 1225
1195 L3=T1+U:L4=T2
1200 IF T2=K2 AND T1>K1 AND L3<=K1 THEN 1225
1205 IF T2=K2 AND T1<K1 AND L3>=K1 THEN 1225
1220 GOSUB 2000:REM WERT
1222 IF F<MA THEN 1225
1224 GOSUB 1000
1225 NEXT U
1230 FOR V=1-T2 TO 8-T2
1235 IF V=0  THEN 1270
1240 L3=T1:L4=T2+V
1250 IF T1=K1 AND T2>K2 AND L4<=K2 THEN 1270
1255 IF T1=K1 AND T2<K2 AND L4>=K2 THEN 1270
1265 GOSUB 2000:REM WERT
1267 IF F<MA THEN 1270
1268 GOSUB 1000
1270 NEXT V
1299 RETURN
1500 SI=54272:POKE SI+24,15:POKE SI+5,96:POKE SI+6,0:POKE SI+1,29
1505 POKE SI,69:POKE SI+4,33
1507 FOR T=1 TO 100:NEXT                      Musikerzeugung
1510 POKE SI+4,0:POKE SI+5,0
1515 RETURN
2000 REM WERTFUNKTION
2001 F=0
2005 IF ABS(L1-L3)<2 AND ABS(L2-L4)<2 THEN 2020
2010 IF ABS(L3-K3)<2 AND ABS(L4-K4)<2 THEN F=0:RETURN
2020 IF L2=K4-J2AND L4=K4 AND L1=K3 THEN F=500:RETURN
2030 IF L2=K4-J2 AND L1=2 AND K3=1 AND L4=K4 THEN F=500:RETURN
2040 IF L2=K4-J2 AND L1=7 AND K3=8 AND L4=K4 THEN F=500:RETURN
2050 IF L4=K4-J1 THEN F=60
2060 F=F+25-5*ABS(L2+J2-K4)
2065 F=F+21 0*ABS(L1-K3)
2070 F=F+ABS(L4-K4)/2 + ABS(L3+0.3-K3)/3
2072 IF L3>4 AND ABS(L3-8)<ABS(K3-8) THEN F=F-0.05
2073 IF J1=1 AND L2<K4-1 THEN F=F+55
2074 IF J1=-1 AND L2>K4+1 THEN F=F+55
2075 IF L1=K3 THEN F=F-3.5
2080 IF L2=L4 THEN F=F-30
2100 RETURN


2500 Z6=TI-ZA-Z9
2505 ZZ=INT(Z6/60):Z7=INT(ZZ/60):Z8=ZZ-60*Z7:WE$="WEISS:"
2510 GOSUB 2550
2515 RETURN
2550 PRINT"[illegible]"
2560 PRINT"[illegible]"WE$;:PRINTZ7":"Z8
2570 PRINT"[illegible]"
2580 RETURN
2600 Z9=TI-ZA-Z6
2605 ZZ=INT(Z9/60):Z7=INT(ZZ/60):Z8=ZZ-60*Z7:WE$="[illegible]SCHWA:"
2610 GOSUB 2550
2615 RETURN
```

48. EIN MUSIKTEST

Musik wurde bei den alten Griechen als ein Teil der Mathematik betrachtet. So beschreiben wir in diesem Paragraphen ein längeres Programm, das direkt mit Mathematik wenig zu tun hat (es gelten freilich auch hier die im vorigen Paragraphen gemachten Bemerkungen), das aber für musikalisch Interessierte zum "Spielen" geeignet sein mag.

Da der Commodore 64 bis zu drei Stimmen gleichzeitig[1)] erzeugen kann, wollen wir uns dies zunutze machen. Die Idee des Musiktests ist, Töne

- hinsichtlich ihrer Tondauer
- hinsichtlich ihrer Lautstärke
- hinsichtlich ihrer Tonhöhe

zu vergleichen. Weiter (das wird besonders Streicher interessieren) kann man testen, ob eine gegebene Quinte rein, zu groß oder zuklein ist. Schließlich lassen sich auch Intervalle abfragen.

Die Unterschiede in Tondauer, Lautstärke etc. werden mit Hilfe der RND-Funktion erzeugt. Die Unterschiede sollen je nach der eingangs gewählten Schwierigkeitsstufe größer oder kleiner sein. Die gegebene Antwort wird mit der richtigen Lösung der Aufgabe verglichen und die Prozentzahl der richtigen Antworten ausgegeben.

Ein "Lautsprechertest" spielt die Tonleiter durch, um festzu-

---

1) Der Verfasser bedauert, daß unterschiedliche Lautstärken für mehrere gleichzeitig ertönende Stimmen nicht möglich sind.

stellen, ob der angeschlossene Lautsprecher für den Test brauchbar ist.

Das Programm ist, wie man leicht erkennen kann, durch immer neue Erweiterungen recht unübersichtlich gestaltet. Viele ähnliche Teile sind mehrfach programmiert, innerhalb des Programms wird ständig hin- und hergesprungen. Leider sind auch viele Daten einzugeben.

Der Verfasser wollte allerdings die Mühe einer gründlichen Überarbeitung nicht auf sich nehmen und versucht deshalb, das Programm einigermaßen verständlich zu dokumentieren.

Das Hauptprogramm dimensioniert in Zeile 3 die benötigten indizierten Variablen und springt nach Zeile 3oo. Dort erfolgen die nötigen Abfragen (gewünschte Versuchsanzahl, Test bezüglich welcher Eigenschaft?)

Je nach Antwort erfolgt ein Sprung nach

"Tondauer" (5oo-57o)
"Tonstärke" (6oo-67o)
"Tonhöhe" (7oo-77o)
"Intervalle" (9oo-97o)
"Quinten" (4oo-47o)
"Lautsprechertest" (18oo-1894).

Sodann erfolgt Rücksprung zur Übersicht; dio Endroutine (38-4o) gibt die erzielten Ergebnisse aus.

Als Subroutinen werden verwendet:

- "Musik" (5o-64), erzeugt einzelne Töne; die Variablen S(I) (Lautstärke), P(I) (Tondauer), Q(I) und R(I) (Tonhöhe High and Low) müssen übergeben werden.
- "Abfrageroutine" (7o-74) reagiert auf J/N-Fragen.
- Zeile 8o-88 erzeugt zufällig Tonhöhe, Lautstärke etc. mit Hilfe der RND-Funktion.
- Die Routinen 2ooo-2o27, 2o5o-2o8o, 21oo-213o erzeugen in der untersten Schwierigkeitsstufe Beispiele.

- Zeile 22oo-222o gibt Lob aus (eine Subroutine für "Tadel" fehlt noch).
- Intervalle werden erzeugt in 14oo-149o.
- Zeile 231-233 erzeugt zufällig die nötigen Parameter für Quinten.
- Zeile 235-243 wiederholt die vorgespielte Quinte.
- Die Unterprogramme 8oo-8o4, 82o-828, 84o-848, 86o-868 erzeugen in verschiedenen Schwierigkeitsstufen die nötigen Tonparameter.

Die wichtigsten Variablen sind die indizierten Variablen P(I), S(I) bzw. Q(I) und R(I), die Tondauer, Lautstärke bzw. Tonhöhe (Q(I) high, R(I) low) kontrollieren.

```
1 PRINT"▮"
3 DIM P(25):DIMQ(25):DIMR(25):DIMS(25)
10 GOTO 300
30 PRINT"▮▮WAEHLE EINE  S C H W I E R I G K E I T S ▮"
31 PRINT"STUFE : 1/2/3 ODER 4"
32 I=1:P(I)=40:Q(I)=29:R(I)=69:S(I)=14:GOSUB 50
34 POKE 198,0:WAIT 198,1
35 GET SC$ :SC=VAL(SC$)
36 IF SC<1 OR SC>4 THEN 31
37 RETURN
38 REM ENDROUTINE
39 IF C1=0 THEN END
40 PRINT"▮▮BEI "C1" VERGLEICHEN WURDEN"
41 PRINT"▮▮▮▮▮▮▮▮▮▮▮▮"C2
42 PRINT"▮RICHTIGE ERGEBNISSE ERZIELT,DAS SIND":C3=C2*100/C1:C4=INT(C3)
43 PRINT"▮▮▮▮▮▮▮"C4" PROZENT"
45 END
50 REM MUSIK
52 SI=54272:FL=SI:FH=SI+1:W=SI+4:A=SI+5:H=SI+6:L=SI+24
54 POKE L,S(I):POKE A,25:POKE H,70
56 POKE FH,Q(I):POKE FL,R(I)
58 POKE W,17
60 FOR T=1 TO 10*P(I):NEXT
62 POKEW,0:POKEA,0:POKEH,0
64 RETURN
70 POKE 198,0:WAIT 198,1
72 GET J$(J)
74 RETURN
80 P(I)=INT(RND(1)*25/SC)+20
81 Q(I)=INT(RND(1)*5)+29
82 R(I)=INT(RND(1)*25)+69
83 S(I)=INT(RND(1)*10/SC)+5+2*SC
84 IF S(I)>15 THEN S(I)=15
85 IF SC=1 AND J$(1)="A"THEN S(I)=15
86 IF SC=1 AND J$(1)="B"THEN Q(I)=29
87 IF SC=1 AND J$(1)="C"THEN S(I)=15:PI=34
88 RETURN
200 REM QUINTEN
202 SI=54272:W=SI+4:L=SI+24:A=SI+5:H=SI+6:W2=SI+11:A2=SI+12:H2=SI+13
203 FL=SI:FH=SI+1:GL=SI+7:GH=SI+8
204 POKE L,13:POKE A,80:POKE H,245
215 POKE FL,196:POKEFH,9
220 POKE W,17
221 FOR T=1 TO 400:NEXT
222 POKE W,0:POKE H,0:POKEA,0
223 POKE L,13:POKE A2,80:POKE H2,245
224 POKE GL,R(I):POKE GH,14:POKE W2,17
225 FOR T=1 TO 400:NEXT
228 POKE W,0:POKE A,0:POKE H,0:POKE W2,0:POKEA2,0:POKEH2,0
229 GOTO 235
231 R(I)=INT(RND(TI)*4-2)*INT(RND(TI)*9)*15/SC+162
232 IF R(I)<1 OR R(I)>254 THEN R(I)=162
233 RETURN
235 REM QUINT-WIEDERHOLUNG
236 FOR PP=1 TO INT(4/SC)
237 FOR T=1 TO 300:NEXT
238 POKE L,14:POKE A,80:POKE H,245:POKE A2,80:POKE H2,245:POKE FL,196:POKEFH,9
239 POKE GL,R(I):POKEGH,14:POKEW,17:POKEW2,17
240 FOR T=1 TO 300:NEXT
241 POKE W,0:POKEH,0:POKEA,0:POKEW2,0:POKEH2,0:POKEA2,0
242 NEXT PP
243 RETURN
```

```
300 PRINT"■■■■■■■■■■■■■■■■■■■■■MUSIKTEST"
302 PRINT"■■■■■■■■■■■■■■■■----------"
305 FOR T=1 TO 400:NEXT
307 I=1:P(I)=40:Q(I)=29:R(I)=69:S(I)=14:GOSUB 50
315 I=1:P(I)=40:Q(I)=29:R(I)=69:S(I)=14:GOSUB 50
319 GOTO 330
320 PRINT"■■■■GIB ANZAHL Z<10 DER PRO TEST GEWUENSCH-"
322 PRINT"■TEN VERGLEICHE EIN"
323 I=1:P(I)=40:Q(I)=29:R(I)=69:S(I)=14:GOSUB 50
324 J=2:GOSUB 70
326 Z=VAL(J$(2))
327 REM I=1:P(I)=40:Q(I)=29:R(I)=69:S(I)=14:GOSUB 50
328 IF Z>=10 OR Z<1 THEN 320
329 RETURN
```

```
330 PRINT"■■■■■■■■■■■■■■■UEBERSICHT"
332 PRINT"■■■■■■■■■■■----------"
334 PRINT"■■TONDAUER■■■■■■■■■■■A"
336 PRINT"■■TONSTAERKE■■■■■■■■■B"
338 PRINT"■■TONHOEHE■■■■■■■■■■■C"
339 PRINT"■■INTERVALLE■■■■■■■■■D"
340 PRINT"■■QUINTEN■■■■■■■■■■■■E"
345 PRINT"■■LAUTSPRECHERTEST■■F"
356 PRINT"■■ENDE■■■■■■■■■■■■■■■S"
360 I=1:P(I)=30:Q(I)=29:R(I)=69:S(I)=12:GOSUB 50
361 GOSUB 50
364 J=1:GOSUB 70
365 IF J$(1)="S"THEN 38
366 IF J$(1)="F"THEN 1800
368 GOSUB 320
369 GOSUB 30
370 IF J$(1)="A"THEN 500
371 IF J$(1)="B"THEN 600
372 IF J$(1)="C"THEN 700
373 IF J$(1)="S"THEN 38
374 IF J$(1)="D"THEN 900
375 IF J$(1)="E"THEN 400
395 PRINT"IRRTUM BEI EINGABE
    DER BUCHSTABEN DER UEBERSICHT":END
```

```
400 REM QUINTEN
405 FOR I=1 TO Z
408 GOSUB 231
412 NEXT I
415 PRINT"■":PRINT"■■IST DIE FOLGENDE QUINTE ZU KLEIN? ZU"
417 PRINT"GROSS? RICHTIG? 1/2/0?"
420 FOR I= 1 TO Z
421 FOR T=1 TO 300:NEXT
422 GOSUB 200
424 FOR T=1 TO 200:NEXT
431 IF R(I)>173THEN H$="2"
432 IF ABS(R(I)-162)<12 THEN H$="0"
433 IF R(I)<151THEN H$="1"
435 WI=0
436 J=1:GOSUB 70
440 IF J$(J)=H$ THENPRINT"■R I C H T I G":ZZ=ZZ+1:GOTO 460
442 IF H$="0" THEN PRINT"■DIESE QUINTE WAR REIN"
444 IF H$="1" THENPRINT"■DIESE QUINTE WAR ZU KLEIN"
446 IF H$="2" THENPRINT"■DIESE QUINTE WAR ZU GROSS"
448 FOR T=1 TO 200:NEXT
460 NEXT I
462 PRINT"■■VON "Z" FRAGEN WURDEN "ZZ" RICHTIG"
463 PRINT"BEANTWORTET"
464 FOR T=1 TO 200:NEXT
465 I=1:GOSUB 80:GOSUB 50
466 IF ZZ=Z THEN GOSUB 2200
467 FOR T= 1 TO 200:NEXT
468 C1=C1+Z:C2=C2+ZZ
469 ZZ=0
470 GOTO 300
```

```
500 REM TONDAUER
502 IF SC=1 THEN GOSUB 2000
505 FOR I=1 TO 2*Z
508 GOSUB 80
512 NEXT I
515 PRINT"■":PRINT"■■WELCHER DER BEIDEN FOLGENDEN TOENE"
517 PRINT"■DAUERT LAENGER? 1/2■■(0 BEI GLEICHHEIT)"
520 FOR I= 1 TO 2*Z STEP 2
521 FOR T=1 TO 200*(WI+1):NEXT
522 GOSUB 50
524 FOR T=1 TO 200:NEXT
526 I=I+1:GOSUB 50
528 I=I-1
529 WI=WI+1
530 IF WI<2 THEN 521
531 IF P(I+1)>P(I) THEN H$="2"
532 IF P(I+1)=P(I)THEN H$="0"
534 IF P(I+1)<P(I) THEN H$="1"
535 WI=0
536 J=1:GOSUB 70
540 IF J$(J)=H$ THENPRINT"■R I C H T I G":ZZ=ZZ+1:GOTO 560
542 IF H$="0" THEN PRINT"■BEIDE TOENE DAUERTEN GLEICH LANG"
544 IF H$="1" THENPRINT"■DER ERSTE TON DAUERTE LAENGER"
546 IF H$="2" THENPRINT"■DER ZWEITE TON DAUERTE LAENGER"
548 FOR T=1 TO 200:NEXT
560 NEXT I
561 FOR T=1 TO 200:NEXT
562 PRINT"■■VON "Z" FRAGEN WURDEN "ZZ" RICHTIG"
563 PRINT"BEANTWORTET"
564 FOR T=1 TO 200:NEXT
565 I=1:GOSUB 80:GOSUB 50
566 IF ZZ=Z THEN GOSUB 2200
567 FOR T= 1 TO 200:NEXT
568 C1=C1+Z:C2=C2+ZZ
569 ZZ=0
570 GOTO 300
```

```
600 REM TONSTAERKE
603 IF SC=1 THEN GOSUB 2050
605 FOR I=1 TO 2*Z
608 GOSUB 80
612 NEXT I
615 PRINT"■":PRINT"■■WELCHER DER BEIDEN FOLGENDEN TOENE
617 PRINT"■IST LAUTER? 1/2■■(0 BEI GLEICHHEIT)"
620 FOR I= 1 TO 2*Z STEP 2
621 FOR T=1 TO 200:NEXT
622 GOSUB 50
623 WI=WI+1
624 FOR T=1 TO 200:NEXT
626 I=I+1:GOSUB 50
628 I=I-1
630 IF S(I+1)>S(I) THEN H$="2"
632 IF S(I+1)=S(I)THEN H$="0"
634 IF S(I+1)<S(I) THEN H$="1"
635 IF WI<2 AND SC=1 THEN 621
636 J=1:GOSUB 70
637 WI=0
640 IF J$(J)=H$ THENPRINT"■R I C H T I G":ZZ=ZZ+1:GOTO
642 IF H$="0" THEN PRINT"■BEIDE TOENE WAREN GLEICH LAUT
644 IF H$="1" THENPRINT"■DER ERSTE TON WAR LAUTER"
646 IF H$="2" THENPRINT"■DER ZWEITE TON WAR LAUTER"
648 FOR T=1 TO 200:NEXT
660 NEXT I
661 FOR T=1 TO 200:NEXT
662 PRINT"■■VON "Z" FRAGEN WURDEN "ZZ" RICHTIG"
663 PRINT"BEANTWORTET"
664 FOR T=1 TO 200:NEXT
665 I=1:GOSUB 80:GOSUB 50
666 IF ZZ=Z THEN GOSUB 2200
667 FOR T= 1 TO 200:NEXT
668 C1=C1+Z:C2=C2+ZZ
669 ZZ=0
670 GOTO 300
```

```
700 REM TONHOEHE
703 J$(3)=SC$
704 IF SC=1 THEN GOSUB 2100
705 FOR I=1 TO 2*Z
708 IF J$(3)="1"THEN GOSUB 800
709 IF J$(3)="2"THEN GOSUB 820
710 IF J$(3)="3"THEN GOSUB 840
711 IF J$(3)="4"THEN GOSUB 860
712 NEXT I
715 PRINT"J":PRINT"QQWELCHER DER BEIDEN FOLGENDEN TOENE"
717 PRINT"QIST HOEHER? 1/2]](0 BEI GLEICHHEIT)"
720 FOR I= 1 TO 2*Z STEP 2
721 FOR T=1 TO 200:NEXT
722 GOSUB 50
724 FOR T=1 TO 200:NEXT
726 I=I+1:GOSUB 50
728 I=I-1
730 IF R(I+1)>R(I) THEN H$="2"
732 IF R(I+1)=R(I)THEN H$="0"
734 IF R(I+1)<R(I) THEN H$="1"
736 J=1:GOSUB 70
740 IF J$(J)=H$ THENPRINT"QR I C H T I G":ZZ=ZZ+1:GOTO 760
742 IF H$="0" THEN PRINT"QBEIDE TOENE WAREN GLEICH HOCH"
744 IF H$="1" THENPRINT"QDER ERSTE TON WAR HOEHER"
746 IF H$="2" THENPRINT"QDER ZWEITE TON WAR HOEHER"
748 FOR T=1 TO 200:NEXT
760 NEXT I
761 FOR T=1 TO 200:NEXT
762 PRINT"QQVON "Z" FRAGEN WURDEN "ZZ" RICHTIG"
763 PRINT"BEANTWORTET"
764 FOR T=1 TO 200:NEXT
765 I=1:GOSUB 80:GOSUB 50
766 IF ZZ=Z THEN GOSUB 2200
767 FOR T= 1 TO 200:NEXT
768 C1=C1+Z:C2=C2+ZZ
769 ZZ=0
770 GOTO 300
```

```
800 P(I)=40:Q(I)=29:S(I)=14
802 R(I)= INT(RND(TI)*130)+69
804 RETURN
820 R(I)= INT(RND(TI)*100)+69
822 P(I)=40:Q(I)=29
824 S(I)=INT(RND(TI)*8)+7
828 RETURN
840 R(I)= INT(RND(TI)*80)+69
842 P(I)=INT(RND(TI)*20)+20
843 Q(I)=29
844 S(I)=INT(RND(TI)*10)+5
848 RETURN
860 R(I)= INT(RND(TI)*70)+69
862 P(I)=INT(RND(TI)*30)+10
863 Q(I)=29
864 S(I)=INT(RND(TI)*12)+3
868 RETURN
```

```
900 REM INTERVALLE
901 FOR TT=1 TO Z
902 PRINT"QQIST DAS FOLGENDE INTERVALL"
904 PRINT"EINE PRIM,EINE SEKUNDE.TERZ,QUART,"
906 PRINT"QUINTE,SEXTE,SEPTIME,OKTAVE ODER NONE?"
908 GOSUB 1400
928 PRINT"DRUECKE 1,2,...,ODER 9"
930 GET W$:IFW$=""THEN930
932 WW=VAL(W$):IF WW<1 OR WW>9 THEN 908
935 IF WW=YY THEN PRINT"QR I C H T I G":ZZ=ZZ+1:GOTO955
937 IF YY=1 THENPRINT"DAS INTERVALL WAR EINEPRIM"
938 IF YY=2 THENPRINT"DAS INTERVALL WAR EINESEKUNDE"
939 IF YY=3 THENPRINT"DAS INTERVALL WAR EINETERZ"
940 IF YY=4 THENPRINT"DAS INTERVALL WAR EINEQUART"
941 IF YY=5 THENPRINT"DAS INTERVALL WAR EINEQUINT"
942 IF YY=6 THENPRINT"DAS INTERVALL WAR EINESEXTE"
943 IF YY=7 THENPRINT"DAS INTERVALL WAR EINESEPTIME"
944 IF YY=8 THENPRINT"DAS INTERVALL WAR EINEOKTAVE"
945 IF YY=9 THENPRINT"DAS INTERVALL WAR EINENONE"
955 NEXT TT
960 PRINT"QQVON "Z" VERGLEICHEN WURDEN  "ZZ"RICHTIG"
962 PRINT"BEANTWORTET"
965 C1=C1+Z:C2=C2+ZZ
967 ZZ=0
970 GOTO 300
```

```
1400 REM MUSIK
1402 SI=54272:W=SI+4:L=SI+24:A=SI+5:H=SI+6:W2=SI+11:A2=SI+12:H2=SI+13
1403 FL=SI:FH=SI+1:GL=SI+7:GH=SI+8
1404 POKE L,13:POKE A,80:POKE H,245
1406 YY=INT(RND(TI)*8.9)+1
1408 ON YY GOTO 1410,1411,1412,1413,1414,1415,1416,1417,1418
1410 RH=17:RL=103:GOTO1420
1411 RH=19:RL=137:GOTO1420
1412 RH=21:RL=237:GOTO1420
1413 RH=23:RL=59 :GOTO1420
1414 RH=26:RL=20 :GOTO1420
1415 RH=29:RL=69 :GOTO1420
1416 RH=32:RL=219:GOTO1420
1417 RH=34:RL=207:GOTO1420
1418 RH=39:RL=18 :GOTO1420
1420 POKE L,13:POKE A2,80:POKE H2,245
1421 POKE GL,103:POKE GH,17:POKE W2,17
1423 FOR T=1 TO 400:NEXT
1425 POKE W,0:POKE H,0:POKEA,0
1427 POKEL,13:POKE A,80:POKE H,245
1430 POKE FH,RH:POKEFL,RL:POKEW,17
1435 POKE GL,103:POKE GH,17:POKE W2,17
1440 FOR T=1 TO 400:NEXT
1450 POKE W,0:POKE A,0:POKE H,0:POKE W2,0:POKEA2,0:POKEH2,0
1460 FOR PP=1 TO INT(4/SC)
1462 FOR T=1 TO 300:NEXT
1464 POKE L,14:POKE A,80:POKE H,245:POKEA2,96:POKE H2,245:POKE FL,103:POKEFH,17
1467 POKE GL,RL:POKEGH,RH:POKEW,17:POKEW2,33
1470 FOR T=1 TO 300:NEXT
1475 POKE W,0:POKEH,0:POKEA,0:POKEW2,0:POKEH2,0:POKEA2,0
1480 NEXT PP
1490 RETURN
```

```
1800 REM LAUTSPRECHERTEST
1802 I=1:P(I)=40:Q(I)=29:R(I)=69:S(I)=14:GOSUB 50
1805 PRINT"WAEHLE WELLENFORM 1/2/3/4"
1807 J=7:GOSUB 70
1808 PRINT"ALLE TOENE SIND GLEICH LAUT."
1809 PRINT"DIE TONLEITER BEGINNT MIT C-0,16.4HERTZ"
1810 IF J$(7)="1" THEN WF=17:GOTO 1820
1812 IF J$(7)="2" THEN WF=33:GOTO 1820
1814 IF J$(7)="3" THEN WF=65:TV=120:TW=12:GOTO1820
1815 IF J$(7)="4"THEN WF=129:GOTO 1900
1816 GOTO 1805
1820 SI=54272:FL=SI:FH=SI+1:W=SI+4:A=SI+5:H=SI+6:L=SI+24
1825 POKE L,14:POKE A,25:POKE H,70
1828 READ Q5:READ Q6:READ Q$
1830 IF Q5=-1 OR Q6=-1 THEN 1890
1832 IF J$(7)="3" THEN POKE SI+2,TV:POKE SI+3,TW
1833 POKE FH,Q5:POKE FL,Q6:POKE W,WF
1835 PRINTQ$;:PRINT"";
1836 FOR T=1 TO 150:NEXT T
1838 POKE W,0
1839 FOR T= 1 TO 30:NEXT T
1840 GOTO 1828
1850 DATA 1,22,"C",1,57,"D",1,95,"E",1,116,"F",1,161,"G",1,212,"A",2,14,"H"
1852 DATA 2,45,"C-1",2,113,"D",2,190,"E",2,231,"F",3,66,"G",3,169,"A",4,27,"H"
1854 DATA 4,90,"C-2",4,226,"D",5,123,"E",5,207,"F",6,133,"G",7,81,"A",8,55,"H"
1856 DATA 8,180,"C-3",9,196,"D",10,247,"E",11,158,"F",13,10,"G",14,162,"A"
1857 DATA 16,109,"H",17,103,"C-4"
1858 DATA 19,137,"D",21,237,"E",23,59,"F",26,20,"G"
1859 DATA 29,69,"A MIT 440 HERTZ",32,219,"H"
1860 DATA 34,207,"C-5",39,18,"D",43,219,"E",46,118,"F",52,39,"G",58,138,"A"
1862 DATA 65,181,"H",69,157,"C-6 MIT 17821 HZ",78,36,"D",87,182,"E"
1864 DATA 92,237,"F 23789 HZ",104,78,"G",117,20,"A 29972 HZ",131,106,"H"
1866 DATA 139,59,"C-7",156,72,"D",175,107,"E 44907 HZ",185,218 ,"F 47578 HZ"
1868 DATA 208,156,"G 53404 HZ",234,40,"A 59944 HZ"
1870 DATA -1,-1,""
1890 POKE L,0:POKE A,0:POKE H,0:POKE W,0
1891 FOR T=1 TO 700:NEXT T
1892 RESTORE
1893 PRINT""
1894 GOTO 300
1900 PRINT"VORSICHT! ES ENTSTEHEN SELTSAME GERAEUSCHE!"
1905 GOTO 1820
2000 PRINT"DIE BEIDEN FOLGENDEN TOENE DAUERN GLEICH LANG"
2005 I=1: GOSUB 80
2010 P(2)=P(1)
2015 GOSUB 50
2020 FOR T= 1 TO 100:NEXT T
2021 I=2:GOSUB 80
2023 P(2)=P(1)
2024 GOSUB 50
2025 FOR T= 1 TO 200:NEXT
2027 RETURN
2050 PRINT" DIE BEIDENFOLGENDEN TOENE SIND":PRINT"GLEICH LAUT"
2055 I=1:GOSUB 80
2060 S(2)=S(1)
2065 GOSUB 50
2070 FOR T=1 TO 100:NEXT T
2071 I=2:GOSUB 80
2072 S(2)=S(1)
2073 GOSUB 50
2075 FOR T= 1 TO 200:NEXT
2080 RETURN
2100 PRINT"DIE BEIDEN FOLGENDEN TOENE SIND":PRINT"GLEICH HOCH"
2105 I=1:GOSUB 800
2110 GOSUB 50
2115 FOR T=1 TO 200:NEXT
2120 GOSUB 50
2125 FOR T= 1 TO 200:NEXT
2130 RETURN
2200 PRINT"DAS IST EIN GANZ AUSGEZEICHNETES":PRINT"ERGEBNIS"
2205 I=1:GOSUB 80
2210 GOSUB 50
2215 GOSUB 50
2220 RETURN

READY.
```

Der Verfasser bittet um Entschuldigung, daß dieses Programm aus Platzgründen so verkleinert wurde,daß es fast nur noch mit der Lupe lesbar ist.

49. BEMERKUNGEN ZUR FERMAT'SCHEN VERMUTUNG

Für $n = 2$ besitzt die Fermat'sche Gleichung

(1) $$x^n + y^n = z^n$$

unendlich viele Lösungen, z.B. $x=3$, $y=4$, $z=5$ (diese Lösung läßt sich gemäß nebenstehender Figur zur Konstruktion eines rechten Winkels ausnützen).

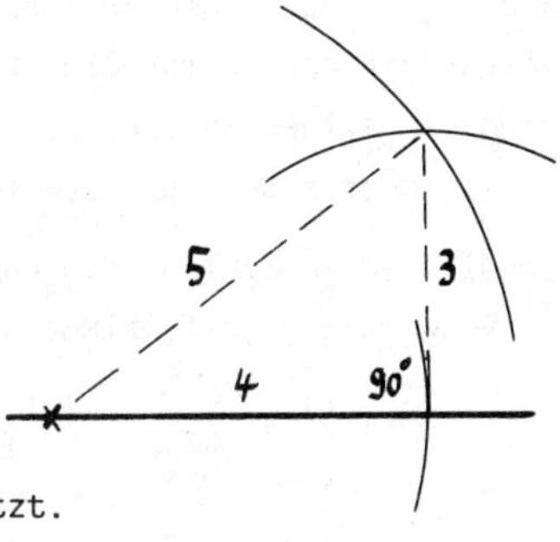

P. Fermat vermutete (und glaubte, dies beweisen zu können), daß Gleichung (1) für jedes ganze $n > 2$ keine Lösungen mit $x \cdot y \cdot z \neq 0$ besitzt.

Diese Vermutung ist bis heute nicht entschieden. Offenbar genügt es, die Unlösbarkeit von (1) für $n=4$ und für $n=p$, p ungerade Primzahl, zu beweisen. Beweise der Unlösbarkeit von (1) für $n=3$ und für $n=4$, die mit verhältnismäßig elementaren Mitteln auskommen, findet man in [33],13.3 und 13.4.

Es gibt eine Reihe von Kriterien, die die Unlösbarkeit von (1) für gewisse Primzahlen p sicherstellen. Solche Kriterien können mit Rechnern angewandt werden; auf Grund solcher Kriterien ist gezeigt worden, daß die Fermat-Gleichung (1) für alle ungeraden Primzahlen $p < 125\,000$ unlösbar ist (S.S.Wagstaff, Math. Comp. 32 (1978), 583-591); die Suche nach einem Gegenbeispiel zur Fermat'schen Vermutung muß also als hoffnungslos gelten.

Nachfolgend zitieren wir aus dem Buch [118] von L.C.Washington über Kreisteilungskörper einige derartige Kriterien. Wir bemerken, daß dieses Buch nur mit erheblichen Vorkenntnissen aus der Algebra und der algebraischen Zahlentheorie gelesen werden kann. Eine interessante (und i.a. leichter lesbare) Darstellung von Ergebnissen aus dem Umfeld der Fermat'schen Vermutung gibt P.Ribenboim (13 Lectures on Fermat's Last Theorem, New York Heidelberg Berlin 1979). Weiterhin verweisen wir noch auf H.M.Edwards, Fermat's Last Theorem, A Genetic Introduction to Algebraic Number Theory (New York Heidelberg Berlin 1977).

Aufgabe des Lesers ist es, die untenstehend gegebenen Kriterien zu verwenden, um durch den Rechner (mit Hilfe dieser Kriterien!) die Unlösbarkeit der Fermat-Gleichung $x^p+y^p+z^p = 0$ für gewisse Primzahlen p allgemein oder wenigstens im "I.Fall : p geht nicht in x,y oder z auf" nachzuweisen.

Die Bernoulli'schen Zahlen, die uns früher schon begegnet sind, sind die Entwicklungskoeffizienten der Funktion

$$t\cdot(e^t-1)^{-1} = \sum_{n=0}^{\infty} \frac{1}{n!}\cdot B_n\cdot t^n .$$

Diese Zahlen genügen der Rekursionsformel

$$B_n = \sum_{k=0}^{n} \binom{n}{k} B_k \qquad (\text{für } n \neq 1), \quad B_0 = 1.$$

Die B_n sind rationale Zahlen. Wir schreiben $p \mid B_n$, wenn p im Zähler von B_n (in gekürzter Darstellung!) aufgeht. Es bezeichne $i(p)$ den "Index der Irregularität" der Primzahl p, d.h. die Anzahl der Bernoulli-Zahlen B_n (mit $n = 2,4, \ldots, p-3$), für die $p \mid B_n$ gilt; Primzahlen mit $i(p) = 0$ heißen "regulär". Dann gilt ([118] , Theorem 6.23).

Ist $i(p) < \sqrt{p} - 2$, so hat die Gleichung

(2) $$x^p + y^p = z^p$$

keine ganzzahligen Lösungen x,y,z derart, daß das Produkt $x \cdot y \cdot z$ zu p teilerfremd ist.

Wieferich's Kriterium besagt: Ist $2^{p-1} \not\equiv 1 \mod p^2$, so hat (2) keine ganzzahligen Lösungen x,y,z mit $(x \cdot y \cdot z, p) = 1$.

Wenn p eine "reguläre" Primzahl ist, d.h. in keinem der Zähler von $B_2, B_4, \ldots, B_{p-3}$ aufgeht, so gilt ([118] , Theorem 9.3): Die Fermatgleichung (2) besitzt keine Lösungen x,y,z mit $x \cdot y \cdot z \neq 0$, $p \mid x \cdot y \cdot z$ (Spezialfall des obengenannten Satzes).

Ist p irregulär (z.B. $p = 37,59,67,\ldots$), so kann folgendes Kriterium benützt werden:

Sei $l = k \cdot p + 1$ eine Primzahl. Seien $i_1, \ldots, i_s$ die geraden Indizes in $2 \leq i \leq p-3$, für die $p \mid B_i$ gilt. Sei weiter

$$d = d_i = 1^{p-i} + 2^{p-i} + \ldots + \left(\frac{p-1}{2}\right)^{p-i} ,$$

sei

$$t \text{ ganz}, \quad t \text{ zu } l \text{ teilerfremd}, \quad t^k \not\equiv 1 \mod l.$$

Setze

$$Q_i = t^{-kd/2} \prod_{b=1}^{(p-1)/2} (t^{kb} - 1)^{b^{p-1-i}} .$$

Dann gilt ([118] , Theorem 9.5): Gibt es eine Primzahl $l \equiv 1 \mod p$, $l < p^2 - p$ derart, daß

$$Q_i^k \not\equiv 1 \mod l \quad \text{für jedes } i \in \{i_1, i_2, \ldots, i_s\}$$

ist, so hat die Fermat-Gleichung (2) keine Lösungen.

Weitere einfachere Kriterien und viele historische Hinweise finden sich bei Ribenboim (13 Lectures on Fermat's Last Thm.), Kapitel X. Der Verfasser hofft, daß die vorstehenden Kriterien dem Leser genügend Möglichkeiten geben, für einige Primzahlen p in $2 < p < 100$ die Unlösbarkeit der Fermatgleichung nachzuweisen. Eine Teilaufgabe hierzu ist die Erzeugung aller Bernoulli-Zahlen B_p mit $p < 100$ und die Faktorisierung der Zähler dieser Zahlen.

Bemerkung.

Vor kurzer Zeit wurde ein sensationelles Ergebnis zum ersten Fall der Fermat'schen Vermutung erzielt. Auf der Tagung über "Analytische Zahlentheorie" im Mathematischen Forschungsinstitut Oberwolfach berichtete E.Fouvry (am 19.10.1984) über das auf Ergebnissen von Fouvry, L.Adleman und R.Heath-Brown beruhende Resultat: Es gibt unendlich viele Primzahlen p, so daß die Fermatgleichung

$$x^p + y^p + z^p = 0$$

in ganzen Zahlen x, y, z, die alle nicht durch p teilbar sind, unlösbar ist. Der Beweis hängt entscheidend an einer guten oberen Abschätzung für die Anzahl $\pi(x;q,1)$ der Primzahlen $p' \leq x$, $p \equiv 1$ modulo q, wobei $x^\theta < q < 2x^\theta$ ist und θ nahe an $\frac{2}{3}$ kommt.

5o. WEITERE ÜBUNGSAUFGABEN

In diesem Paragraphen werden weitere Fragestellungen aus verschiedenen Gebieten angesprochen, deren Behandlung recht aufwendig werden kann. Der Verfasser möchte interessierte Leser veranlassen, selbst sich mit den zugrundeliegenden Problemen der genauen Formulierung, der mathematischen Behandlung und der Übersetzung in ein lauffähiges Programm zu befassen.

A. Aufzugssteuerung

Gegeben ist ein Hochhaus mit N Stockwerken und M Aufzügen (etwa M = 3). Man gebe ein Programm, das die Steuerung der Aufzüge übernimmt; Personen, die den Aufzug benützen wollen, können in jedem Stockwerk "aufwärts" oder "abwärts" verlangen. Die Steuerung soll so erfolgen, daß der jeweils nächste Aufzug auf den Knopfdruck reagiert; die Anzahl der Halts eines Aufzugs sollte klein bleiben, die Fahrzeit sollte "günstig" sein.

Das Problem ist, sich zunächst über die anzuwendenden Strategie-Regeln klar zu werden. Eine geschickte graphische Gestaltung ist erwünscht.

B. Konstanten aus der analytischen Zahlentheorie

Bei vielen Problemen der analytischen Zahlentheorie treten in den Ergebnissen Konstanten auf, die durch unendliche Produkte über Primzahlen gegeben werden. Z.B. ist die Anzahl $r_3(N)$ der Lösungen des ungeraden Goldbachproblems, d.h. die Anzahl der Primzahltripel (p_1,p_2,p_3), die

$$N = p_1 + p_2 + p_3$$

erfüllen, für ungerades N asymptotisch gleich

$$r_3(N) \sim \frac{1}{2}\cdot \mathfrak{S}(N) \cdot N^2 \cdot (\log N)^{-3} ,$$

wobei

$$\mathfrak{S}(N) = \prod_{p\nmid N} \left(1 + \frac{1}{(p-1)^3}\right) \cdot \prod_{p/N} \left(1 - \frac{1}{(p-1)^2}\right)$$

ist[1]. Die "singuläre Reihe" $\mathfrak{S}(N)$ läßt sich umformen zu

$$\mathfrak{S}(N) = c \cdot \prod_{p/N} \left(1 - \frac{p}{(p-1)^3+1}\right),$$

wobei die Konstante c durch das über alle Primzahlen p erstreckte Produkt

$$c = \prod_{p} \left(1 + \frac{1}{(p-1)^3}\right)$$

gegeben ist.

Man ermittle die Konstante c auf 4 Nachkomma-Stellen.

C. Primzahlzwillinge

a) Man vermutet (ohne dies beweisen zu können), daß die Anzahl $\pi_2(N)$ der Primzahlzwillinge (p_1,p_2), $p_2 = p_1 + 2$, p_1,p_2 beide prim, für die $p_1 \leq N$ ist, asymptotisch gleich

$$\pi_2(N) \sim 2 \cdot \prod_{p>2} \left(1 - \frac{1}{(p-1)^2}\right) \cdot \frac{N}{\log^2 N}$$

ist. Man berechne die eingehende Konstante auf einige Dezimalstellen genau.

b) Man schreibe ein Programm, das die Anzahl $\pi_2(N)$ der Primzahlzwillinge unterhalb N für nicht zu kleine Werte von N

---

1) Man vgl. etwa Schwarz [1o7] , Kap. VII.

(etwa N zwischen 5 ooo und 5o ooo) durch Abzählen ermittelt; man vergleiche die Ergebnisse mit der in a) gegebenen Vermutung.

Anmerkung.
Um die Rechengeschwindigkeit zu steigern, teste man gleichzeitig, ob M und M + 2 prim sind, indem man durch 2,3,5,7,... etc. teilt; ist einer der beiden Terme durch eine dieser Zahlen teilbar, so ist M, M + 2 sicher kein Primzahlzwilling, und man kann den nächsten Kandidaten M + 2, M + 4 testen.
Eine andere (schnellere!) Möglichkeit wäre, alle Primzahlen bis N durch das Sieb des Eratosthenes zu erzeugen und das Ergebnis nach Zwillingen zu durchsuchen.
Man vergleiche die beiden Programme hinsichtlich ihrer Laufzeit.

D. Verarbeitung von Daten

Um sich in der Verarbeitung von Daten zu üben, schreibe man ein Programm, das eingegebene Daten (z.B. die Geburtstage aller Bekannten oder ein Verzeichnis der eigenen Schallplatten) in verschiedener Weise abzufragen gestattet, z.B. bei Geburtstagen sollte man fragenkönnen: Wer ist im Jahre X, im Monat Y, zwischen dem 1.1. und 3.7. geboren, wann hat Max, wann hat Müller Geburtstag etc.
Hierzu muß man die Eingabe der Daten als Strings genau überlegen , z.B.

```
A$(1)  = "03.04.1926.  Max Mueller",
```

(hier sind Tag, Monat, Jahr festgelegt als 1.-2., 4.-5., 7.-1o. Element des Strings, danach kommt der Vorname; der Nachname kann durch die Leerstelle zwischen Max und Müller ermittelt werden), oder aber man gibt die Strings bereits getrennt ein, z.B. bei Schallplatten

A$(1) = "Konzert"

B$(1) = "Klavier"

C$(1) = "Es-Dur"

D$(1) = "Franz Liszt".

Diese Methode erleichtert die Abfragen, verbraucht aber mehr Speicherplatz. Trennzeichen ermöglichen ebenfalls Abfragen, erschweren aber die Eingabe; Beispiel:

A$(1) = "Konzert * Es-Dur $ Klavier/Franz Liszt".

E. Mersenne'sche Primzahlen

Die Mersenne'schen Zahlen $M_p = 2^p-1$ sind höchstens dann prim, wenn p selbst eine Primzahl ist.

Für $p \leq 44\,497$ erhält man genau für

p = 2, 3, 5, 7, 13; 17, 19, 31, 61, 89;
1o7, 127, 521, 6o7, 1279;
22o3, 2281, 3217, 4253, 4423;
9689, 9941, 11213, 19937, 217o1;
23 2o9, 44 497

Primzahlen M_p.

a) Man verwende das Programm aus § 33, um zu testen, daß M_p für p = 11, 23, 29, ... nicht prim ist.

b) In Hardy-Wright [33] , 6.15, wird folgendes Euler'sche Kriterium gegeben: Ist k > 1 und ist p = 4k + 3 prim, so ist 2p+1 genau dann eine Primzahl, wenn $2^p \equiv 1 \mod (2p+1)$ ist.

Folgerung: Sind p = 4k + 3 und 2p + 1 Primzahlen, so ist 2p + 1 ein Teiler von M_p und damit M_p zusammengesetzt.

Man verwende dieses Kriterium, um gewisse M_p (welche?) als zusammengesetzt nachzuweisen.

c) In Hardy-Wright [33] , 15.5, wird der Lucas-Test gegeben, der

zu prüfen gestattet, ob M_p prim ist: Definiere die Lucas-Folge $r_1 = 3$, $r_2 = 7$, $r_3 = 47, \ldots$ durch $r_{m+1} = r_m^2 - 2$. Dann gilt: Ist $p \equiv 3 \bmod 4$ eine Primzahl, so ist M_p genau dann prim, wenn der (p-1)-te Term der Lucas-Folge r_{p-1} durch M_p teilbar ist.
Man verwende dieses Kriterium zusammen mit Programmteilen von § 5, 6, 32, um zu entscheiden, ob M_p für kleine $p \equiv 3 \bmod 4$ prim oder zusammengesetzt ist.

F. Der kleinste quadratische Nichtrest

Sei p eine Primzahl. Die ganze Zahl a heißt "quadratischer Nichtrest modulo p", wenn die Kongruenz

$$x^2 \equiv a \mod p$$

unlösbar ist; z.B. ist $x^2 \equiv 2 \bmod 13$ unlösbar. Gesucht ist nun die kleinste ganze Zahl $a \geq 1$, die quadratischer Nichtrest modulo p ist; wir bezeichnen diese mit KNR(p) (Kleinster Nichtrest modulo p). Wenn die große Riemann'sche Vermutung richtig ist, gibt es eine Konstante c, so daß die Abschätzung

$$\mathrm{KNR}(p) \leq c \cdot \log^2 p$$

gilt (Ankeny, Proc.Symp.Pure Math. 8 (1965), 113-118).

Aufgabenstellung
Man ermittle für alle Primzahlen p unterhalb einer gewissen Schranke P_o (z.B. P_o = 1ooo) den kleinsten quadratischen Nichtrest und gebe p, KNR(p) und den Quotienten $\mathrm{KNR}(p)/\log^2 p$ in einer Tabelle aus.
Hinweis: Man benütze Routinen aus § 31, § 32, § 34.

G. Die Kummer'sche Vermutung

Als Beispiel für eine Möglichkeit, zahlentheoretische Vermutungen experimentell zu testen (und dabei gleichzeitig das Rechnen mit komplexen Zahlen und die Übertragung präziser Rechenvorschriften in ein nicht ganz einfaches Programm zu üben), erwähnen wir die Kummer'sche Vermutung; wir geben eine gedrängte Zusammenfassung der Darstellung in H.Hasse [34], § 2o.6; dort kann der interessierte Leser sich detaillierter informieren.

Wir bemerken, daß die Kummer'sche Vermutung inzwischen bewiesen worden ist durch R.Heath-Brown und S.J.Patterson ("The distribution of Kummer sums at prime arguments", J.Reine Angew. Math. 31o (1979), 111-13o), allerdings nicht mit den von Kummer auf Grund seiner numerischen Untersuchungen vermuteten "Dichten" $\frac{1}{2}, \frac{1}{3}, \frac{1}{6}$, sondern mit den Dichten $\frac{1}{3}, \frac{1}{3}, \frac{1}{3}$.

Zur Formulierung der Kummer'schen Vermutung muß weit ausgeholt werden: Sei p eine Primzahl

(1) $$p \equiv 1 \mod 3.$$

Diese läßt sich in der Gestalt

(2) $$p = \frac{1}{4}(a^2 + 27b^2), \quad a,b \text{ ganz}, \quad a \equiv 1 \mod 3, \quad b > 0$$

schreiben. Sei π die folgende komplexe Zahl:

(3) $$\pi = \frac{1}{2}(a + 3b \cdot \sqrt{-3}), \quad b > 0.$$

Dieses Element ist prim im Ring der ganzen Zahlen des Körpers $\mathbb{Q}(\sqrt{-3})$ (Zur Arithmetik in quadratischen Zahlkörpern vgl. man auch [33], Chapter 14, zu $\mathbb{Q}(\sqrt{-3})$ ibid. 15.3).

Der Begriff eines "kubischen Restklassencharakters" χ soll hier nicht allgemein erklärt werden; wir definieren eine komplexwertige Funktion

$$\chi : \mathbb{N} \to \mathbb{C}$$

für $n = 1,2,...$ durch die Vorschrift

(4) $$\begin{cases} \chi(n) \equiv n^{(p-1)/3} \mod \pi, \text{ und} \\ |\chi(n)| = 1. \end{cases}$$

Dabei bedeutet $a \equiv b \mod \pi$ für komplexe Zahlen a, b, daß $a - b = g \cdot \pi$ ist mit einer "ganzen" Zahl g der Gestalt

$$(5) \qquad g = \frac{1}{2}(g_1 + g_2 \cdot \sqrt{-3}), \quad g_1, g_2 \text{ ganz und } g_1 \equiv g_2 \mod 2.$$

Man bilde nun die "kubische Gauß'sche Summe"

$$(6) \qquad \tau(\chi) = \sum_{n=1}^{p-1} \chi(n) \cdot \exp(2\pi i n/p).$$

Diese Summe hat den Absolutbetrag

$$|\tau(\chi)| = p^{1/2},$$

es gilt $\tau(\chi)^3 = p \cdot \pi$, und es ist

$$(7) \qquad \tau(\chi) = p^{1/2} \cdot \exp(i\beta)$$

mit einem Winkel β, der

$$(8.\ \text{I}) \qquad 0 < \beta < \frac{\pi}{3},$$

$$(8.\ \text{II}) \qquad \frac{2\pi}{3} < \beta < \pi,$$

oder

$$(8.\ \text{III}) \qquad \frac{4\pi}{3} < \beta < \frac{5\pi}{3}$$

erfüllt.

Die Primzahlen $p \equiv 1 \mod 3$ werden je nach Lage von β (8. I - 8. III) in drei Klassen

$$C_{I}, \; C_{II}, \; C_{III}$$

eingeteilt, je nachdem, ob (8.I), (8.II) oder (8.III) gilt.

Kummer fand, daß

7, 31, 43, 67, ... zu C_{I},

13, 19, 37, 61, ... zu C_{II},

97, 139, 151, 199, ... zu C_{III}

gehören. Seine Vermutung lautet:

In jeder der drei Klassen C_I, C_{II}, C_{III} liegen unendlich viele Primzahlen. Die drei Klassen haben die "Dichten" $\frac{1}{2}$, $\frac{1}{3}$, $\frac{1}{6}$.

Die Dichten einer Klasse $\mathbf{C} < \mathbf{P}$ ist dabei erklärt als

$$\lim_{x \to \infty} \frac{\text{Anzahl der Elemente in } \mathbf{C} \text{ unterhalb } x}{\text{Anzahl der Elemente in } \mathbf{P} \text{ unterhalb } x},$$

falls dieser Limes existiert.

J. von Neumann und H.Goldstine (Math.Tables Aids Comput.7 (1953), 133-134) haben die Kummer'schen Rechnungen auf alle $p \equiv 1 \mod 3$ unterhalb 1o ooo ausgedehnt.

Aufgabenstellung

Man bestimme für eine vorgegebene Schranke P_o (etwa für $P_o = 500$ (Kummer) oder $P_o = 1000$), in welche Klassen die Primzahlen $p \equiv 1 \mod 3$ unterhalb P_o fallen.

Man benötigt hierzu:

- Unterprogramme für das Rechnen mit komplexen Zahlen,
- ein Unterprogramm, das die Zerlegung (2) berechnet,
- ein Unterprogramm, das die Werte des kubischen Charakters $\chi(n)$ für $n = 1,2,\ldots, P_o$ berechnet.

Zum letztgenannten Programm noch ein Hinweis:

Man berechne zunächst $N \equiv n^{(p-1)/3} \mod p$, wie in § 31 oder § 32. Wegen $p = \pi \cdot \overline{\pi}$ ist dann sicher $N \equiv n^{(p-1)/3} \mod \pi$. Diese Zahl N, die zwischen 0 und p-1 liegt, reduziere man modulo π, bis man eine Zahl vom Betrage Eins erhält.

H. Diophantische Gleichungen

Ist $f(x_1, x_2, \ldots, x_o)$ ein Polynom mit ganzen Koeffizienten, so kann man nach Lösungen der Gleichung

$$f(x_1, \ldots, x_o) = 0$$

in <u>ganzen</u> Zahlen $x_1, \ldots, x_r$ fragen. Die berühmteste diophantische Gleichung ist wohl die Fermat-Gleichung

$$x^n + y^n = z^n .$$

Man ermittle kleine Lösungen diophantischer Gleichungen, z.B. von

$$x^2 = y^3 + k$$

(für vorgegebenes k).
Zur Theorie der diophantischen Gleichungen sehe man Mordell [77].

I. Differentiation zusammengesetzter Funktionen

Sei $y = g(x)$, $f(x) = F(g(x))$. Sind F, g n-mal differenzierbar, so gilt die Formel

$$\frac{d^n f(x)}{dx^n} = \sum \frac{n!}{i_1! i_2! .. i_n!} \frac{d^m F(y)}{dy^m} \left(\frac{y'}{1!}\right)^{i_1} \left(\frac{y''}{2!}\right)^{i_2} \ldots \left(\frac{y^{(n)}}{n!}\right)^{i_n}$$

wobei die Summe über alle ganzen $i_1 \geq 0, \ldots, i_n \geq 0$ läuft, die $i_1 + 2i_2 + \ldots + ni_n = n$ erfüllen.

Ferner ist $m = i_1 + i_2 + \ldots + i_n$.

Man schreibe ein Programm, das nach Eingabe von n alle in obiger Summe auftretenden n-Tupel $(i_1, i_2, \ldots, i_n)$, dazu jeweils den Wert von m und den Wert des Koeffizienten

$$\frac{n!}{i_1! \, i_2! \ldots i_n!}$$

ausgibt.

J. Ein zahlentheoretisches Problem

Für alle ganzen Zahlen $1 \leq n \leq N_o$, wobei N_o eine gegebene Schranke ist, prüfe man, ob diese in der Gestalt $n = (p + 1)/(q + 1)$ mit PRIMzahlen p, q darstellbar sind. Für jedes darstellbare n gebe man p, q aus, und man notiere diejenigen n, die mit $p \leq n^{\beta}$, $q \leq n^{\beta}$, nicht darstellbar sind, wobei β eine festzulegende Zahl ist, die etwa gleich $\frac{3}{2}$ oder gleich 2 gewählt werden kann.

K. Abbott's Problem

Man betrachte in der Ebene die Menge $M(n)$ aller "Gitterpunkte" (x,y) (d.h. x, y sind ganzzahlig), die $1 \leq x \leq n$, $1 \leq y \leq n$ erfüllen:

$$M(n) = \{(x,y) \in \mathbb{Z} \times \mathbb{Z} \ ; \ 1 \leq x,y \leq n\}.$$

Ein Gitterpunkt (x,y) heißt vom Gitterpunkt (x_0, y_0) aus "sichtbar", wenn auf der Verbindungsstrecke von (x,y) nach (x_0,y_0) kein weiterer Gitterpunkt liegt. Sei $f(n)$ die Minimalanzahl von Gitterpunkten in $M(n)$, von denen aus jeder andere Gitterpunkt von $M(n)$ sichtbar ist. Man lasse den Rechner $f(n)$ für "kleine" Werte von n bestimmen.

Bemerkung

Es gibt Konstanten c_1, c_2 derart, daß für $n > 1$

$$c_1 \cdot \frac{\log n}{\log\log n} < f(n) \leq c_2 \cdot \log n$$

ist; gemäß nachstehender Skizze ist

$$f(1) = 1, \quad f(2) = 1, \quad f(3) = 1, \quad f(4) = 2, \quad f(5) = 2 .$$

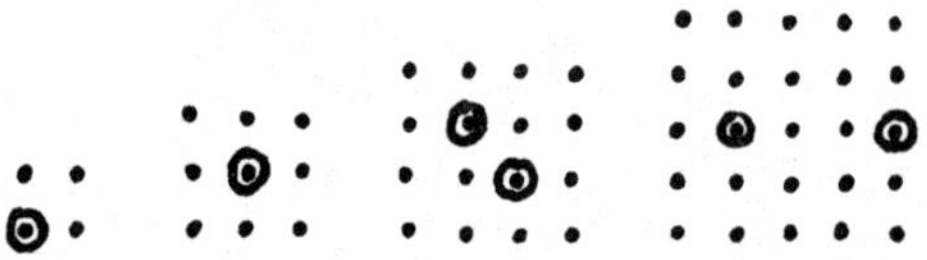

L. Vielstelliges Rechnen

a) Ist $\exp(\pi\cdot\sqrt{163})$ ganz?.

Antwort: Nein, denn

$\exp(\pi\cdot\sqrt{163}) = 262\ 53741\ 264o7\ 68743.99999\ 99999\ 99250$.

b) Wird $x = \sqrt{1141\, y^2 + 1}$ für ganzes y jemals ganz?

Antwort: Ja, erstmals für

$y = 3o\ 693\ 385\ 322\ 765\ 657\ 197\ 397\ 2o8$.

M. Unitär perfekte Zahlen

Bezeichnet $\sigma_u(n)$ die "unitäre Teilersumme" von n , definiert durch

$$\sigma_u(n) = (p_1^{a_1}+1)\ \dots\ (p_r^{a_r}+1)\ , \text{ falls } n = p_1^{a_1}\dots p_r^{a_r},$$

so heißt n "unitär perfekt", wenn $\sigma_u(n) = 2n$ gilt. Unitär perfekte Zahlen sind

$6 = 2\cdot 3$, $60 = 2^2\cdot 3\cdot 5$, $90 = 2\cdot 3^2\cdot 5$,

$87\ 360 = 2^6\cdot 3\cdot 5\cdot 7\cdot 13$ und

$$U_5 = 1463\ 61946\ 18645\ 85625\ 60000 = 2^{18}\cdot 3\cdot 5^4\cdot 7\cdot 11\cdot 13\cdot 19\cdot 37\cdot 79\cdot 109\cdot 157\cdot 313$$

(man vgl. H.A.M.Frey, "Über unitär perfekte Zahlen", Elemente der Mathematik 1978, 95-96).Man untersuche, ob es eine unitär perfekte Zahl gibt, die zwischen 87 360 und U_5 liegt.

Man beachte, daß U_5 v i e l zu groß ist, als daß man den Computer die Zahlen zwischen 87360 und U_5 durchtesten lassen könnte. Das Problem muß also mit zahlentheoretischen Mitteln angegangen werden (und dürfte recht schwierig sein).

LITERATURVERZEICHNIS

[1] Adleman,L.M., Pomerance,C. and Rumely,R.S.
On distinguishing prime numbers from composite numbers.
Annals of Math.117,173-2o6,1983.

[2] Aitken, A.C.
Determinanten und Matrizen.
Mannheim/Zürich 1964.

[3] Apostol,T.M.
Introduction to Analytic Number Theory.
New York Heidelberg Berlin 1976.

[4] Artin,E.
The Gamma Function.
New York 1964.

[5] Barner,M. und Flohr,F.
Analysis I und II.
Berlin New York 1974,1983.

[6] Beth,Th.,Heß,P. und Wirl,K.
Kryptographie.
Stuttgart 1983.

[7] Bohmann,J.
On the number of primes less than a given limit.
BIT 12,576-577,1972.

[8] Borwein,J.M. and Borwein,P.B.
A very rapidly convergent product expansion for π.
BIT 23,538-54o,1983.

[9] Botvinnik,M.M.
Computers in Chess.
Berlin Heidelberg New York 1983.

[1o] Brent,R.P.
An improved Monte Carlo factorization algorithm.
BIT 2o,176-184,198o.

[11] Brillhart,J. & Lehmer,D.H. & Selfridge,J.L., Tuckerman,B. and Wagstaff jr.,S.S.
Factorization of b^n + 1, b=2,3,5,6,7,1o,11,12, up to high powers.
Providence R.I.,1983.

[12] de Bruijn,N.G.
Asymptotic Methods in Analysis.
Amsterdam 1958.

[13] Buck,R.C.
Advanced Calculus.
McGraw Hill 1965.

[14] Cassels,J.W.S.
An Introduction to Diophantine Approximation.
Cambridge 1957.

[15] Cohn,H.
Advanced number theory.
New York 1962.

[16] Dombrowski,P.
Differentialrechnung I und Abriß der linearen Algebra.
Mannheim/Wien/Zürich 197o.

[17] Edwards,R.E.
Fourier series: A modern introduction. I,II.
New York Chicago San Francisco 1967.

[18] Endl,K. und Luh,W.
Analysis I,II,III.
Wiesbaden 1978/79.

[19] Engel,A.
Elementarmathematik vom algorithmischen Standpunkt.
Stuttgart 1977.

[2o] Englisch,L.
Das Maschinensprache-Buch zum Commodore 64.
Düsseldorf 1984.

[21] Erwe,F.
Differential- und Integralrechnung. I,II.
Mannheim 1962.

[22] Everett,C.J.
Iteration of the Number-Theoretic Function
f(2n) = n, f(2n+1) = 3n+2.
Advances in Math.25,42-45,1977.

[23] Fluegge,S.
Mathematische Methoden der Physik I.
Berlin Heidelberg New York 1979.

[24] Forster,O.
Analysis 1,2.
Braunschweig/Wiesbaden 1976,1977.

[25] Frey, P.W.
Chess Skill in Man and Machine.
New York Heidelberg Berlin 1977.

[26] Gradshteyn,I.S. and Ryzhik,I.M.
Table of Integrals, Series and Products.
New York London Toronto Sydney San Francisco 198o.

[27] Guber,S.
Lineare Algebra und Analytische Geometrie.
Erlangen 1968/7o.

[28] Guy,R.K.
Unsolved Problems in Number Theory.
New York Heidelberg Berlin 1981.

[29] Hainer,K.
Numerische Mathematik auf programmierbaren Taschenrechner.
Mannheim/Wien/Zürich 198o.

[3o] Hainer,K.
Numerik mit Basic Tischrechnern.
Stuttgart 1983.

[31] Hainzl,J.
Mathematik für Naturwissenschaftler.
Stuttgart 1974.

[32] Halmos,P.R.
Finite-Dimensional Vector Spaces.
Princeton 1948.

[33] Hardy,G.H. and Wright,E.M.
An Introduction to the Theory of Numbers.
Oxford 1954.

[34] Hasse,H.
Vorlesungen über Zahlentheorie.
Berlin 1964.

[35] Heppner,E.
Eine Bemerkung zum Hasse-Syracuse-Algorithmus.
Archiv Math.317-32o,1978.

[36] Herrmann,D.
Wahrscheinlichkeitsrechnung, Statistik -
3o Basic-Programme.
Braunschweig 1983.

[37] Heuser,H.
Lehrbuch der Analysis. Teil 1,2.
Stuttgart 198o/1981.

[38] Hlawka,E. und Schoißengaier,J.
Zahlentheorie.
Wien 1979.

[39] Hooley,Ch.
Application of Sieve Methods to the Theory of
Numbers.
Cambridge 1976.

[4o] Indlekofer,K.-H.
Zahlentheorie.
Basel Stuttgart 1976.

[41] Jänich,K.
Analysis für Physiker und Ingenieure.
Berlin Heidelberg New York 1983.

[42] Jänich,K.
Lineare Algebra.
Berlin Heidelberg New York 1979.

[43] Jeffries, u.a.
Commodore 64 Fun and Games.
McGraw Hill,1984,182 S.

[44] Jurkat,W. and Peyerimhoff,A.
A constructive approach to Kronecker approximation
and its application to the Mertens conjecture.
J.Reine Angew.Math.286/287,322-34o,1976.

[45] Kaucher,E., Klatte,R., Ullrich,Ch.
Programmiersprachen im Griff,
Band 3: Basic.
Mannheim 1981.

[46] Knopp,K.
Elemente der Funktionentheorie.
Sammlung Göschen Berlin 1949.

[47] Knuth,D.E.
Euler's constant to 1271 places.
Math.Comp.16,275-281,1962.

[48] Knuth,D.E.
The Art of Computer Programming.
Vol.1,2.3
Reading 1968,1969,1973.

[49] Koblitz,N.
p-adic Numbers, p-adic Analysis, and Zeta-Functions.
New York Heidelberg Berlin 1977.

[5o] Koecher,M.
Lineare Algebra und analytische Geometrie.
Berlin Heidelberg New York Tokyo 1983.

[51] Kowalsky,H.J.
Lineare Algebra.
Berlin 1969.

[52] Krätzel,E.
Zahlentheorie.
Berlin 1981.

[53] Lagarias,J.C. and Odlyzko,A.M.
New algorithms for computing $\pi(x)$.
Reprint

[54] Lamprecht,E.
Lineare Algebra I,II.
Basel Boston Stuttgart 198o,1983.

[55] Landau,E.
Vorlesungen über Zahlentheorie:
Aus der elementaren Zahlentheorie.
New York 195o (Nachdruck).

[56] Lehmann,R.S.
Factoring large integers.
Math.Comp.28,637-646,1974.

[57] Lehmer,D.H.
On the exact number of primes less than a given limit.
Illinois J.Math.3.381-388,1959.

[58] Lenstra,H.W.jr.
Primality testing algorithms (after Adleman, Rumely and Williams.
Springer Lecture Notes 9o1,243-257,
Berlin 1981.

[59] Lenstra,H.W.jr.
Fast prime number tests.
Nieuw Archief voor Wiskund (4) 1,133-144,1983.

[6o] Lien,D.A.
The BASIC Handbook.
Compusoft Publ.1981.

[61] Lingenberg,R.
Einführung in die Lineare Algebra.
Mannheim/Wien/Zürich 1976.

[62] Lipschutz,S.
Linear Algebra.
McGraw Hill 1974.

[63] Loève,M.
Probability Theory I,II.
New York Heidelberg Berlin 1977/1978.

[64] Lorenz,C.
Beherrschen Sie Ihren Commodore 64.
Holzkirchen 1983.

[65] Luh,W.
Mathematik für Naturwissenschaftler I,II.
Wiesbaden 1982.

[66] Malm,D.G.
A computer Laboratory manual for number theory.

[67] v.Mangoldt,H., Knopp,K., Lösch,F.
Einführung in die höhere Mathematik.
Band 1,2,3.
Stuttgart 1974,1976,1978.

[68] Mapes,D.C.
Fast Method for Computing the Number of Primes Less than a Given Limit.
Math.Comp.17,179-185,1963.

[69] Mehlhorn,K.
Effiziente Algorithmen.
Stuttgart 1977.

[7o] Menzel,K.
Basic in 1oo Beispielen.
Stuttgart 1983.

[71] Miller,J.C.P.
On factorization, with a suggested new approach.
Math.Comp.29,155-172,1975.

[72] Miller,G.L.
Riemann's Hypothesis and Tests for Primality.
Proc.7th ann.ACM Symp.Theory Comp.
Albuquerque 1975,234-239.

[73] Miller,G.L.
Riemann's Hypothesis and Tests for Primality.
J.Computer System Sci.13,3oo-317,1976.

[74] Möller,H.
F-Normalreihen.
J.Reine Angew.Math.289,135-143,1977.

[75] Möller,H.
Über Hasse's Verallgemeinerung des Syracuse-Algorithmus.
Acta Arithm.34,219-226,1978.

[76] Montgomery,H.L.
Topics in multiplicative number theory.
Berlin Heidelberg New York 1971.

[77] Mordell,L.J.
Diophantine Equations.
London New York 1969.

[78] Morrison,J.D. and Brillhart,J.
A method of factoring and the factorization of F_7.
Math.Comput.29,183-2o5,1975.

[79] Narkiewicz,W.
Number Theory.
Singapore 1983.

[8o] Oberschelp,W. und Wille,D.
Mathematischer Einführungskurs für Informatiker.

[81] Oetzmann,G.
Lehr- und Übungsbuch für Commodore-Volkscomputer.
Braunschweig 1983.

[82] Onosko,T.
Der Commodore 64.
München 1984.

[83] Perron,O.
Die Lehre von den Kettenbrüchen.
Leipzig 1929.

[84] Perron,O.
Irrationalzahlen.
Berlin 1947.

[85] Plenge,A.
Das Grafikbuch zum Commodore 64.
Düsseldorf 1984.

[86] Pol,B.
Wie man in Basic programmiert.
Vogel Verlag Würzburg 1981.

[87] Pollard,J.
An Algorithm for Testing the Primality of Any Integer.
Bull.London Math.Soc.3,337-34o,1971.

[88] Pomerance,C.
Primzahlen im Schnelltest.
Spektrum der Wissenschaft, Februar 1983,8o-92.

[89] Pomerance,C.
Recent developments in primality testing.
Math.Intelligencer 3,97-1o5,1983.

[9o] Prachar,K.
Primzahlverteilung.
Berlin-Göttingen-Heidelberg 1957.

[91] Prante,M., Tofahrn,W.
Informatik.
Paderborn 1978.

[92] Pritchard,P.
A sublinear additive sieve for finding prime
numbers.
Comm.ACM 24,18-23,1981.

[93] Pritchard,P.
Fast compact prime number sieves (among others).
J.Algorithms 4,332-344,1983.

[94] Rényi,A.
Probability Theory.
Amsterdam London 197o.

[95] Richards,I.
Continued Fractions without Tears.
Mathematics Magazine Vol.54,163-171,1981.

[96] Rivest,R.L., Shamir,A. and Adleman,L.
A method for obtaining digital signatures and public key crypto-systems.
Comm.ACM 21,12o-126,1978.

[97] Romer,A.
5o BASIC-Programme.
Der Computer als Hilfe in Unterricht und Praxis.
Mannheim/Wien/Zürich 1983.

[98] Rudin,W.
Principles of Mathematical Analysis.
McGraw Hill 1976.

[99] Salamin,E.
Computation of π using the arithmetic-geometric mean.
Math.Comput.135,565-57o,1976.

[1oo] Scharlau,W. und Opolka,H.
Von Fermat bis Minkowski.
Eine Vorlesung über Zahlentheorie und ihre Entwicklung.
Berlin Heidelberg New York 198o.

[1o1] Schnorr,C.P.
Refined analysis and improvements on some factoring algorithms.
J.Algorithms 3,1o1-127,1982.

[1o2] Schönhage,A. und Straßen,V.
Schnelle Multiplikation großer Zahlen.
Computing 7,281-292,1971.

[1o3] Scholz,A. und Schoeneberg,B.
Einführung in die Zahlentheorie.
Berlin New York 1973.

[1o4] Schröder, M.R.
Number Theory in Science and Communication.
Berlin Heidelberg New York Tokyo 1984.

[1o5] Schumny,H.
Microcomputer Jahrbuch 1984.
Vieweg Verlag.

[1o6] Schwarz,W.
Der Primzahlsatz.
Überblicke Mathematik 1,35-61,1968.

[1o7] Schwarz,W.
Einführung in Methoden und Ergebnisse der Primzahltheorie.
Mannheim/Wien/Zürich 1969.

[1o8] Schwarz,W.
Einführung in Siebmethoden der analytischen Zahlentheorie.
Mannheim/Wien/Zürich 1974.

[1o9] Schwarz,W.
Einführung in die Zahlentheorie.
Darmstadt 1975.

[11o] Schwarz,W.
Über einige Probleme aus der Theorie der Primzahltheorie.
Sitzungsberichte der Wiss.Ges.Frankfurt 1985.

[111] Solovay,R. and Strassen,V.
A fast Monte Carlo Test for Primality.
Siam J.Computing 6,84-85,1977; ibid.7,118,1978.

[112] Spiegel,M.R.
Fourier Analysis. Theorie und Anwendung.
McGraw Hill 1976.

[113] Sweeney,D.W.
On the Computation of Euler's Constant.
Math.Comp.17,17o-178,1963.

[114] Tietz,H.
Lineare Geometrie.
Göttingen 1973.

[115] Titchmarsh,E.C.
The Theory of Functions.
Oxford 1952.

[116] Walter,R.
Einführung in die lineare Algebra.
Braunschweig/Wiesbaden 1982.

[117] Warlimont,R.
Natürliche Zahlen mit primer Quersumme.
Reprint 1984.

[118] Washington,L.C.
Introduction to cyclomotic fields.
New York Heidelberg Berlin 1982.

[119] Weber,W.J. und Mrowka,M.
Grundkenntnisse BASIC
Zeichen, Erklärungen, Beispiele.
Essen 1984.

[12o] Weilharter,J.
Spaß mit Algorithmen.
Einführung in das strukturierte Programmieren
mit 42 BASIC Programmen.
Vieweg 1984.

[121] Winogradow,I.M.
Elemente der Zahlentheorie.
München 1956.

[122] Wolfart,J.
Primzahltests und Primfaktorzerlegung.
Jahrbuch Überblicke Mathematik 1981,161-188.

[123] Zagier,D.
The first 5o million prime numbers.
Math.Intelligencer Vol.0,7-19,1977.

[124] Zurmühl,R.
Praktische Mathematik für Ingenieure und
Physiker.
Berlin/Heidelberg/New York 1984.

[125] Borho,W.
Große Primzahlen und befreundete Zahlen.
Mitt.Math.Ges.Hamburg 11 (1983),232-256.

[126] Gerver,J.L.
Factoring large numbers with a quadratic sieve.
Math.Comp. 41 (1983),287-294.

[127] Schnorr,C.P. und Lenstra,H.W.
A Monte Carlo factoring algorithm with linear storage.
Math.Comp. 43 (1984),289-311.

[128] Mrowka,M. und W.J.Weber,
Praktisches BASIC-Buch.
Essen 1985.

Information über Mikro-Computer-Zeitschriften

Es gibt eine Reihe von Zeitschriften, die sich mit Klein-Computern befassen; für interessierte Leser werden (aus einem Informationsblatt der Fachbuchhandlung für Naturwissenschaften und Technik Harri Deutsch, Frankfurt, Gräfstraße) einige dieser Zeitschriften aufgeführt.[1)]

Mikrocomputer-Zeitschriften

CHIP
Das Mikrocomputer-Magazin. Vogel-Verlag KG Würzburg
Jahresabo 66.- DM

Computermarkt
Die aktuelle Kleincomputer-Information. Informa Verlag, Luzern
Abo 49.- DM

Computer Persönlich
Personal Computer für die Praxis. Markt&Technik Verlagsges.,Haar
Jahresabo 98.-

Computerschau
Monatszeitschrift für Computerinteressierte
Abo 6o.- DM

c't
magazin für computer technik. Verlag Heinz Heise, Hannover
Jahresabo 58.- DM

HAPPY-COMPUTER
Markt&Technik Verlagsges.,Haar
Jahresabo 55.-

HC Mein Home-Computer
Das Magazin für Home Computer. Vogel-Verlag Würzburg
Jahresabo 55.- DM

---

1) Die Buchhandlung H.Deutsch hat sich mit der Wiedergabe ihres Informationsblattes einverstanden erklärt und hat dem Verfasser dankenswerterweise weitere Informationen zukommen lassen. - Die Preise entsprechen dem Stand vom Februar 1984 für die Bundesrepublik Deutschland.

MC
Die Mikrocomputer-Zeitschrift. Franzis-Verlag München
Jahresabo 6o.- DM

micro
Das Praxismagazin für Mikrocomputer. Bertelsmann Fachzeitschr.
Jahresabo 5o.- DM

micro computerwelt
Alles über wirtschaftliches Computern
CW-Publikationen Verlagsgesellschaft München
Jahresabo 49.- DM

Mikro+Kleincomputer
Das Schweizer Kleincomputer-Magazin. Informa Verlag Luzern
Jahresabo 49.- DM

PC
Das unabhängige Magazin für IBM Personal Computer und kompatible Systeme. Vogel-Verlag Würzburg
Jahresabo 66.- DM

PC Welt
Das Computer-Magazin für „IBM" PCs&Kompatible
CW-Publikationen Verlagsgesellschaft München
Jahresabo 60.- DM

PEEKER
Das Magazin für Apple-Computer
Abo 58.- DM

P.M.Computerheft
Computer entdecken und verstehen. Gruner+Jahr AG
Jahresabo 60.- DM

RUN
Unabhängiges Commodore-Magazin
Abo 54.- DM

Aus dem renommierten Springer Verlag (Berlin Heidelberg New York Toronto) kommen die beiden nachfolgend genannten Zeitschriften.

Abacus
...a journal with the flair of a magazine
1985, Vol.2 (4 Hefte): DM 53.- + Versandkosten

Informatik-Spektrum
Organ der Gesellschaft für Informatik e.V.
Herausgeber: W.Brauer, Hamburg
1985, Bd.8 (6 Hefte): DM 178.- + Versandkosten

NAMENVERZEICHNIS

A
Abramowitz,M. 184
Adleman,L.M. 172,234,
244,282
Aitken,A.C. 103
Ankeny,N.C. 287
Apéry,R. 215
Apostol,T. 181,191
B
Barner,M. 125,168
Beth,TH. 244
Bohmann,J. 83
Borwein,J.M. 160
Borwein,P.B. 160
Botvinnik,M. 269
Brillhart,J. 67,194
Bruijn,N.G.De 203
Buck,R.C. 125
Burgess,A. 183
C
Cohn,H. 94
Collatz,L. 62
D
Dixon,J.D. 194
Dombrowski,P. 125
E
Edwards,H.M. 280
Endl,K. 125
Engel,A. 46,56,260
Englisch,L. 91
Erdös,P. 197
Erwe,F. 125,168
Estermann,T. 197
Euklid 35
Euler,L. 70,94
Everett,C.J. 61
F
Fermat,P. 279
Flohr,F. 125,168
Fluegge,S. 228
Forster,O. 125,126,
129,168
Fouvry,E. 282
Frey,H.A.M. 293
Frey,P.W. 269
G
Gauss,C.F. 163,239
Goldstine,H. 290
Golitschek,M. Von 152
Gostin,G.B. 22
Gradshteyn,I.S. 224,228
Grosswald,E. 183
Guy,R.K. 97,172
H
Hadamard,J. 163
Hainer,K. 103,129
Hardy,G.H. 63,77,186,191,
196,286
Hasse,H. 31,61,94,288
Heath-Brown,R. 282,288
Hecke,E. 94
Heppner,E. 61
Hess,P. 244
Heuser,H. 120,132,168
Hooley,CH. 197
I
Indlekofer,K.-H. 235
J
Jaenich,K. 103,125
Jurkat,W. 99
K
Kakutani,S. 61
Kamada,Y. 160
Knopp,K. 125,159
Koblitz,N. 216
Koecher,M. 103
Kowalsky,H.J. 103
Kraetzel,E. 31
Kummer,E.E. 288,289
L
Lamprecht,E. 103
Landau,E. 31
Landry 70
Lehmann,R.S. 194
Lehmer,D.H. 83,194
Lenstra,H.W. 189,194
Lingenberg,R. 103
Lipschutz,S. 103
Lorenz,C. 137
Luh,W. 125
M
Maess,G. 103
Malm,D.G. 77,97,172
Mangoldt,H.Von 125,
159
Mapes,D.C. 83
Mc Laughlin,P.B. 22
Miller,G.L. 189,194
Moeller,H. 61
Mordell,L.J. 291

Morehead,J.C. 67
Morrison,J.D. 67,194
N
Neubauer,G. 98
Neumann,J.Von 47,290
O
Odlyzko,A.M. 99
P
Patterson,S.J. 288
Perron,O. 77
Peyerimhoff,A. 99
Plenge,A. 137
Pólya,G. 98
Pomerance,C. 67,189,194
Pritchard,P. 83
R
Ramanujan,S. 101
Ribenboim,P. 280,281
Rickey,F. 239
Rieger,G.J. 83
Riele,H.J.Te 99
Rivest,R.L. 172,234,244
Rudin,W. 125
Ryshik,I.M. 224,228
S
Salamin,E. 160
Schnorr,C.P. 194
Schoenhage,A. 22
Schroeder,M.R. 172
Schwarz,W. 191,284
Selfridge,J.L. 194
Shamir,A. 172,234,244
Solovay,R. 189
Spiegel,M.R. 228
Stegun,I.A. 184
Strassen,V. 22,189
Stummel,F. 103
Sweeney,D.W. 227
T
Tamura,Y. 160
Tijdeman,R. 194
Titchmarsh,E.C. 225,228
Tuckerman,B. 194
V
Vallée-Poussin,CH. De La, 163
W
Wagan,S. 62
Wagstaff,S.S. 194,279
Walter,R. 103
Warlimont,R. 199
Washington,L.C. 280
Western,A.E. 67
Weyl,H. 94
Wirl,K. 244
Wolfart,J. 67,189
Wright,E.M. 63,77,186,191,196,286
Z
Zurmuehl,R. 103,129

SACHVERZEICHNIS

A

ABBOTT'S PROBLEM 292
ADDITION, VIELSTELLIG 18
ALGORITHMUS 34
ALGORITHMUS, EUKLIDISCHER 9,35,48,53,75,76,175
ALGORITHMUS, GAUSS'SCHER 107
ALGORITHMUS, HASSE-KAKUTANI-SYRACUSE-... 61
ALPHABETISCHES ANORDNEN 45
AND 140
ANORDNEN 43,56
ANZAHL DER PARTITIONEN EINER ZAHL 100,101
ANZAHL DER PRIMZAHLEN UNTERHALB X 66,70,83,90,163,282
ARCUS-TANGENS-REIHE 159
ARTIN'SCHE VERMUTUNG 183
ASYMPTOTISCHE ENTWICKLUNG DER GAMMA-FUNKTION 229
ASYMPTOTISCHES VERHALTEN DER FIBONACCI-ZAHLEN 65
AUFZUGSTEUERUNG 283

B

BERECHNUNG BESTIMMTER INTEGRALE 131
BERECHNUNG DER DETERMINANTE 107F
BERECHNUNG DER INVERSEN MATRIX 114FF
BERECHNUNG VON E=EXP(1) 79
BERECHNUNG VON LOGARITHMEN 135
BERECHNUNG VON PI 135,139,159,160,169,216,233
BERECHNUNG VON QUADRATWURZELN 81,130
BERNOULLI'SCHE ZAHLEN 215,223,280,282
BESTIMMTE INTEGRALE 131
BESTIMMUNG VON NULLSTELLEN 126,129
BETAFUNKTION 228
BINAERDARSTELLUNG 137,248
BINOMIALKOEFFIZIENT 209,291
BRUCHRECHNEN 8

C

CARMICHAEL'SCHE ZAHL 187
CAYLEY'SCHER SATZ 105
CODIEREN 244
CODIERUNGSVERF. (RIVEST,ADLEMAN,SHAMIR) 172,244,251
COSINUS-FUNKTION 30,31

D

DARSTELLUNG VON FUNKTIONEN 136,147,151
DECODIEREN 244
DETERMINANTE 107,114
DEZIMALBRUCHENTWICKLUNG 39,182

DIFFERENTIATION ZUSAMMENGESETZTER FUNKTIONEN 291
DIOPHANTISCHE GLEICHUNGEN 74,290
DIVISION MIT REST 2,24
DIVISION, VIELSTELLIG 24

E

ELEMENTARE UMFORMUNGE EINES GLEICHUNGSSYSTEMS 109
ERATOSTHENES, SIEB DES - 83,89,91,197,285
EUKLID'S ALGORITHMUS 9,35,48,53,75,76,175
EULER'S KRITERIUM 187,286
EULER'S POLYNOME 94
EULER'SCHE KONSTANTE 164,165,223,224,226
EULER'SCHE PHI-FUNKTION 179,244
EULER'SCHE SUMMENFORMEL 216,217,219
EWIGER KALENDER 235
EXPONENTIALFUNKTION 30
EXPONENTIALINTEGRAL 227
EXPONENTIATION MODULO N 175

F

FAKTORISIERUNG 36,66,67,69,193,194
FERMAT'S VERMUTUNG 279
FERMAT'SCHE ZAHL 18,22,67,70
FERMAT'SCHER SATZ 179,180,186,245
FIBONACCI-ZAHLEN 63
FOURIERREIHE 151
FUNKTION, GRAPHISCHE DARSTELLUNG 143

G

GAMMAFUNKTION 225,228,233
GAUSS'SCHE SUMME 31,189
GAUSS'SCHE SUMME, KUBISCHE 189
GAUSS'SCHER ALGORITHMUS 107
GEOMETRISCHE REIHE 210
GITTERPUNKT 292
GLEICHUNGSSYSTEM, ELEMENTARE UMFORMUNGEN 109
GLEICHUNGSSYSTEM, HOMOGENES 110
GLEICHUNGSSYSTEM, INHOMOGENES 110
GLEICHUNGSSYSTEM, LINEARES 107FF
GOLDBACHPROBLEM 283,284
GRAPHIK, HOCHAUFLOESENDE 136,137,145
GRAPHISCHE DARSTELLUNG VON FUNKTIONEN 136,143
GROESSTER GEMEINSAMER TEILER 9,35,36,48,55

H

HALBIERUNGSMETHODE 126
HARMONISCHE REIHE 169,215,221
HOCHAUFLOESENDE GRAPHIK 136,137,145

I

INTEGRALLOGARITHMUS 125,163,166
INVERSE MATRIX 114

J

JACOBI-SYMBOL 187,188,192

K

KALENDER, EWIGER 235
KEPLER'SCHE FASSREGEL 132,225,230
KETTENBRUCH 77
KETTENBRUCH FUER E=EXP(1) 79
KETTENBRUCH VON QUADRATISCHEN IRRATIONALZAHLEN 79
KETTENBRUCH, PERIODISCHER 79
KETTENBRUCH-TEILNENNER 78
KLEINSTER QUADRATISCHER NICHTREST 287
KLEINSTES GEMEINSAMES VIELFACHES 36
KOMPLEXE ZAHL 29
KONGRUENZ 74,173
KONGRUENZWURZEL, PRIMITIVE 180,182,183,185
KRITERIUM VON EULER 187,286
KRITERIUM VON WIEFERICH 281
KUMMER'SCHE VERMUTUNG 287,288

L

LAMBDA-FUNKTION 97,98
LEGENDRE-SYMBOL 179,187,191,192
LEIBNIZ'SCHE REIHE 159
LINEARE GLEICHUNGSSYSTEME 107FF
LINEARE KONGRUENZEN 74
LOESUNGSSTRATEGIE 254,255,265,270,283
LUCAS-TEST 286

M

MATRIX, INVERSE 114
MATRIX, RANG EINER - 111
MATRIXMULTIPLIKATION 49,104
MATTFUEHRUNG MIT TURM 263
MERSENNE'SCHE PRIMZAHL 286
MERTENS'SCHE VERMUTUNG 99
MILLER'S PRIMZAHLTEST 189
MINIMUM GEGEBENER ZAHLEN 43
MISCHEN ANGEORDNETER FOLGEN 56
MISCHEN VON SKATKARTEN 240
MOEBIUS-SCHE FUNKTION 97,98,196,197
MULTIPLIKATION VON MATRIZEN 49
MULTIPLIKATION, VIELSTELLIG 21

MUSIKTEST 273
MY-FUNKTION VON MOEBIUS 97.98,196,197

N

NEWTON´S NAEHERUNGSVERFAHREN 129
NULLSTELLENBERECHNUNG 126,129
NUMERISCHE INTEGRATION 131,232

O

OR 140
ORDNUNG MODULO P 180

P

PARTITIONSFUNKTION 100,101
PERIODE EINES DEZIMALBRUCHS 40,41,42,182
PHI-FUNKTION, EULER´SCHE 179,244
PI 135,159,162,169
PI(X) 66,70,83,90,163,282
POLARKOORDINATEN 130
PÓLYA´SCHE VERMUTUNG 98
POTENZREIHE 209,210
PRIMITIVE KONGRUENZWURZEL 180,182,183,185
PRIMZAHL, ANZAHL DER- 66,70,83,90,163,282
PRIMZAHL, MERSENNE´SCHE 286
PRIMZAHL, REGULAERE 280,281
PRIMZAHLSATZ 163
PRIMZAHLTAFEL 86,93
PRIMZAHLTEST 186,189,200
PRIMZAHLZWILLINGE 284
PROBLEM DER ACHT SCHACHDAMEN 254
PRODUKTDARSTELLUNG DER GAMMAFUNKTION 226,229
PRODUKTDARSTELLUNG DER SINUS-FUNKTION 216

Q

QUADRATFREIE ZAHL 196
QUADRATISCHER NICHTREST 287
QUADRATISCHES REZIPROZITAETSGESETZ 191
QUADRATWURZELN 81,130,171
QUERSUMME 71,199

R

RANG EINER MATRIX 111
RECHNEN IM RESTKLASSENRING 173,247
RECHNEN MIT QUADRATISCHEN MATRIZEN 104
REGULAERE PRIMZAHL 280,281
REIHE, GEOMETRISCHE 210
REIHE, HARMONISCHE 169,215,221

REIHE, LEIBNIZ'SCHE	159
RESTKLASSENCHARAKTER, KUBISCHER	288
RESTKLASSENRING	173
REZIPROZITAETSGESETZ, QUADRATISCHES	191
S	
SATZ VON CAYLEY	105
SATZ VON FERMAT	179,180,186,245
SCHACHBRETT	204,205,255,257
SCHACHSPIEL: DAMENPROBLEM	254
SCHACHSPIEL: MATT MIT TURM	263
SCHWINGUNG, GEDAEMPFTE	158
SEHNENTRAPEZREGEL	131
SIEB DES ERATOSTHENES	83,91,197,285
SIMPSON'SCHE REGEL	132
SINGULAERE REIHE	284
SINUS-FUNKTION	30,31,216
SKAT	240
SORTIEREN	43,56
STIRLING'SCHE FORMEL	222
SYRACUSE-ALGORITHMUS	61
SYSTEM VON LINEAREN KONGRUENZEN	76
T	
TAYLOR'SCHE FORMEL	168,231
TEILNENNER EINES KETTENBRUCHS	78
U	
UNENDLICHE REIHEN	159,169,209,215,221
UNITAER PERFEKTE ZAHL	293
V	
VERMUTUNG, ARTIN'SCHE	183
VERMUTUNG, FERMAT'SCHE	273
VERMUTUNG, KUMMER'SCHE	287,288
VERMUTUNG, MERTENS'SCHE	99
VERMUTUNG, PÓLYA'SCHE	98
VERMUTUNG, VON STERNECK'SCHE	98
VIELSTELLIGE ADDITION	18
VIELSTELLIGE DIVISION	24
VIELSTELLIGE MULTIPLIKATION	18
VIELSTELLIGES RECHNEN	18,24,293
VON STERNECK'SCHE VERMUTUNG	98
W	
WARLIMONT'S PROBLEM	199
WERTFUNKTION	266
WIEFERICH'S KRITERIUM	281

Z

ZAHL, CARMICHAEL'SCHE 187
ZAHL, FERMAT'SCHE 18,22,67,70
ZAHL, FIBONACCI'SCHE 63
ZAHL, KOMPLEXE 29
ZAHL, QUADRATFREIE 196
ZEICHNEN VON FUNKTIONEN 136,143,145
ZWISCHENWERTSATZ 126

DEUTSCHE MATHEMATIKER-VEREINIGUNG E.V.

Frühjahr 1983

STELLUNGNAHME

Zum Informatikunterricht an Gymnasien

Die elektronische Datenverarbeitung ist in Wirtschaft, Verwaltung und vielen Wissenschaften zu einem unentbehrlichen Hilfsmittel geworden; den Auswirkungen auf das tägliche Leben kann sich kaum noch jemand entziehen. Aus diesem Grunde wurden entsprechende Inhalte vielfach auch in den Schulunterricht übernommen.

Die in den letzten Jahrzehnten entstandene elektronische Datenverarbeitung hat ihre Wurzeln außer in der Elektrotechnik vorwiegend in der Mathematik, besonders der mathematischen Logik, der diskreten Mathematik (Theorie der Algorithmen) und der Informationstheorie. Heute werden die physikalischen Grundlagen in der Elektrotechnik, die formalen in der Mathematik bzw. dem daraus entstandenen Gebiet der Informatik behandelt.

Die theoretische Informatik ist daher eng mit der Mathematik verflochten und bedient sich in weiten Teilen der in der Mathematik entwickelten Methodik. Als Beispiele für Gebiete, die Mathematik und Informatik verbinden, seien Logik, Kombinatorik, Komplexitätstheorie und Numerik genannt. Auf Grund dieser Tatsachen spielen bei der Informatikausbildung an den Universitäten weite Teile der Mathematik eine wesentliche Rolle.

<u>Gegenwärtige Situation an den Gymnasien</u>

Seit einigen Jahren gibt es Versuche, Informatikunterricht auch an den Gymnasien durchzuführen. Umfang und Art dieses Unterrichts sind je nach Bundesland sehr verschieden. In der Regel bildet ein Programmierkurs im Differenzierungsbereich der Mittelstufe den Ausgangspunkt. In der Oberstufe werden dann mehr theoretische Überlegungen angeschlossen.

Der Informatikunterricht wird jetzt vorwiegend von engagierten Mathematiklehrern durchgeführt, die selbst Freude am Arbeiten mit Computern haben und in dieser Arbeit den Schülern eine starke Motivation zu übermitteln vermögen. Eine auf einem Computer gelöste Aufgabe vermittelt ein unmittelbares Erfolgserlebnis. Die Herstellung eines Programmes zwingt aber auch zur Präzision und kann zu einer disziplinierten Lösung eines Problems erziehen. Man darf allerdings nicht verkennen, daß die Arbeit am Computer auch gewisse Gefahren mit sich bringt, denn die Erfolgserlebnisse können zu einer "Programmier-Sucht" führen, die einige Schüler erfaßt, während andere ganz unbeteiligt bleiben.

Im Jahr 1981 hat die Kultusministerkonferenz "Einheitliche Prüfungsanforderungen in der Abiturprüfung" für das Fach Informatik beschlossen. Die darin für die Grundkurse festgelegten Anforderungen haben erhebliche Ähnlichkeit mit Anforderungen des Grundstudiums für einen Diplom-Informatiker an einer Universität. Man muß fragen, ob hier nicht Spezialkenntnisse vermittelt werden sollen, die, wie die Informatik selbst, einem sehr raschen Wandel unterworfen sind und deshalb wohl nur bedingt der Allgemeinbildung eines Abiturienten dienen.

Besondere Probleme des Informatikunterrichts an Gymnasien sehen wir

- in der schnellen Einführung einer sehr jungen, in rascher Veränderung begriffenen Disziplin in den Katalog allgemeinbildender Fächer des Gymnasiums,
- in der Diskrepanz zwischen den Möglichkeiten eines Grundkurses und den "einheitlichen Prüfungsanforderungen",
- in der Gefahr, daß anstelle von relevanten Problemen und der Entwicklung von Lösungsmethoden der Computer als Selbstzweck in den Mittelpunkt des Unterrichts rückt.

Vorschläge

Wir wollen hier aus der Sicht der Mathematik aufzeigen, wie wesentliche Inhalte der Informatik in organischer Weise in den Unterricht eingeführt werden können.

Gegenstand des Unterrichts in der Oberstufe kann die Behandlung von Daten mannigfacher Art sein. Probleme entstehen dabei durch Daten von großem Umfang oder durch eine Vielzahl von Alternativen. Das erfordert die Entwicklung von systematischen Arbeitsmethoden, von Algorithmen. Ist dies gelungen und ein Lösungsweg erarbeitet, kann man ihn schließlich in ein Programm für einen Rechner umsetzen und damit Beispiele ausführen.

Das Hauptgewicht jedoch muß auf der Analyse der Problemstruktur und der Entwicklung von Lösungsstrategien liegen. Diese Arbeit ist am besten im Mathematikunterricht aufgehoben. Der Computer ist ein Werkzeug für die Ausführung der Arbeit und darf nicht alleiniger Gegenstand oder Bezugspunkt des Unterrichts werden.

Um diese Unterrichtsziele besonders deutlich zu machen und um die engen Beziehungen eines solchen Unterrichtes zur Mathematik aufzuzeigen, beabsichtigt die DMV eine Sammlung von Unterrichtsbeispielen zu veröffentlichen.

Ein Unterricht dieser Art kann von jedem Mathematiklehrer erteilt werden, der bereit ist, sich darauf einzustellen und sich einzuarbeiten. Auch für den Schüler ist es sehr nützlich, wenn ein solcher Unterricht in möglichst engem Zusammenhang mit dem Mathematikunterricht erteilt wird.

Die physikalischen Grundlagen für die mit dem Computer zusammenhängenden technologischen Fragen können im Physikunterricht behandelt werden. Die klare Schnittstelle zwischen Logik und Technologie beim Computer erlaubt eine deutliche Trennung der Aufgaben des Unterrichts in Mathematik und Physik in diesem Bereich.

Zusammenfassung

Die Deutsche Mathematiker-Vereinigung möchte der Hoffnung Ausdruck geben, daß, nachdem nun erste Erfahrungen im Informatikunterricht vorliegen, diejenigen Aspekte betont werden, die die Vorarbeit zur Problemlösung betreffen und den Computer als Hilfsmittel der Lösung von Problemen ansehen. Soweit derartige Inhalte in den Grundkursen des Gymnasiums behandelt werden sollen, ist es zweckmäßig und daher wünschenswert, diesen Stoff in den Mathematikunterricht zu integrieren.

Das hätte vor allem folgende Vorteile:

- die mathematischen Grundlagen der Informatik sind keinem zeitlichen Wandel unterworfen und nicht abhängig von den sich rasch verändernden Technologien,
- der Mathematikunterricht wird auf diese Weise ergänzt und bereichert, auch jetzt schon ist der Computer für numerische oder stochastische Fragen im Mathematikunterricht ein nützliches Werkzeug,
- es wird einer weiteren Zersplitterung der gymnasialen Oberstufe entgegengewirkt,
- der enge Kontakt zur Mathematik wirkt der Gefahr des Spielens auf dem Computer entgegen.

Wesentliche Voraussetzung für die Durchführbarkeit dieses Vorschlags ist die Bereitschaft genügend vieler Mathematiklehrer, hier mitzuarbeiten. Geeignete Angebote in Ausbildung und besonders Fortbildung sind dazu erforderlich. Vor allem aber müssen geeignete Unterrichtsmaterialien erarbeitet werden und ausreifen.